为了人与书的相遇

We read the world

北京看着我

从我过去的家，走到我的初中或者高中，几乎都要穿过大半个城区，只不过方向不同。一个是一直沿河走，走在河堤的绿化带边上，那里已然是城市的外围，右转走上出城的路，拐弯处是耐火材料厂连绵的管道和烟囱，初中学校在它对面，紧紧靠着河，一条小路就可以穿进一片潮湿而稀疏的林中，教室最高被洪水淹过两层，后来索性都拆了，成了河滨公园。河对岸是后来才开发的“特区”——后来我们家也搬了过去。另一个要在河边大桥下左转，沿着些微起伏的地势往上走，来到最中心的主干道，也是唯一的一条大街，被省里评为最美街道，一路穿过人声鼎沸，途径最早的商场和超市，唯一的电影院，占据中心的菜市场、汽车站，无穷无尽的饭店和商铺，三个十字路口之后就到我的高中，再往上走就是城区的另一个尽头，另两个昔日的经济支柱铁厂和水泥厂占据那里，有更高的烟囱放出更浓的烟。我们那边的人不讲东南西北，从小没有这个概念，都按着经验走，还是后来仔细算过，这两趟路走得再慢，顶多花二十分钟。

从我以前的大学宿舍，走到教学楼、老师办公室，或者学生活动的场所，耗时也差不多。途中也有丰富的社会机能，最近的是好几间洗衣店、好几座食堂，水果店、花店、书店和修车行集成的小市场，和澡堂、医院围出一小片空地，没有特别的用途，只供单车和人流在这里相遇——几年之后这些地方竟也多有搬迁，面目全非。离开生活区后才会出现庄严一些的建筑，讲堂、广场、图书馆、教学楼、实验室……其中散落着许多便宜的打印店。走着走着人好像也精神一点，从懒散中振作起来，面对堂皇的未来。一路上人也不少，无非都是在学业和生活之间来来回回，勤快的人一天要走好几趟，并不太累，树也很多，被照顾得很好，身上挂着标牌，写着它们的学名和属种，老校长是学生物的，专门出了书讲这些。一个象牙塔里的小世界。

前者是我的家乡，后者是我的大学，那些路都是我的来路。要不是我爸的换算——因为需要在亲朋好友面前夸口，这样可以最形象地计算出我的前途——我还意识不到这几条路竟然差不多花费相同的时间。

但我总觉得是他夸张了，以前的路明明更长更远，一出门就会经过好多人的生活，甚至索性一头撞进去，人们的共识和冲突好像被拧成几股大麻绳，在街上跳啊跃啊，怎么一到北京的学校里，闷闷地走一段路，上课下课，时间就过去了。心理上的时空感，大概很难用客观标准来度量，由于情感的质量和密度，有些时间被拉得漫长，有的则稀释不见。过去那些饱满的日子放在北京，好像一口就能被吞咽下去。

现在，从我的住处乘地铁去上班，最快也要四十五分钟，即便换坐出租，也快不了多少。一上车就戴上耳机、拿起书，或者和同伴说话，时间嗖嗖，其实过得很快，甚至嫌它太快了。因为一旦到达目的地，就得面对更高的速率，会迅速得让人感到疲惫和眩晕。上学时偶尔出门，花了很长时间才以学校的方位为基准，慢慢向周边辐射，搞清楚东西南北。我记得也去过现在居住和工作的两个地方，从西往东拉出一条直线或对角线，几乎是一趟小型旅游，路途遥远的公交车上通常可以找到座位，昏天黑地大睡一觉，睡醒了完全不知身在何方，更没想到日后那会是自己的栖身之地。于是慢慢认识到北京的大，一座城市在内部所可能具备的尺度、篇幅和距离感，更让那时的我感到绝望的是，这还远远不是它的边界。

有一段时间，我以为北京的魅力就在于它的无边，贵族与乞丐，艺术家和浪荡子，似乎可以容纳一切。它的大近乎一种神秘，不仅让外来者，也让局内人获得在其中猎奇和冒险的可能。过去的生活显然无法给予这些，其他国家的大城市也未必能够给予。这种规模以及规模本身对生活的改造，的确专属于北京。它是现代都市发展历程中一个最新最极端的案例，它是它自身的目的。

后来我才逐渐清楚地意识到，包容和无视只在一线之间，庞然大物本质上无法在意太多事情。很多生命得以展开的前提，是它们足够微小，不被看见。时间很难改变这一点。

北京街上发生的许多场景会持续地吸引我的注意，比如堵车时连缀成长龙的车灯，出城时马路两边城墙一般的杨树，公共场合里无数双拥挤的鞋子和人们互相谩骂的表情，被机动车道、共享单车甚至树木所步步紧逼侵占的人行横道，胡同里几乎静止又密不透风的历史和人烟，包围在高档小区旁边的大排档和工棚，车水马龙掩映中突然出现在眼前的古宅……那种冷冽如谜的空气，通透而又暗藏玄机。在这千篇一律、讳莫如深的表面之下，该有多少无人知晓的秘密啊。

这让那种记忆的弹性和顽固显得更合理了，时间不是等距的，情感结构更不是，成为一个“北京人”，要比我预期中花费更长的时间。我偶尔想，会不会有一个目光也在北京某处看着我，观察、考验或者拣选。那目光完全不是空间性的，我很少在垂直的维度上感知这座城市，遥远的天际线和疏朗的云，佐证了这一点。原因可能还有很多，比如过早地知道北京甚至整个北方都是平原，没有我们那里的山势，这成了最初也是最终的印象，比如这里的建筑有楼层高度的限制，尽管后来也出现了大量的摩天大楼，城区里唯一可以常去攀登的高处在景山，走上去也就二十分钟顶多——时间再次相等，不到一百米的海拔，似乎就看到权力的全貌，一种由野心幻化而成的气度会猝不及防地把你慑住。

我想象中的那个目光来自远方，在一圈又一圈向外延伸的余波中，这里的人被一种“世界是平的”的决心所鼓舞，用水泥、玻璃、植被、泥土、风沙等不同材料铺成它的机理，用人工制造出年轮，无休无止地伸向远处，那目光遥远得就像是从海上来的。而北京本身是没有海的。在这种扫荡中，会有无数的冗余、琐屑、碎片、沉渣同时泛起，被波浪所打击，也打击着波浪。

就像这一辑《单读》里呈现的那样。皮村文学小组共同经历的郊区生活，西川发现的自元朝以来的历史幽灵，艺术家邱震和他那尚不存在的新娘，那些因为各种原因离开北京的人，或者像迈克尔·麦尔这样又重回北京的外国人……那目光可曾看到所有这些“新北京人”所组成的北京？甚至在这现代世界的余波更外围，这个被技术无限扩张的世界扫出更大的半径，陈嘉映的希腊、黄灿然的香港、周嘉宁的新奥尔良、郭爽的柏林、王梆的英国，或者欧宁和盛可以的故乡、乌兹别克斯坦作家哈米德·伊斯麦洛夫的莫斯科、李静的秦国……那目光可曾在其他时间的断层或者城市的空间中，看到它们是如何引领、误导或者超越了北京？

我想象它能够看见一切，看见景观背后的核心，看见云后面的云，看见所有相同的道路和平等的命运。

撰文：吴琦

话题

小说

诗歌

访谈

影像

随笔

剧本

评论

A CITY ACCOMMODATING BOTH GHOSTS AND LIVING PEOPLE IS MORE EXPRESSIVE THAN ONE THAT PACKED WITH WALKING DEAD.

一座幽灵与活人混居的城市比一座被行尸走肉占满的城市更抒情。

西川 | Xi Chuan

◯ 话题

在燃烧的歌声里，我不禁忆起了从十七岁便走上工地，一路辛苦劳作，在异乡的漂泊里，始终孤独无依。今天终于找到同伴，找到集体。

北京出汗了

撰文　皮村文学小组

到北京去

撰文 微尘

2002 年春末，我没有考上高中，也没打算考上。就这样毕业了。

从地里回来，吃完晚饭，父亲带我去找村里劳动局的线人，有合适的工作让他想着我点，毕竟村子里不上学的年轻人都出门闯荡了，待在家里种地被人笑话。地里的农活又苦又累，我也想早些摆脱这样的日子，去看看外面的世界。

过了两天，也是晚上，线人来我家，说是在天津的一个韩国企业，待遇挺好，邻村的一个小伙刚在那儿干了两年，现在一个月能拿八百块，比一亩地收入还要多。又说，人家比你还小两岁，村里和你一块毕业的三个男孩也要去，有伴，想去的话明天去市里面试来叫你。线人像个“经济”（买卖牲畜的中间人）似的会说。我点了点头，父母满口答应。

次日一大早，我们几个就出村了，这时的天空中，星星刚落下，只有一线的透明贴着东方的地表，空气清爽湿润，村子里有零零散散亮灯的人家，在听到几声公鸡打鸣之后，乡村小路开始热闹起来。正是上地的时候，有赶着牛车的，有骑自行车的，也有扛着锄头走的。村里人都起得早，中午太阳毒，可以多休息。

大约走了半个小时，我们上了大公路等公交车，坐了一个多小时，又打了个摩的，在一个立着“人力资源有限公司”牌子的门口停下，里面已有好多人。说是面试，其实就讲了一些厂规，看了看身份证，就去体检，交上体检报告就算过了。但因为要交五百块钱押金，我没有去成。

事后，和一远房表哥说定，明年跟他去北京，学木工，干装修。

农历正月十六，表哥来通知我当晚走，叫我准备一下，晚上在他家集合。和表哥聊了一会北京的情况，他见母亲在外屋准备菜，说要去通知其他人，不能多待，骑摩托车走了。表哥走后，母亲埋怨父亲，为什么没有把他留下吃饭，可以多了解一点情况，多照顾一点我。

我们家和表哥是从姥姥家那边论的亲戚，已经出五服了。他大我几岁，不是父母介绍我都不认识，他初中没毕业就和本村的一个老板出门学木工，前年老板出车祸去世，他领着人把活干完，把账结了，自然也成了老板。说是老板，其实也就领着几个人包点装修活儿，很多人学个三四年便都自己单干，我们这里这样二十来岁的老板很多。

晚饭比平时早了些许，也多了几个菜，丰盛了很多。父亲用小推车推着用化肥袋装着的被褥，还有一包替换的衣服鞋子,送我去表哥家。表哥正在吃饭,我是第一个到的,慢慢人多了起来，有用小推车送行李来的，有骑摩托车带行李来的。一人骑摩托，领来一辆 130 双排货车，说这是我们今晚要坐的车，有人见是这种车，立刻说，“不去了”，爷俩推着行李走了。一骑摩托的骂道，“他妈的，吃我的，喝我的，还耍我”，想必骑摩托的是那个人的老板。这时我母亲也来了，给我带了几个煮好的鸡蛋，叫我路上吃，然后被舅妈让到了屋里。

冬天傍晚黑得很快，没说几句话就已经要掌灯了，仗着人多,我们把三辆摩托车抬到车上,有人用手电照着绑好,扔了几捆玉米秸，把行李放上。表哥说，“都解个手，上了车以后就不能下来了。”上车以后，下边几个人再给盖上苫布，绑好，司机又拿手电检查一遍，坐上驾驶室，等了一小会就出发了。

因为第一次出远门，而且要在货车里过夜，坐在玉米秸上，靠着被褥卷，我还挺兴奋的。这十来个人都是附近邻村的，年龄和我差不多，有的出去几年了，有的也是第一次走。

货车在颠簸中走出了乡村土路，上了大公路，车速快了起来。头顶的苫布也噼里啪啦响，车里的温度降了下来，有的人开始发牢骚，“早知道坐这车，就不跟他去了。”

“在天津干的一个老板找过我，早知道跟他去了。”

“今年怎么坐这货车走啊？”

“还不是老板们为了把摩托弄到那边，找活儿方便。”车里的温度更低了，有人开始盖被子。

“别心疼被子了，工地上比这里还脏呢。”

“车费怎么算的，我没好意思问。”

“每人一百，剩下的三个老板平分。”

“我靠，比大巴还贵！”

“别被老板听见，怪冷的，都挤挤。”

车突然停了，司机下来对我们说，“再往前走就出省，交界处查得最严，无论发生什么事都别出声，在里面睡觉就行。”

车又开始走了，不过明显比刚才慢了很多，又是一阵颠簸，我旁边的小伙小声说，“咱们上桥了，过了河就是河北了。”

这时，闪烁的警灯透过苫布照进来。前面一阵吵吵，车停了，不时有手电照进来，我们挤在一起，大气都不敢喘。车突然向左窜了出去，猛地向右一拐，一个侧棱，差点翻过去，大家的头撞在车帮上，身子颠起老高，幸亏有苫布挡着，然后货车一路狂奔，后面的警笛声跟了过来。货车还在加速，苫布由噼啪响变成了吱吱长音，风穿过被子，我像裸体飘在空中似的。警笛声渐渐小了，在看不到警灯后，车速恢复了正常，驾驶室有人敲后玻璃说，“后面没事吧？”

“没事。”有人答道，“幸好摩托车绑得结实。”

“没事就好。”模模糊糊听到驾驶室里在聊天。

“来根烟。”

“嗯。”

“你真牛 ×！”

“我事先把车牌换了。”

“他们追上来怎么办？”

“新闻上事故这么多，他们不敢死命追，出了事他们也有责任。”

“现在这社会就是，撑死胆大的，饿死胆小的。”

我们在后面车斗里，没人说话，好像都想着什么。

寒风带走晚餐那碗棒渣粥的最后一丝余温，身体开始哆嗦，心跳加速，我们只有挤得更紧，才能抵抗寒风，保住体温。

工棚记鼠

撰文　郭福来

我来北京皮村打工将近半年，记忆最深的，竟然是与我们共处一室的几只老鼠。

我们的主要工作是在一家布展公司搭建会台和铁架。平日里，十多个工人挤在一间不大的工棚里，屋门外是两排又高又粗的白杨。微风拂过，每片树叶都在向行人摆手致意，行人却都匆匆而过，无暇理会，也不会有人留意到屋子里的我们。

屋子是厂里免费提供的，住在里面挺温暖——吃完饭睡一觉，至少可以遮风挡雨。虽然门有裂缝，墙有窟窿，地上有鼠洞，但比起租房，我们还是觉得更实惠一些。

休息的时候总是枯燥、无聊。由于大家都来自各个地方，彼此也刚刚认识，没有过多的话可说。工棚里没有电视，也没有电脑，囊中羞涩也不愿去逛街，休息时大家就干坐着。

三月里的一天傍晚，吃过饭，大伙儿闲着没事，各自枯坐床头，你一句我半句地聊天。突然，边臣“嘘——”

了一声，指着门口的水桶，只见一只身长约有六厘米的老鼠，沿着桶转了半圈，便窜到桶的边沿，俯下身舔起水来。

晚霞中，它的灰毛油光发亮，细长的尾巴朝上摆动，像即将甩出的鞭子。喝了几口以后，它抬起头来，黑豆粒般的小眼睛机警地扫视我们一下，见我们没有动作，又俯下去牛饮。李丙谦可能看不下去了，也可能是心疼那一桶洗漱水，一抬脚，一声“去”字还没落地，那只老鼠早灵巧地跃下桶沿，钻到床铺下面去了。

我们突然有了话题，围绕着老鼠谈起了各自经历或听来的趣事。轮到我，就给他们讲起家乡吴桥杂技里老鼠表演的节目。

杂技艺人手拿细长的小木棍有节奏地指指点点，那一只只浑身雪白色的小老鼠东嗅嗅西望望，乖乖地按着主人指定的路线，缘木而上，爬过竹帘，钻进曲折巷，再跃进纺车形的辘轳里，沿着一个方向跑动几圈后，一只小桶的水便被老鼠提到可以饮用的高度，老鼠跳过去，刚要饮，水桶又坠了下去，然后再次提上水来，再要饮，桶又落下去。那滑稽样逗得观众笑个不停。

我刚说完，边臣向往地说道：“咱们不如捉只老鼠来训训，下班后有事可做，又有乐趣，大伙儿同意不同意？”李丙谦先嚷起来：“那哪行，老鼠多脏，天天看着它，谁能吃下饭去？”刘元忠说：“这主意不错，我制作个陷阱，逗老鼠嘛！肯定得捉活的。”最后八票赞成，一票反对，两票弃权，通过了捉老鼠的决议。

利用自制的铁丝笼子，我们还真捉到了一只不大的老鼠。

它细细弱弱的小身子在笼子里上蹿下跳，不时地张嘴咬咬笼子上的铁丝。边臣赞叹道，“北京的老鼠真漂亮！”李丙谦则讽刺：“你怎么知道这是北京的老鼠？它们又没身份证。”

刘元忠附和说：“也对，这年头美国的白蛾、非洲的病毒都能来到中国、来到北京，何况这么灵巧、擅钻洞的老鼠，它们也能乘车，也可坐船，更擅于走地下通道，比咱们这些来自乡下的打工者能耐多了。”

边臣喊道：“不管怎么说，反正我是喜欢这只小老鼠了，我决定，就把它挂在我的床头，让它天天陪着我。”刘元忠说：“可以啊，说不定这是还未婚配的母老鼠呢，你可小心点，别让这异性勾得你睡不着觉。”李丙谦反驳：“什么异性，这是异类。不管什么都喜欢，我怀疑你们的审美取向。”我只好出来打圆场：“你没看过《聊斋》啊，那里头，狐狸和书生恋爱、婚配的事太多了。”

不觉间，我们每天下班后都有了牵挂。开门时再不像以前那样稀里哗啦，而是蹑手蹑脚地走进屋后，先看看鼠笼里有什么变化。

我们发现，总有一只差不多大小的老鼠，趁我们不在屋时来和笼子里的老鼠相伴。有人提议，捉住它放在一起。有人说，干脆把笼子里的老鼠放掉，让它重回自由世界。

这时，刘元忠喊道："你们发现了没有，那只老鼠是不远万里来陪这只的。你看，起点在甘肃朱士彬的床西边角落的沙土里，再路过河南周奎的领地，又折向河北沧州郭福来的床下，再到石家庄边臣的站点，那铁丝笼子算是北京站吧！想想人家也真不容易，每天不知要跑多少路，才能和喜欢的老鼠相见，我赞成放掉。"

边臣嚷起来："不！我还没稀罕够呢！"

不久，厂里要求我们一起去苏州干几天活。回来后，我们发现笼子里的老鼠已经死了，看了半天也猜不透它是怎么死的。每个人都很伤心，最后，边臣默默把笼子拿到皮村北路边的草丛里，很仔细地把这只陪伴我们多时、给枯燥的打工生活带来乐趣的小老鼠葬掉了。

夏季的沉闷气氛重新笼罩着我们的工棚，大伙都懒得说话，没人再提起老鼠的话题了。

在皮村吃饭

撰文　马大勇

出门在外，每天要面对的事情就是吃饭。每个人的肚子都是有规律的，饿了就会自动发出信号，让你全身发软，没有力气，非得吃点东西填一填。民以食为天。

吃饭看似很容易。走出我住的出租房，沿着小巷走几步，就是皮村的中心街道。

皮村，一个几万人居住的大村子，距离城区不算远。因为靠近国际机场，天上时时有飞机轰鸣而过，所以没法建高楼，只由一大片低低的楼房和更低的瓦房组成，挤压出一条条逼仄的小巷。也有一条中心街，稍微宽些。街上是鳞次栉比的手机销售部、五元日用品商店、电脑维修站、服装店、化妆品店、药房、蔬菜水果摊、烧烤摊、小饭馆……排出一两公里远。这村子的本地居民只有几千，占大部分的是外来务工人员。他们早出晚归，都要吃饭，要买日常用品。每天傍晚，街两旁的店面里亮起灯光，门口小霓虹灯的广告牌开始闪烁，街上的人也就多了起来。从公交车上下来的人流走马灯似的来来回回走，汹涌，说笑，走进一家家店里。街上要一直热闹好几个钟头。

自然这也是饭馆里最热闹的时候。街上的吃食很多，但细一分析，就是三大类：饺子，拉面和盖饭。饭馆招牌也经常变换，有时今天还开，明天就关门了，过几天又换了另一家。我有时碰上一家比较对胃口的，就欣欣然经常跑去。不过，只是一个人吃，点的菜、饭都有限，也比较便宜。时间久了，店里的服务员都认识我了，一见我点的几样，就哈哈一笑："又是这几样，哈哈！"我也不想听到这笑声，就又换一家。

街上一家小饭馆，有炒菜，有米饭，有汤，味道还好，价钱也合适。我常去吃。店主是一对四五十岁的中年夫妇，衣着整洁，上灶做饭、买菜、端饭上菜都是他们两个，我看着他们上午就开门，一直到夜晚十点、十一点还开门。

他们对每一个客人都很殷勤，也不斤斤计较。一次我忘带钱包，饭菜端上来，才想起来，叫苦道："我还得回去拿……"女店主立刻说："不急不急，先吃吧！明天再拿过来也可以。"有时我也与他们聊几句。他们是北方人，勤勤恳恳一直在干活。男店主说："以前在家一直做这行，来到村里，想着这里人气旺，咬咬牙，拿出一笔钱租了门面，开了这个饭馆。觉得很吃力。不过，再怎么吃力也不怕，家里孩子还在读高中，要多挣点钱！"

确实不容易。在这里租门面房和在城区闹市里租门面房几乎一样贵，饭菜却要比那边的价钱低一点。因为这边的消费水平就是这样。女店主也感叹："我们现在全靠回头客，没有回头客不行。我们是本小利薄……"

一天中午，我又去吃饭。坐我前面的是一个脸皮白净、穿西服、头发不长不短的男子，他要了几个菜，两瓶啤酒，大吃大喝。吃了一大半，他停顿了一会，忽地叫了一声："老板、老板娘！你们过来！你们这么做生意的？"

店主夫妇懵懵懂懂，不知道发生了什么事。他砰的一声，把一个菜碟拿起来，又搁在桌子上："看看，这菜里有一根头发丝！"一碟青菜已经吃去一半，余下的菜里确实有一根不长不短的头发，也不知道怎么进去的。男子愤愤然站起来，就往外走："你们居然拿不干净的东西给我吃！我告诉你们，今天这饭钱一分钱也不给你们！"

"哎哎，这个饭钱你要给！"女店主急了，叫起来。男店主也追着说："先生，这饭菜我们给你打五折吧！"

"还敢要钱！你们这样的饭菜，我要上法院去告你们，你们的饭菜惹我恶心，伤害了我，法院还要让你们赔偿我的精神损失费！"男子理直气壮地说着，噔噔几大步走出门外。我实在气不过，一下子站起来，就要发声。男店主这时拉住了我："算了，算了！"出门在外，他们不想也不敢惹事情。

一转眼夏天到了，天太热，每次进饭馆吃饭都要出一身汗。所以有时我也到别家去吃。一天下午，店主夫妇在门口站着往外看，目光与我相碰，我的脚步下意识地没有停留，走了过去。心里不禁有些淡淡的不好意思。

接连一段时间我在城里加班，再回来的时候又去他家饭馆吃饭,又出了一身汗。付钱时我问:“怎么不装空调呢？”

“哎，本小利薄，装不起啊。”男店主感叹。女店主这时拿来一个饭盒，递给我：“这个菜你拿回去吃吧！我们明天就关门了。”

第二天，这小饭馆紧紧地关上了门。不久，又有几个工人在店里店外忙忙碌碌地装修，另一家商店又要在这个门面里开张了。

城市倒像避难所

撰文　小海

妈妈昨晚又打电话了，连续打了两个。这是她一个星期里第二次给我打电话了。一年里妈妈几乎从不打电话给我，哪怕我两个月没往家打电话，我再打过去妈妈也只会问，“怎么那么长时间没打电话？”她不会给我打过来。

但这次不同，一通电话妈妈就说“票订到了吗？什么时候回家？”我还以为是妈妈不怎么懂手机，无意间碰到了拨号键。

前几天我用手机抢票抢了好几次都没有成功，后来听朋友介绍又换了一个抢票软件，真抢到一张。没有座。我说，“票订到了，腊月二十七，公司忙，提前请不了假。”

“村里的巧兰给你说了个对象，还是县城的，那家有两个女儿。”妈妈说。“巧兰是谁？”我不禁问。“她是以前村里老书记家的小儿媳妇，现在是村里的妇联主任。”我差点大吃一惊，村里还有妇联主任？在我想象中，好像只有城市才有。我这婚事，妇联主任都跟着操了心。

“她是村里妇联主任？平常都忙些什么啊？”妈妈说，“你别管人家忙什么了，你不瞅瞅你自己多大了，都三十了，还不下工夫好好找。上次你表姐给你介绍的，有联系吗？”我对这类问题都有点怕，真不知道怎么回答，“嗯嗯，有联系啊，聊得还不错！”

妈妈也似乎猜到我在撒谎，无奈地说，“真替你发愁，那么大不找对象，你有没有想过外人会怎么说？你只顾着自己。自己条件不好，还不主动点儿？”这几年这样的话我听得越来越多，一下把我拉回到现实的大墙之下，一种自责又无力的感觉涌上心头。嘴上只能轻轻地说，“知道了，知道了。”

妈妈的口气略带埋怨，“你是不知道，过年前有可多女孩子都回家早，说媒提亲的又多，这些日子就像是农忙收麦子一样，晚一天说不定就是耽误一年啊！你一年到头在外边也没见挣到什么钱，也不知道整天忙什么。”

这一年来，我跑了两座城，换了几份工作，都年关了，钱也没剩多少，还真是令人发愁。每到过年，我都会茫然，要操心提前订票回家，过了初五六就订票离开，都不知道回家的意义是什么。不外乎跟着媒人去相亲，明知道没什么可能，也不得不跟着。浪费饭钱烟钱不说，主要是浪费时间。在男女比例严重失调的当下，结婚成家成了新时代农村年轻男女的大问题。

眼看我的年纪越来越大，家里人就说，“无论怎样，找对象结婚是首位，没钱可以借，再怎么难都要借够过小礼过大礼结婚办喜宴的钱。”我想到了上学的时候，大部分农村父母也都会对子女寄语：“只要你好好学，能考上大学，就算是砸锅卖铁也要供你上大学。”

我们都在这卑微的无力感中颤巍巍地行进，上了大学也没见改变命运，和没上学的人一样，在农村和城市间奔波挣扎。盲目一如既往，疼痛的同时又充满幻想。慢慢地，家从港湾变成了现实的竞技场，看哪一艘船大，哪一艘跑得快。城市倒像是避难所，得以短暂地逃避热烈青春与残酷现实带来的阵痛和麻木。

不知道是该庆幸还是绝望，这都快成了一个拒绝英雄的时代，只有戏子与小丑在运气的舞台上表演着拙劣滑稽的把戏。一些有权势的人，前一刻还是为人民服务的孺子牛，后一秒就穿上囚衣成为千夫指。各大选秀节目也疯狂至极、娱乐至死，两亿多一线工人的所思所想难道就由他们代言？那些外表光鲜的欲望，所谓梦想实现就能立刻改变人生的事迹，只会助长错位的思想，让贫穷的更加贫穷，富裕的更肆无忌惮，导演一出出听来让人震惊的人间悲剧。

我的思维飞旋着，听妈妈说起家长里短，只是“嗯嗯”应和着。半个小时过去了，妈妈又说，“你可得加紧了，听说邻村的一个过年就结婚了，前几天男方家人去过大礼，本来女孩对男孩说不要的，男方家人怕不给不好看，带了两万过去，结果女方家人嫌少不接，还说带不够八万就取消婚期。只得东借西凑，钱够了再去过礼。你得好好干，钱该花的花，不该花的要省着点儿。”

“嗯嗯，知道了”，心里不禁一阵唏嘘，赚够娶媳妇的钱，还差太远了。最后我安慰她，“我知道了妈，能早点回去我会提前的，我会把握机会。”

挂了电话，已是十点多钟。夜色在北京城蔓延，我在雾霾中看不到自己的明天，还是洗洗睡，养好精神，明天为这虚无的生活继续奋斗吧。

我的一次相亲

撰文　李若

服装厂就像一个女儿国，女多男少，女孩子找男朋友成了问题，就像建筑工地男多女少，找女朋友困难一样。

时光如梭，不知不觉我已近而立之年，成了不折不扣的剩女。七大姑八大姨都在替我操心。刚刚姐姐给我打电话，说她闺蜜玲姐给我介绍了一个，让我回去相亲。还说对方条件不错，比我大三岁，有工作，在县城有两套房，父亲在做生意。

我要求先看看照片，或者在网上视频见一面，玲姐说看照片不靠谱，照片可以修图、美颜，非让我回去和真人见面。

没办法，催得紧，只好请几天假回去，好像我再不回，晚了一步就被别人抢了先。

等我回家见过玲姐才知道，男孩叫家伟，是玲姐老公的舅舅的儿子，在上海某建筑公司上班。家伟的母亲前几年在一起车祸中去世，肇事车主赔了六十多万。有个妹妹已经出嫁。之前有过一段短暂婚史，因对方有乙型肝炎，结婚时没有体检，婚后打算要小孩时检查出来，所以离了婚。

相亲那天一大早，玲姐就拉我去美容院，说要好好打扮。于是我像个木偶一样，坐在那儿任人摆布：先洗脸再敷面膜，最后化了淡妆。花了一百多块。真是钱花在哪儿哪儿就好看，我在镜子前照照，果然好看多了。回来之后，她和姐姐又把衣服翻出来，让我像模特一样一件件试穿。打扮妥当已经是十点多，玲姐老公开车，带着我们去男方家见面。

一路上车子行驶在平坦的乡间水泥大马路上，家乡这几年发展挺快，基本上村村都修了水泥路。马路两边种了一排风景树，地里庄稼郁郁葱葱，一派欣欣向荣的景象。我心里七上八下，不知道一会儿要见的是个什么样的人。

过了一会儿，车子在一个小区门口停了下来，门口有一个男人迎上来和我们打招呼。玲姐悄声说，这就是家伟。我仔细一看：一米六几的个子，上身穿着一件灰色条纹的汗衫，下摆扎进裤子里，皮肤黝黑显得牙齿很白，发际线很高，轻微谢顶，整个人看上去很壮实，但有点显老。

我的心凉了半截！

我理想中的另一半应该长身玉立、玉树临风，而不是五短身材、短小精悍。应该是一位文质彬彬的君子，两人相敬如宾、举案齐眉。在某个夜深人静的夜晚，书桌上一盏有着荷叶边的台灯，发出橘黄色的光，一男一女分坐书桌两旁，一人面前一本书，手边一杯茶。偶尔其中一个抬起头来，轻声地和另一个讲书中的故事，另一个也会把目光从书上移开，四目相对相视一笑。这才是夫唱妇随、琴瑟和鸣呀。可眼前这个人像杀猪屠夫，他会坐下来看书吗？他能懂我的爱和哀愁吗？

饭局设在附近的饭店，吃饭时玲姐一个劲儿叫我吃菜，可面对一桌子丰盛的菜肴，我吃得索然无味。

我想也许人不可貌相，再接触接触吧。草草吃完饭，玲姐说，你们一块去看看月季园小区的新房子。于是拦了一辆出租车。在车上我问家伟："你多大了？"过了一会儿他说："我三十三。"我又问："你哪一年出生的？"等了一分钟，他说："我八二年的。"我纳闷了，回答这么简单的问题还用思考？还是反应慢？我再问他属什么？等了半天，结果他说："我不知道。"

房子我也不看了。我借口有事儿要办，中途下车。白花了我做美容的一百多块钱。

关于我的中途退场，玲姐打来电话，她说："他绝对不是傻子，人家在上海干了十来年，有的人不知道自己属相也正常，人家有两套房子，手里还有六七十万，以后你一进门就当家，他只不过是人有点老实，你放心以后我保证他不会动你一根手指头……"我只好说我们性格不合，一个急性子一个慢性子，跟这样的人生活在一起，不要半年我就会疯掉。

回北京后，我收到一条短信，是家伟发来的。他说："我是八零年的，今年三十五，只要我们真心相爱，年龄不是问题。"

原来瞒了两岁。我哑然失笑，八字没一撇呢，谁和你相爱了？我回复了一条短信给他："抱歉，也许太阳记错了落山的地点，两颗心没有同时打开……"

名字的时代象征

撰文　范雨素

我在今年八月找到一份教书的工作，原以为和以前不一样，是去做小学老师。谁知不遂人愿，开学那日，校长说学校幼儿园差几个人，让我去教幼儿园。

我从未教过幼儿园，看到孩子们一张张生动的小脸，恍然又觉得自己年轻了。

在幼儿园工作能碰到很多有趣的事。我任教的学校是打工子弟学校，应家长要求，小朋友不光要会读，还要会写。我每天教小孩学数学、拼音、汉字，每天晚上都要布置作业。为了确保他们不滥竽充数，我每天把这些小朋友拉到黑板上来写，保证每一个人都会写。可有一部分在学校里会写的小朋友回家后就不拿笔了，他们命令爸爸妈妈写家庭作业。我每天看着这些大人虔诚地写“123”、“aoe”，还要给他们写的作业打上“√”，便觉哑然失笑。

但更让我感慨的是这些孩子们的名字都起得很有意思。我们班有孩子三十六人，我把他们的名字大致归类一下：

先说小女孩的名字，大致可以分两类：一为诗歌型；二为信仰型。诗歌型的女孩名字有鹋娅、筱萱、冬荷、梦瑶、乐文、青青、雨竹、千枝、璟萱。鹋娅、筱萱让人马上能想到“关关雎鸠，在河之洲”。冬荷的名字显然来自小学课本里刘长卿的冬景。梦瑶让人想到乐天居士的《长恨歌》，想到唐玄宗与杨贵妃凄婉的爱情故事。乐文的爸爸肯定熟读论语，而千枝的爸爸大概能背出“一树春风千万枝，嫩于金色软于丝”。青青、雨竹、璟萱这些名字听起来都是一首首恬静的田园诗。而下面这些女孩的名字被我归为信仰型：善雅、季诺、净照、梦慈。

记得在我的童年，女孩子取名都很随意。我的老家在湖北襄阳，位于南阳盆地，是中华人民共和国地图的正中心，不贫穷也不落后。可女孩子们的名字都很老土，在家排行老大老二的女孩名字大多是招弟、换弟、金换、玉换、改运、换运、冬换、春换、秋换、夏换、改子、换子、换赢……记得一个同学有一个更奇葩的名字，叫王钧儿。家中已生男孩的女孩名字也取得随意，大多以植物的名字命名，如玉梅、月梅、梅香、桂香、春香、秀萍、秀兰、九菊、秋菊、月英、玫瑰、桃花……听到这些名字，就知道她们是几月份出生。

我是家里最小的，生在阴历九月，我妈给我取名范菊花，大姐叫范桂华，二姐叫范梅花。两个哥哥在家排行老大、老二，给他们起名却煞费苦心，没上过一天学的母亲给我大哥取名范云，小哥叫范飞，希望两个哥哥能腾云驾雾，呼风唤雨，成为人中之龙。小哥哥的前半生完成了母亲对他的期望，后半生迷上赌博，过得凄凄惨惨。大哥哥现已年过半百，一生平庸，母亲过高的期望对他来说是一种精神暴力，他这大半生一直郁郁不乐。母亲因我和姐姐是女儿，对我们没什么期望——现在想来当女人也是幸福的，虽然男尊女卑，但女人没有任何精神压力。年少时我一直很讨厌我的名字，觉得这名字重名多，很俗气。记得十二岁时看了一本畅销的言情小说《烟雨濛濛》，是琼瑶写的，后来这部小说又被改成了电视剧《情深深雨濛濛》。我当时根据小说的意境把自己的名字改成了范雨素，改过之后，却一直感觉不舒服，像戴了一个假面具似的在活着。

再看班上小男孩的名字，我也粗略地分为六类：

住大房子、数金条型:桐轩、尚轩、鹤轩、松庭、梅轩、家鑫、鑫磊、业鑫、康鑫、钲锆。

光宗耀祖、改变世界型:耀庭、光耀、于豪、家豪、自强、思屹、振宇、建宇、创世。

哲思型：伟思、忆恒、泊圆。

按生辰八字五行缺啥补啥型:梓洋、辰洋、浩宇、红熠、浩洋、洋浩。我发现孩子们没一个命中缺土。

路好走、跑得快的名字有两个：冯锦程、马鹏聘。

手工业传承人的名字也有两个，来自端州的之砚和来自洛阳的紫纯。

城市像抽水机，小城市是小水泵，大城市是大水泵，把七亿农民源源不断地抽到城市来。孩子们的父母都是谁？是来自农村的大学生蚁族，是村子里最能干的小伙，是堡子里最俊俏的二丫头。世代相传的制砚者为什么不做砚台了，要来城市打工呢？可他们还是对他们的手艺保存一份深厚的感情，他们孩子的名字还保留着祖辈世代相传的手艺的痕迹，叫之砚，叫紫纯。

看着花名册，我发现男孩们的精神压力都很大，要光宗耀祖，要有大房子，要赚很多钱。女孩的名字寄托着她们的父母要过世外桃源般生活的梦想，在如诗如画的环境里生活，做诚实、善良、有信仰的人。

通过孩子们的名字，就知道三十年的改革使中国农民的文化素质提高了，可文化素质的提高、生活的富裕，没有给他们带来安全感，他们不再抱团取暖，每天想的却是大房子，要好多好多钱。我曾想寻找答案，我反反复复看过五遍李昌平老师的《我向总理说实话》，看梁鸿的《中国在梁庄》，看一切我能找到的关于“三农”问题的书籍，希望能找到答案，使我不再困惑。

我的女儿十四岁开始在北京谋生。前几天她告诉我，她要改名字，她的名字范苗苗太萌哒哒了，让她很没面子。

我又给她解释了一遍范苗苗这三个字的字形意义。写出来好看，三个字都是“艹”字头，字形里有水有田。整个名字的字形看起来就是一首水草丰美、男耕女织的田园诗，阴阳先生都起不出这么有风水的名字。多好的名字啊！你看人家《失恋三十三天》的作者，为了名字看着好看，把鲍晶晶改成鲍鲸鲸。她不听我的解释，说这个名字听起来、看起来没一点知识含量。她想好新的名字了，叫范渺渺。“渺”这个字既是浩渺无边，又是渺渺茫茫看不见，这个名字包含了整个宇宙。我听完了她发表的关于她的新名字的哲学意义的演讲，表示我尊重她的意见，随她去吧。可藏在心里没说出来的话是：范渺渺这三个字的字形看起来就像茫茫水面上的浮萍，怎么看也不吉利。

大女儿虽然现在在写字楼上班，是衣着光鲜的白领，可我看她的签名还是农民工二代、漂二代。她的职业并没有给她带来安全感、归属感。她依然是惶恐的。

沉默的大多数与想说话的人

撰文 陈迪桥

“所谓弱势群体，就是有些话没有说出来的人。就是因为这些话没有说出来，所以很多人以为他们不存在或者很遥远。他们，是沉默的大多数。这些人保持沉默的原因多种多样，有些人没能力，或者没有机会说话；还有人有些隐情不便说话；还有一些人，因为种种原因，对于话语的世界有某种厌恶之情。”

在《沉默的大多数》一文中，王小波讲到话语与权力之间的关系，也讲到了话语权与弱势群体之间的关系，讲到有人善于使用话语，还有一些人则尽量保持沉默。

按说这世界本不应该有“弱势群体”，如果生命真的是平等的，特别是在很多鼓吹此道的人那里。可惜现实往往并不如人意，这个世界就是把人分成了三六九等，并且有很多人认为这是正常的。

在十八岁以前，我是一个对社会结构完全没有认知的人。或许因为我生活在农村，没见过什么有钱人，对于贫富差距没有直观的感受，对于财富积累与分配机制也完全不了解。不像今天，任何一个人，只要睁开眼睛看，都能感受到巨大的贫富差距和不公平。

这个世界是很荒诞的：在很多人看来，全世界的财富集中在1%手里，这也是正常的，即使自己并不属于这1%。

前一阵，《我是范雨素》一文火了，具体的是，范雨素大姐火了，以及跟着被媒体关注到的位于皮村的工友之家的文学小组火了。

其实文学小组存在已经很久了，里面的不少作者都已经小有名气。比如李若，她的不少文章发表在网易某非虚构写作栏目上，每篇阅读量均高达五十万余。文学小组又始终是低调的，否则早就被更多外人所知，而不是在范雨素火了之后。这同时也反映了一个现实——太多人对底层是没有关注的，也更不可能关注到“底层文学”，或者叫打工文学、工人文学。看吧，连文学都是分成三六九等的。

范文是意想不到火的。因为之前她也发表过一篇文章，阅读量并不高。有些居心叵测的人说，文章火的原因是背后有推手，实在是“欲加之罪，何患无辞”。文学小组成员写的和发表的文章已经非常多了，为什么其他文章没有这样火呢？

相对于这些发表出来的“底层文学”和它们所呈现的现实，底层更真实的状况是——沉默的大多数。前两天在一个群里，一位北京某高校在读大学生提出一个问题：范雨素能代表大多数的底层人民吗？从这个问题不难看出，很多时候，底层是被代表的。为什么沉默呢？王小波的话说明了一切。他引用福柯的话：话语即权力，并且辩证地提出了，权力即话语。放眼现实，我们的媒体资源是被谁掌握的？各大会议上的代表们，有几个是真正的人民？

说到这里，我已经不想再说了。我也只是个无名小卒，一直是沉默的大多数，懒于写文章。正像范雨素所说，她不相信文字能改变生活，习惯了靠苦力谋生。

某些靠卖字为生的人，以为握着笔杆子就可以口诛笔伐，骂作者也骂读者，似乎在文字的世界里，自己就是皇帝。你们真的搞错了，现在是二十一世纪，是互联网时代，任凭你们如何丑化与诬蔑，大众并不买账，买账的大概都是跟你们臭味相投的人。

毕竟，连《人民日报》（2017 年 4 月 26 日 05 版）都说了，“我们不能因为范文好看，而忽略了文章指向的个体遭遇、社会问题”呢！

第一次到皮村

撰文　万华山

2016年来到北京后，我先是在一家书店工作，每日卖工艺品，整理书籍。后来调整到同一家公司的编辑部上班，上班地点在中关村，一间不足十平方米的小格子。有窗台，窗台上种有花草，四季不败，早上阳光温和地照进来。

我住在公司的宿舍，紧邻繁华的中关村创业大街。光滑的街面，整齐的花坛，我吃饭、坐地铁、听讲座，朝九晚五，也常有闲暇。那是微风拂面的日子。

在那些日子里，我常常觉得自己生活在孤独的人世上，像一个外星物种偶然降落到地球。

2016年的十月，我认识了小海。他一路风尘仆仆，一副漂泊南北的样子，勾起了我对过往打工日子的回忆。经过交谈才知道，他写诗，攒了四百多首，也爱摇滚。他吸引了我，跟着他我才接触到皮村。

十二月的一天下午，我从中关村坐地铁，辗转两个多小时，在皮村西口下了车，终于到了小海口中的圣地——皮村。

毫无准备，猝不及防。我与皮村的相遇，竟在这冬日的雾霾里，浓雾中亮着几块高耸的足浴、饭店的 LED 灯招牌。我们如同狼烟战火中逃命而出的妇人，戴着面纱，在废墟里寻觅生机。

在低处的是街两边的商店和摊位，悬挂日光灯，开着高音喇叭。衣饰、鞋袜店打着打折广告，而快餐小吃店的广告，就是摆在门口的烤鸭等食物径自散发的夸张的香气。街尽头有一家馒头店，叫“河南馒头”。我没吃饭，买了两个，五毛一个，这在中关村是无法想象的。

这条街就叫皮村商业街。六七点钟，在寒冬中的杂乱灯火的照耀下，车流、人流往来穿行。有三轮车、摩托车、电动车，新的旧的自行车——当时还没有共享单车；有默默走着回家的工人，也有嬉笑打闹逛街的姑娘，还有调皮的小鬼、蹒跚的老人。一片净水，一片波浪。刚下过冬雨，地上很泥泞，还有小的水洼，一不小心就是一脚泥水。我在这迥异于往常的情景里行走，不知此身何身。

既是车马喧嚣，又是四野茫茫。

我听说打工子弟学校“同心小学”就在附近，我想象孩子们每天上学、放学，走在这样的街道上，踢着泥水和烂菜叶，欢笑，打闹，推搡着彼此，阳光掐掐着他们脏兮兮的脸蛋儿，和在世界其他地方一样。

终于等来小海，没有他我可能一晚上都找不到地方。我们在逼仄、黑暗的小巷子里七拐八弯。小巷子是由周边瓦房的土墙勾连而成，墙面脱落，手碰上去全是灰，脚下是原始的泥土路，没有灯。我们磕磕绊绊。想不到，在繁华的首善之区，竟有这样破落的一隅。

然而它是小海的圣地，也很快会成为我的圣地，似乎我们注定会有这样一场相逢，与皮村，与工友之家。

将近皮村工友之家时，空气中便传播着隆隆的机器轰鸣。了解后，才知道，皮村因为被商业利益所侵蚀，被逼搬迁。那机器是柴油发电机，用来应对最近的强行断电。

小海带我来到院里一个小的办公室，工友们都很友好，握手，嘘寒问暖，在一起唠家常，聊文艺梦想。没有拘束，没有限制。我觉出自己少有地摆脱了寂寞，真想重拾少年意气，侃侃而谈，说些不着边际的大话。

但此时的工友之家，正浸漫着愤怒与悲情。我的心头也是一坠，便沉默地走了出来。

这是一个大杂院，里面有打工文化艺术馆，是中国唯一一家承载改革开放后打工群体记忆的博物馆；院内还设有图书馆，接收了很多的爱心捐书，馆藏丰富，是工友和小朋友们的宝库；服装店销售低价的捐赠衣物，是村里妈妈带着孩子逛街的首选；还有电影院，每天免费为工友播放电影；而文化中心会举办各种工人晚会。我去的那天，便有一个小型的文艺晚会。

院子里还有乒乓球台和卫生间，以及常年驻守的几棵树，显得很空旷。它是儿童的乐园，常有孩子们在这里跑跳、打闹。但那天，在机器声的笼罩下，我和伙伴听不见彼此的声音。

在冷冽的空气里，小海口吐白雾，喊道，晚会要开始了。

我们走进电影放映室（那天用的是这个场馆），本来配有空调，此时柴油机供电不足，只好闲置。屋子里冷不可当，室内墙壁上有绚烂的涂鸦，不知出自谁的杰作，大概是来此做社工的艺术院校学生吧，为这冷瑟里添了一抹温馨。

屋里挤满了黑压压的大人和孩子，大人们抄手缩着肩膀，孩子们穿得花花绿绿，乱蓬蓬的头发像一窝窝稻草，在人群里钻来钻去，动静声很大。孩子的心总是喜乐的，尤其在这样的时节。

开演了，应邀来皮村表演的多是工友。有打工诗人、地下歌手、做泥瓦工的曲艺爱好者……

一位叫申思的工友诵读了李白的《将进酒》，声音铿锵有力，真有李白醉酒舞剑的气势。读完这首诗，腊月的屋子不冷了，满是酒气。

一位后来成为我好友的打工诗人徐良园大哥，自编自导自演相声《老乔说桥》。真没想到，北京有这么多桥。人的一生是否也要越过那许许多多的桥？行路难，多歧路！

接下来是我们的工会主席、摇滚巨星许多登场，先是唱了一首《妹妹来看我》，曲头便是高亢嘹亮的唢呐声，接着诉说工友对爱情的渴望和绝望，“妹妹你要来看我，不要坐那火车来……”

晚会终了，皮村的工友带上孩子回家了，从远地方慕名而来的朋友意犹未尽。“再来一首！再来一首！”许多重新抱起吉他，却不凑巧地停电了，屋子在夜的静谧里一下陷入黑暗，一种无奈的悲情在我心头蔓延。这时不知是谁打开了手机，大家都陆续打开手机电筒，舞台上又呈现出光明。“生活就是一场战斗”，朋友们拿起手机用光包围了他。

在摇晃的光亮里，我的心不断被感动着。从中关村到皮村，固然是从一个洁净繁华的地方踏进一片泥地，但这泥地里有温情，有可以握住的手掌。在燃烧的歌声里，我不禁忆起了从十七岁便走上工地，一路辛苦劳作，在异乡的漂泊里，始终孤独无依。今天终于找到同伴，找到集体。

甲壳虫

撰文 徐良园

两天两夜，两天两夜
从 12 层楼朝下望，南方火辣辣的太阳下
刺眼的强光灯下，那一顺溜打着赤膊
晒得油黑发亮，戴着蓝色安全帽的甲壳虫
推着斗车向前冲，向那面轰隆转着的铁家伙冲去
就像在玩一场铁甲武士斗战车的游戏

两天两夜，两天两夜
那水泥地上堆起的，像一座小山似的石子、黄沙和袋装水泥
都被这群甲壳虫推进这座转动的铁鼓的肚子里
囫囵吞枣地嚼一阵，又吐回斗车里
借着钢丝绳扯上楼顶，完后摊平

时间不会出汗，也不吃饭，也真能磨蹭

甲壳虫们汗水流干，机器忙得像个狂人
人忙得像台机器，快累得不行了
拖不动的双脚移动着，酸痛的手撑着，推动着

两天两夜，两天两夜
老天也累了，阴沉着脸开始下雨了
电动机搭块油布，铁鼓的轰隆声变得闷沉沉的
甲壳虫们披上满是伤痕的雨衣
裹着最后一股劲，向那坑凹的斜坡
向那面红龙的铁骨冲去
向堵在眼前这面冲不破的铁家伙冲过去

两天两夜，两天两夜
甲壳虫们，累翻了，跌跌撞撞地继续爬着
继续向那面铁骨战车爬着，游戏还没完

方家胡同对面的来车占住了道，刺眼的灯光，把她和车的影子都细致地勾画出来。尤其是一头乌发，似乎在光的幕布下丝毫可辨。

速干之都

撰文　晓宇

赵姑娘至少说对了一句话。

在北京，一切都干得很快。

她以超乎寻常的智者语气下定论的时候，我刚洗过到北京后的第一锅衣，嘟囔要等多久才能重新穿上它们。那一天，我从田的手中接过了仅有床垫和充电器的卧室。我回国的同时，他飞离北京。

“瞧我英国身份的残留。”

田指着他的捷豹，一艘在险隘的城市空间中寻找停泊的座驾。他送我的自行车同样不具备实用精神。我近乎忘记了那辆车。它停在玄关，精致的皮革座椅，配上刹车失灵，是在北京交通中优雅阵亡的一封邀请。

“是不是挺漂亮？”田说。

室友赵姑娘也是一并留下的。我们自英国同所大学毕业，赵比我小两届。从上海到北京，完成学业的赵姑娘正在重新揣测阔别的社会现实。这个帽子是田给扣上的。赵是大学新生那会儿，是田领她上的路。我们学校有新生认老生做“父母”的传统。那一年开学不久，我们听说田认领了个漂亮的“女儿”，不多久又听说女儿早上从父亲的房间走出来，便勾起了好奇。聚会上，我扬起头寻找这一位符合描述的姑娘，可直到她站在面前时才认识。

高个子，黑发从肩膀两侧滑下去，唇齿间吐露摄影和艺术史。我们是同乡，一经探究，发现是小学同校。不过她戴着美瞳，反对“不自然”化妆主义的立场，更让我印象深刻。说起话来，她的结尾一字总是向上轻扬，把整句话变得飘忽不定。她营造出了自己的风格，被人冠以“姑娘”的名号。田不在场，自传闻出现后，就不见他们在同一场合。我们自知，不去打听究竟。

“你看看她。才是毕业不久还没认清现实的样子。”

田上飞机前留下最后一句。

可我没有多少能见赵姑娘的机会。多数时候，我们的公寓都孤零零地面对着京城的夜景。北京入冬得早，供暖还没开，家里冷得厉害。我在办公室待到睡觉时才回。我很少碰见她，甚至不知道她前一晚回来与否。偶尔，早上听到她推开卧室的门，先见到及腰的长发，还带着床单的褶皱。经过一时的整理，立刻返回成为黑瀑布。她宽大的毛衣恰好遮住来回走动的大腿。等恢复了头发，第一件事便是蹲在咖啡机前，等待强心剂的注入。她从抽屉里拿出枚胶囊，摁进机器，隆隆过后，开水蒸气的一声长叹，浓烈的香味顿时像洪水一样填满空气。而她睡时发红的皮肤在初冬的空气中渐渐苍白起来。

我们不是第一次同屋。大学末年，室友 Chet 一脸诡谲地走进我房间时，我便知道传闻的落实，赵姑娘要成为低头不见抬头见的常客了。大学镇上的酒吧夜店少，以轰趴为习俗。赵姑娘也是开学后加入我们热闹的成员。苏格兰的秋天寒风凛冽，她总是穿得很少，一件单衣一件外套，围巾在脖子上绕三周，像是要把上身都包裹起来。她站在门口，脸庞被吹得通红，掐灭了烟，说“我又来了”，然后把长靴子脱下，走进客厅，双手捧起来哈气取暖。

Chet 喝起酒来，单口相声般的故事接龙，翻来覆去我已听过多遍。赵姑娘侧过头去听，不一会儿便入了迷。我提早离席睡觉，赵说，他真可怜，这么积极地调动，你们都不陪他喝酒。第二天，Chet 晕乎乎地说，昨天好像一激动，送出去了什么东西，又不好意思再要回来，索性约着赵姑娘吃饭。Chet 开始早出晚归，我就等着消息的正式宣布。直到他走进我的房间，说了一些有的没的，后来终于转而问我，“你说赵到底和田睡了吗？”我即刻明白了他的意思，另寻时间找田问起这事，拿着答案回家，赵姑娘正坐在沙发上，等着和 Chet 一起出门。我知道这答案也没了必要。

北京公寓旁的地铁站前，有一家伺候上班族的永和。我想不到平日里撞不见的室友，竟在这里重遇了。她刚从什么地方回来，仍带着昨日的妆、戴着昨日的美瞳，眼神像是遗落在了路上。我拍了拍在排队的她，不禁点起了她的惊奇，眼睛也恢复了些神气。我们在窗边坐下，望着早高峰涌入地铁站的人流。

“你昨晚干什么了？”她问。

“读了会儿书就睡了。”我答。

我捧着热乎乎的豆浆，以长江以南居民首次经历北方冬天的新鲜，把这当作是新一天的开始。她点点头，目光从我的空杯子转移到面前的人群。庞德说过，这些面庞幽灵一般显现，湿漉漉的黑色枝条上的许多花瓣。我没看到这么浪漫的地方，倒认为是四面八方汇集的雨水，在暴风过后，不加区别地涌入地下深处。赵姑娘和我躲在玻璃背后，都有那么一点对迟早要加入他们的恐惧。

除了这次偶遇，我再也没和赵姑娘一同去吃过早饭。即便她起来了，也觉得外面太冷，不愿出去。我让她在满满的柜子里找一件出来，她说合适的还没有寄到；再说你和我一样去优衣库买个实用的，她说审美不准，我便再不坚持，随她端着咖啡走回卧室。我们的对话总是像弥留之际的病人，没喘上几口气就撒手人寰了。

“赵姑娘觉得你对她有意见。”他们开始了没多久，

Chet 半玩笑半认真地对我说。意见是谈不上，只是她这类型的人，从小到大见得多，有点认知疲劳了。“你觉得她是什么类型的人？”Chet 这样追问下，我却说不上来，说上来了似乎更麻烦。说不真实，她活在自己的世界观内是认真的；说注重外在，又有谁不注重外在。

“我没感到她有你们觉着的迷人。”我找了这样的回答。

Chet 哈哈大笑，“这是好事。”他要出门，嘱咐我照看赵姑娘。

没过两天，果然有 Chet 的朋友约她喝酒，我同去。一轮轮的酒上来，赵经不起激将，吹风点火了两句，便要和别人对决。她不赖酒，只听见酒杯珰珰落桌的声音。从厕所吐完出来，还要继续，只是酒吧已把我们扫地出门。她走得踉跄，要在大半夜寻酒，引得路人的目光。那与她对决的男人也不依不饶，指着她说，我看你能和我喝到多久。同行中胆怯的那位对我说，赶紧找别人把她送回去吧，这样下去会出事。赵听到，大声地说不许，我便是要和他喝到底。说罢，依着墙根坐下。她垂下头，黑发像柳条哗哗落下，在夜色中显得愈加凝重了。

无论赵姑娘吃早饭与否，她还是会走出家门，前往附近的咖啡店“工作”，往各处投递简历。在拒绝了网络公司的模特工作之后，她艺术史的学位更有变成一张白纸的危险。田劝她在咖啡店找份活儿干，赵姑娘说，你怎么这么看不起我。她离断粮越来越近，家中的救济款早已用完，短时间内不好再张口求助。

赵姑娘最终还是在咖啡馆找到了依靠。她不顾价格，选择符合审美需求的挑剔，算是迎来了收获的一天。她认识了年轻的老板，懂得设计和艺术的杰出青年，咖啡馆不过是其体现美学修养的副业。一个懂艺术的人，能让物质变得高雅。赵姑娘坦然地接受他红酒和音乐会的邀请。

我在公寓碰见她的时候更少了。恋爱扫除了她的无精打采，让她爱上了这个城市。她兴奋地同我讲起北京四处的音乐厅和美术馆，似乎每一个地方都有它们的独到之处，即便是森林公园的漫步，也能突然冒出一瓶珍藏多年的红酒。她重新拾起了红酒课，不再抱怨生活的无助和不安。她在的时候，家中永远流淌着古典乐。她见我识出了马勒的第二交响曲，忍不住地要放她认定的版本，然后急冲冲地问，“是不是很好听？是不是很好听？”

赴约一场音乐会前，她在金色的黄昏里，同我讲起这位不平凡的男士。我以零零散散的信息，顺手一查，大概拼凑出他的发家和社会关系。赵扬起眉毛，“你们学政治的人怎么都这么现实？”

“这是北京。不是不设防的城市。”我说。“你要不要听下去？”

“我不要。”她拎起包。“对了，要是晚上冷，你可以用我的被子。我应该不回来。”门关上了。

翻来覆去也没抵住寒意，床垫似乎是穿了洞，掉入了冰窟窿。我起身去赵的房间。床上堆着衣服，旁边是梳妆台，首饰盒上是汉风的雕纹。我抽出被子，回到床垫，一阵淡淡的味道，像是混着香水和洗发露。在那层浪下，有一股潜流，是咖啡的气味。它穿过鼻子，缓缓地流入肺里。

和 Chet 分手前，赵姑娘和他穿得越来越像，也披上了黑色的夹克。那好像是她最厚的一件外套。她基本住进了我们的屋子，离开床的时间也不多。这点惹怒了我们的日本室友——她愤愤地对我说，这两人怎么像鸽子一样，整天做爱。我只好苦笑，躲去图书馆。可鸽子也有季节结束的时候。Chet 毕业回国，两人分手，其间赵姑娘飞回了国，也没什么结果。很快 Chet 另有新欢，是我的朋友 Iris。留学圈的恋爱就像回收循环，特别是归国后，难得找到知根知底的，便是内部人士自行消化。

暖气来了，北京的雾气浓重。借着赵姑娘的被子，我算是熬过了最后的寒夜。当我第二天回家推开门时，却差点被一股子烟味熏了出来。赵姑娘回来得出奇早。她打开客厅的窗户，半个身子依出去，手中冒出来的烟气从下到上缠住她。窗外更是烟雾弥漫，一阵风来，把烟灰吹散到地板上。

“想得肺病也不是这个办法，”我说，“赶紧把烟掐了，窗户关上。”

她抬起头，红着眼。“你那个口罩根本没用。”她一边说，一边把烟摁灭。

赵姑娘同我说了音乐会的遭遇。那男人的前女友正是表演的钢琴家。男人停车后，拿出两张座位不在一起的票说，还是分开进去，不然之前认识他们的粉丝会不高兴。她拿起票，憋着火看完了演出，认定天下的男人都是混账。更让她心里过不去的是男人在古典乐上教育她的神情，这份教育心涉及生活的方方面面。他说，你不要不懂事。

“我这两天都在疯狂地研究古典乐”，她给我看那纷杂的笔记，“我从来没这么认真地学习。凭什么他认为比我懂得多。”

我不明白她在这方面赌气的原因，就像我不能明白两个女人不应该的会面一样。Iris 和 Chet 的关系也败了，之后特地约见了赵姑娘，即便我们都劝她不要纠结于此。两人一见，果然发现了不快的事实：两段恋情重合的时间。Iris 返去找 Chet，后者说：你别相信，她就是个 Slut。赵从没在我面前提过会面的事，只是偶尔问起说：“你和 Chet 还是那么好吗？”得到肯定的回答后，她说，“那真好。”

Iris 经停北京，一路数落北方的处处不好。尤其是北京干得让人生裂的空气。她听说我如今和赵姑娘是室友，不由露出戏谑的神情，劝我自制，不然就是这圈人可都要拜倒在赵的石榴裙下。我是第二次听到这样的言论。上一次，也是和赵有绯闻的人同我说，其实你也可以的。

“你听他吹牛吧，”Iris一脸不屑地说，“他是想做些什么，结果爬上床被别人给推了下来。”

“没睡的想扯上关系，睡了的想死不认账。”

“不都是你们这些男人生出来的事端。在渴求中诋毁。”

所幸，提醒的事没发生。我和赵姑娘分别找到了新的住处。搬走前，鞋柜上多出来了一副口罩作为送别礼，像是防毒面具，能把整个口鼻罩进去，喘息声在耳边回响。我戴着它下楼，碰见了同样戴着一副的赵姑娘。我们坐上车，司机是个罕见的北京人。

“您是北京人吧，师傅。”

“北京人，北京还哪有北京人呢。不都是你们的了。我是延庆的——你们还戴口罩，那哪有用呐。坐我车一路上延庆得嘞，现在那儿空气好。”

赵姑娘把口罩摘下来，脸颊上有被压出来的两块红痕。

“上次他说，我脸太大了，才有印。是不是太大了？”她转过来对我讲。

“姑娘，就您这还脸大，那我们这脸往哪儿搁去。下次逮别人再说，您得说是我脸薄。脸薄才有印儿。”司机接过话。

赵姑娘被逗乐了，脸色更是红晕起来。

我俩都进了胡同，我在东四十条，她去了安定门，倒也不远，可没多少来往。我的暖房趴请她过来，她带了瓶红酒，特意说让我之后留着自己喝。我看她平日发的照片，似乎找到了模特的工作。

“还在美术馆做吗？”我记得搬家前是在谈美术馆的。

“没了。工作无趣，要被人教育。”她说，“我换到了工作室。”

“拍照片？”

“被拍。还有其余一些自由的事。”

我们自胡同里出来。赵姑娘突然兴奋地跳起来，越过了街，站在了鲍师傅糕点前。她迅速拿了几块点心，等我们这群人过了街，就端到了面前。

“这个是牛肉松的，那个是海苔肉松的。快吃。”我们还没咽下去，她便匆匆地问，“是不是很好吃？是不是很好吃？”

转身分别后，我推着田的那辆自行车，心血来潮地想在胡同里骑一会儿。我跨上车，确定刹车仍是坏的，脚可触底，正准备出发，突然两只手在黑夜里迎面而来，抓住车把。我沿着黑色的长发看上去，是赵姑娘。

“让我骑骑。都还一直没骑过。”

“这车没刹。”

“我够高。”她看着我好像没什么要动的意思。“怎么了？”

“没什么。”

她摘下口罩，露出红扑扑的脸庞。那鲜艳的气色在隆冬的空气中渐渐苍白起来。她扬起头，扬起声调，睁阔了眼睛，又字正腔圆地说了一遍，“怎么了？”

“没什么。”

她接过车，披着夹克的身体跨上去。方家胡同对面的来车占住了道，刺眼的灯光，把她和车的影子都细致地勾画出来。尤其是一头乌发，似乎在光的幕布下丝毫可辨。

她没有要让车的意思。

到最后，所有建筑的故事都是人的故事。

钻进胡同里的美国人

撰文　吴琦

“公是公，私是私，公私分明！”迈克尔·麦尔搬进胡同的这天，对门的大娘向他宣布，这是四合院的唯一规矩。

所谓四合院，早就被大卸八块成大杂院，狭窄的天井，只够一人过身。迈克尔租了其中两间，一共十来平方米，房租每月六百块。这已经是院子里奢侈的大户。大娘在一间六平方米的陋室里拉扯大一双儿女，后来才加盖一间厨房；隔壁老韩，一家三口挤着一个单间。

这地方位于杨梅竹斜街，离著名的北京前门只有两公里左右，步行可至，离天安门约四公里。整个大栅栏地区，面积不到一平方公里，和梵蒂冈差不多，梵蒂冈的常住人口至今没超过六百，而大栅栏里住着近六万人，其中包括这个五大三粗的美国人。

他一住三年，写了一本关于胡同生活的书。在书里，他把大娘称作“老寡妇”，这个名字译成中文显得有些不敬，只有读到写大娘身世那一章，才会原谅这个老外的“鲁莽”。

老寡妇当时已年过八十，迈克尔形容她，是由“黯淡的灰与白，亮丽的明黄，带有皇城气息的大红”这些颜色所组成，而且，身上总飘着“飞马牌”香烟的味道。

搬来第二天，清晨，迈克尔还在沉睡，老寡妇已在院子里大喊：“懒虫，起床吃饭，我给你包了饺子。”他很快发现，在这个犹如井底的住处，基本没有隐私可言。院子里一共五个房间，住了七个人，齐腰的窗台挡不住邻居的目光，人们自由出入他的客厅，全然不顾胡同口贴的告示：“关好窗，锁好门，慎重接待陌生人”。

早年间，大栅栏这个名字就是来自治安需求。十五世纪，为了防范偷盗，胡同口都竖着柳条编织的栅栏，这里是繁华的商业区，栅栏扎得格外大。到了十七世纪，官员和僧人以外的汉人必须迁出城外，内城禁止商业活动，卖艺人、古董商、烤鸭厨师、京剧演员也往这里聚集。如今的情况似乎又回到了那时，一些像迈克尔、老韩这样收入不高、初来乍到的外地人，先在这样的老胡同大杂院里落脚。

大力澡堂

准备写胡同的时候，迈克尔就决定必须住进去。他很赞同法国建筑师柯布西耶对某些老巴黎保护分子的批评——他们白天抗议，晚上溜回郊外的家里。

他找到的第一处院子是在鲜鱼口，那里是北京老字号的密集地，位于前门以东，刚好和大栅栏对称。可是房东告诉他，那一片很快就要拆了。他不得不重新找过，经过各种人层层介绍，才来到大栅栏。

在北京，“房东”基本上是个坏词。迈克尔也曾遇过恶房东，因为琐事和钱，不停地吵架。还好这一次，他和房东成了朋友。迈克尔记得，房东太太是他见过的最美的女人，后来因癌症去世。“这也是为什么我不想写他们的原因之一。”

老寡妇不喜欢迈克尔的房东，觉得房东忘了老街坊的好，收的房租又高。“新中国成立后，我们晚上睡觉都不锁门。要是哪家孩子生病了，我们就把药都送去。告诉你吧，今天的人都特别狡猾，要心眼儿。”她还口无遮拦地告诉迈克尔，“房东的妈妈就死在你床上！”

一年后，迈克尔去宜家买了一张沙发床，从此在客厅里睡觉。

更艰难的是洗澡和上厕所，这才是胡同生活真正的挑战。女公厕就在院子对面，男厕所还得走一段，冬天里，迈克尔的小便就暂时用屋里的瓶子解决。厕所里只有四个坑位，两两相对，没有任何阻挡，有时遇到熟人，对方一边脱裤子一边招呼他，“梅老师（迈克尔的中文名字是梅英东），早上好！”

后来厕所经过整修，有了隔板，装上了门，门板上多出一张广告，一个秃头老外龇牙咧嘴地笑着，竖起大拇指，旁边写："治痔疮，到东大"！医院的英文名称却翻译错了。迈克尔纳闷，痔疮医院的代言人为什么是个外国人？

常去的澡堂名曰"大力"，澡票一张十元，一次购买二十张，优惠价八块。门口大爷见了他，忿忿地说，"你比中国人高啊，我该多收点钱的。"

"在厕所、澡堂里，所有人都看着你。"迈克尔不习惯。有时他会去东方广场，君悦酒店的地下室里有个高级公共洗手间，"那是我的秘密，我没有告诉别人。"

旁边的炭儿胡同有一所小学，迈克尔在那里找到一份英文老师的工作。冬天里，他每天先骑车去中山公园玩冰球，再去澡堂洗澡，准备上课。然后一直待在学校，因为家里没暖气。下午四点，回家整理笔记，找老寡妇、老韩们聊天，或者去吃刀削面——面馆的主人小刘是他书里另一个主人公。暑假没有课，他再进行系统的采访和研究。与此同时，北京的胡同，在保护、拆迁、改造的争论中，死的死，活的活——1949 年，北京城还有七千多条；进入二十一世纪，大概只剩千余。

北京晚报

迈克尔逢人便说自己对北京是一见钟情。他说起话来表情夸张，手舞足蹈，快速的英语和黏糊糊的儿化发音融在一起，显得有些油腔滑调。有人说他是“处心积虑”钻进胡同，也有人说，“一个外国人狗胆包天，敢写北京”。

1995 年，他以“和平队”志愿者的身份来到中国，最先在四川内江工作。那里并没有让他感到惊讶，反而很像他的家乡美国北部的明尼阿波利斯。迈克尔说，“我是看着猪、马和农场长大的。”比他晚一年去涪陵的何伟,同为“和平队”成员，他的《江城》被认为精确地复原了那个中国内陆小城的灵魂。

“四川菜比北京菜好吃得多”，但北京是迈克尔第一个久居的大城市，他的好奇心也就投向了这里。

在中国的外国人多数不差钱。我问他，“外国人在北京活得很滋润吧？”他一笑，“我觉得是有钱人在北京活得比较爽，你说呢？”

迈克尔在北京的第一个住处是在上地。九十年代末，那里还是农村的模样，没有轻轨通往城内。如今聚集了众多高科技、互联网企业，几乎每一家都在追赶国外的对手。当我们再次驱车从二环驶向上地，中关村大街两侧的风貌已经彻底改变，地铁站、过街天桥接力赛一样向北蔓延；

国家图书馆的新馆落成，像一块陨石落在了酷似坟墓的老馆旁边；迈克尔常去蓝旗营街边吃火锅的地方，现在成了一个公交车站。

“我从没去过三里屯，我可以喝燕京啊。”他对自己融入本地生活的能力充满自信。他去别人家里吃饭，一顿饭能吃六小时。“作为记者，你必须有这样的面相。”

但他不喜欢当记者，从加州大学伯克利分校毕业后，他曾为《时代》周刊工作，“总是在一定时间内结束采访，然后再也不联系”——“好像吸血鬼”。

迈克尔的另一个习惯是每天买一份《北京晚报》。最初看不懂，“只是完成一个仪式”，看着卖报人每天骑着单车穿巷而过，喊着“晚报、晚报”，他觉得这份报纸应该是胡同生命的一部分，就像他在资料里读到的，以前会有人推着车在胡同里卖水，磨剪子和菜刀。

后来他发现报纸上刊登了大量的社区新闻，有点像他家乡的社区小报，才开始拿着字典，认真看了起来。在书里他写道，“在这样一个电视、广播、电影、游戏以及广告风格都拼命模仿美国的城市，《北京晚报》是硕果仅存的还按照自己的风格来行事的媒体之一，不管这行为显得多么过时老旧，多么不合时宜”。

这也是迈克尔对于北京最初的印象，“在 1997 年的北京，你依然可以感受到这是一座和世界上其他地方有所不同的城市，可以看到六百年的历史、胡同，生活的节奏仍然是慢的，人们在室外吃饭，喜欢走路，而不是逛街消费，着急去上班，堵在路上”。如今的北京正在变成它的反面。市里竖着许多广告牌，诸如曼哈顿花园、纳帕溪谷、加州小镇、纽约客此类洋气的房地产名字，推介着美式、欧式的风情。迈克尔对此嗤之以鼻，“美国才不是这个样子。”想了想，他又说，“现在的中国特别像七八十年代的美国。”

无形巨手

住在胡同时，早上离开家，迈克尔总是回头看一眼，看墙上有没有被刷上一个大大的白色的“拆”字。这个字像一个咒语，啃噬着老北京的砖瓦。到底是谁在四下无人的时候写下这个字，从来没人撞见过。

他只好发明一个词，叫“无形的巨手”（the hand），用这个模糊的名字指代这个“拆”的力量。他说，这里不像改造巴黎时有一个明确的设计师奥斯曼，“没人真正知道是谁在做决定。”

其实多数居民不像他这样多愁善感，几乎所有年轻人都不愿意再住在胡同。他们盼拆，想要拥有“一所高屋顶、有门有窗有暖气有隐私的房子”。怕拆的是新迁来的外地人和久居的老人，前者需要这里便宜的租金，后者舍不得这份习惯和人情。

一方面，衰败的事物天然地让人怀旧，另一方面，风景不能替代生活。“我的确认为这是一个不可能完成的任务。我不知道怎么解决。”但他相信，“如果真的在乎，就为它做点什么”，不要等着旅游者，也“不要总是让别人给你补偿”。自元朝始，胡同就是许多人安身立命之所，不仅能住人，也能养活人。另外，老胡同另有新用处，为蓝领工人提供一处可负担的住房，让他们慢慢融入本地生活，而不是把他们赶走，为有钱人盖起新楼。

“你们为什么不抗议？”曾有台湾记者质问他。迈克尔说，这位记者显然对情况缺乏理解。“危房改造是从1991年开始，北京各个区块的物权从那时开始就已经卖给各个公司。现在不可能说我们要保护北京，就让这些已经支付了巨款或者几经倒卖的开发公司来买单。”

他在书里花了很大篇幅来回溯历史，这只“无形巨手”在不同时期有不同的所指。民国时期，沈从文也曾住在杨梅竹斜街，由于基础设施落后，他并不喜欢这里；随后日本入侵；1949年，新政权建立，街边建起工厂，住宅面积愈发拥挤，非生产性的基础设施进一步落后，“梁陈方案”搁浅，北京成为这个新生国家自力更生并追赶世界的缩影；八十年代，建立房地产市场，经济主导一切，一切换算成商品；在那之后，分税制改革、土地财政开始，至今仍未落幕。

“我不能说支持，但我可以理解”，在政治和经济面前，人居总是脆弱的，世界其他地方也一样。“这就是人。我不知道动物会不会这样，把巢穴拆掉，重来。”尤其是首都，历史上总是最先被敌人或自己人毁掉。

“我是很惊讶的，现在还可以看到故宫、中山公园、天坛、地坛等等。”即便是经过最激进的“文革”，还有这么多东西保存下来。

北京奥运前，小区的片警儿原本劝他离开，理由是担心外国友人的安全，拖了三个月才答应帮他登记。那时的北京已经向全世界承诺，奥运会开幕之际将有 35% 的人口掌握日常英语，其中包括六千个警官。片警儿们担心以后听不懂外国游客用英语骂人，想请迈克尔当老师，进行专门的脏话培训。美国出版商也赶着奥运的热潮，催他交出了拖延一年的书稿。

到底什么才是那只巨手？他把身体压向椅背，降低语速，语气沉了下去，说：“归根结底，还是钱的问题。”

五金商店

两年后，老寡妇终于要搬走了。她的老房子卖了个好价钱。她又给迈克尔送去一碗猪肉馅儿的饺子，顺便知会这个消息。迈克尔才发现，平时零碎地闲扯，却从没正经聊过老寡妇的身世，便一脚迈进她家的门。

老寡妇说，她出生在大连，十五岁父亲迁居北京，父亲曾是南满铁路的建筑工人。后来由父亲同事做媒，她嫁给了一位国民党92军的军官，名叫吴振东，比她大十岁。1949年，丈夫走了，说是回趟山东老家再来接她，却再也没回来，留下一个两岁的女儿、一个刚出生的儿子。后来寄来两封信，盖的都是香港邮戳。第一封说他要去台湾了；第二封信被她交去了派出所，一个警察打开读了，然后烧了，她不知道里面写了些什么，那是1958年。1997年香港回归，红十字会帮她找过人，她却只说，“我不想找他，也不想跟他说话”。

迈克尔后来也帮她去找，在台湾“国军退除役官兵辅导委员会”查到两个同名的人，只有一个曾在92军服役，军衔是少校。但出生日期对不上，籍贯也不完全相同。他托台湾朋友给那人致电，接电话的是一位女士，她说这位吴先生不久前去世了，请他不要再打来。

也许她真的成了寡妇，也许还没有，迈克尔没有结论。寻找老寡妇的身世，就像他追问胡同的历史一样，总是意犹未尽。为了查到他们所住的这间院子到底建于何时，他跑去北京市档案馆，从两百多册卷宗里找到杨梅竹斜街的记录，最早的时间也只能追溯到1937年。那一年五月，有一家五口住在这里，其中也有一个寡妇，也是丈夫当了兵，再也没回来。

到最后，所有建筑的故事都是人的故事。

“当你没有家乡可以回去，当你失去了童年的记忆，这种感觉相当糟糕。”某种意义上，他笔下的北京也是他母亲的故乡底特律、他父亲的故乡洛杉矶和他的故乡明尼阿波利斯。“我的家乡已经完全被毁掉了，现在是高尔夫球场、商场和价值连城的豪宅，是大城市的郊区。”

“最近六百年，每个城市都在经历这样的循环，只是人们现在变得比较自觉。而北京，是世界上最后一个进入这个过程的古老城市。”

写完这本书后，他就回到美国，在匹兹堡大学和香港大学讲授非虚构写作,不用再去东方广场的地下洗手间。“我现在是父亲了，不能再搬回北京”，“这里的房价太高，好学校的竞争激烈，空气质量也变差了”。

杨梅竹斜街倒是留了下来。迈克尔曾暗暗期待这条胡同最终被拆，那样他的故事会有个更完美的结局。

现在走在其中，往上看去，天空依然狭长，没有高楼刺眼。游客多数堆积在北边的前门、西边的琉璃厂、南边的大栅栏西街和东边的煤市街，中间夹着的这条小街似乎得以幸免，像风暴眼那样清静。迈克尔的旧居旁边新开了一家五金商店，类似的店在胡同里还有好几家，为旧房改造提供材料。路面重新铺上砖头，有些院子把临街的门推倒，装上落地窗或木质门脸，挂上了“12个月亮”这类新派招牌；有些院子已经碎成瓦砾，用铁板围起重建。这些小工程搅起了胡同内部的沙尘暴，即便在没有雾霾的晴天，也灰尘拂面。一出胡同口，就见一块巨大的“加州牛肉面大王”的招牌挡住去路。另有一副对联：“八字讴歌好唱北京春；十分给力大圆中国梦”。清静好像是暂时的，这些门脸正改头换面，随时准备把客流吸引进来。

据迈克尔说，老韩夫妇和“废品王”还住在那里，开面馆的刘老兵回老家结了婚，帮他翻译的朱老师搬进楼房，继续在炭儿胡同任教。只有老寡妇不知去处。她的人生掐头去尾，中间六十几年都在胡同里度过，可自从搬了出去，便和街坊失去了联系。“像个幽灵”，迈克尔又给她安上了一个不得体的名字，“消失了”。

本文原载于《南方人物周刊》

对于北京文化——无论是旧式传统还是大院文化——留有记忆的人只会随着时间的推移而凋零消逝。

北京腔、大院文化与华语影视的渊源

撰文　开寅

早年侯宝林说过一则经典相声《北京话》，他在里面借租三轮车的段子打趣民国时期电影里咬文嚼字、装腔作势的“国语”。在侯宝林的时代，全国各地的语言差距远比现在要大得多，南方各省会说“国语”的人基本占少数，能分得清“国语”和北京腔的人则可能寥若晨星。正如侯宝林在相声里提到的，无论是民国政府还是新中国政府，在全国推广的都是“以北方话为基础的方言，以北京音为标准音的普通话”，所以大家在影院里看角色们说着咬字清晰的国语，就会一概将之归为“北京腔”。

应该说，京腔普通话的推广和北京长期作为政治中心有着密切的联系。不过，在三四十年代中国的电影中心上海，沪语和在上海流行的各种江浙方言都和“国语”发音相差甚远，可以说在那个年代的上海，并不具备说普通话的语言环境。另一方面，聚集沪上的演员们也来自天南海北，每个人都在用本来南腔北调的发音努力模仿着北方话，以便使影片的对白可以让全国各地的观众听懂，久而久之就形成了侯宝林在相声里模仿的那种听似标准但腔调奇怪、实际上并未有人在生活里真正使用的舞台或者银幕腔。

不过尽管国语的发音和北京腔相距甚远，但“北京话就是标准普通话”这样并不准确的观念，却随着大量影片在各地的传播而逐渐树立起来。而北京腔和北京话用辞在半个世纪以后成为影视作品中的主流语言体系之一，它的根源可以回溯到国语普通话在 1949 年以前上海电影中的主导地位。

需要提到的是，在四十年代的中国银幕上，依然活跃着一些北京口音非常纯粹的演员，他们大多出生在北京或者幼年时长期在北京生活，我们可以列举出的有李纬、李丽华、石挥和孙道临。因为北京话口音多年的流转演变，现在的京腔已经和七八十年前的京腔相差很远，而这些老演员在诸如《我这一辈子》、《小城之春》以及《大团圆》等影片中的北京口音对白已经成为不可多得的宝贵历史资料，具有了人类学上的特殊意义。

任何一门方言都不仅仅是由发音作为单一的组成部分，它包括了特殊的用辞表达，甚至是背后所代表的思维方式和人文文化。1949 年以后，随着普通话地位的进一步确立，电影中的人物开始逐渐摆脱旧上海电影“夹生”国语的影响，采用了更贴近底层群众的语言表达方式。由于北京音在普通话中的主导地位，北京话中很多带着大众习惯的通俗表达也渗透到了影片的台词写作中。比如在反特片《英雄虎胆》中，两名隐藏在广西十万大山中的土匪头子夫妇，不但操着标准的京腔，连用辞和表达习惯都是北京式的；我们熟悉的电影《小兵张嘎》的故事发生在中国北方的农村，但敌我双方人员所操着的语言却都是带着强烈京腔吐字和重音特点的普通话，一些民间俗语的使用与其说具有乡土气息，倒不如说带着北京方言所习惯的一些夸张表达的特点。

类似这样演员带着强烈京腔京韵表演的趋势，甚至蔓延到了香港和台湾：在五十年代香港左翼电影公司拍摄的影片中，为了突出香港和内地的某种联系，绝大部分的演员都趋向于使用带着明显北京话色彩的对白，以至于观看影片时我们会不时产生这些故事发生在中国北方的错觉；1967 年著名的武侠片《龙门客栈》尽管全程在台湾拍摄，但北京籍的编剧和导演胡金铨为影片撰写了只有用京腔念白才能通顺的台词，特别是影片中由同样是北京籍的著名武术指导韩英杰（出生在上海，三岁移居北京）扮演的东厂特务，操着一口纯正流利的北京话，为这个京门鹰犬的角色增色不少。

在五十和六十年代，除了在香港拍摄的粤语、潮语和厦语等岭南方言电影之外，绝大部分国语影片都采用了以北京方言发音和用辞为基础的普通话作为基本的台词模式，这在很大程度上让影片的地域性特点降到了低点。有意思的是，那个年代京腔“统领”华语电影的趋势，也间接“压抑”了真正的北京本土地域文化在银幕上的呈现：一方面京韵普通话逐渐成了影片的通行语言；但另一方面，它“流通”的真正目的其实在于消融地域性而实现“全国文化一盘棋”的最终效应。在此被牺牲掉的地域性不但包括了东北、川陕、江浙沪和岭南等地区，也包括了北京自身。其后果是尽管北京音遍布了全国各地的影院，但北京的胡同和大院文化，以及与之相关的独特思维方式却始终没能在银幕上露脸。统一京腔“社会现实主义”话语模式，暂时压倒了现实主义的北京地域文化的个性表达。

大院文化的主导影响

八十年代，远在京味影视文化开始流行之前，上海电影制片厂曾经抢先拍过两部以北京为题材的影片，《青春万岁》和《城南旧事》。两部影片都部分地在北京取景，而且都抓住了北京城稍纵即逝的某些地域特点：通往香山的林荫路、冬日北海的冰面、银锭桥旁边的小吃和四合小院的温馨。但在这些符号化的景致背后，那些属于当代北京人的“精气神儿”，却从两位上海导演黄蜀芹和吴贻弓的导筒下悄悄流失了。

同样在八十年代，陈佩斯曾经在系列电影《父与子》、《二子开店》和《傻冒经理》中创造了一个落魄的北京胡同待业青年“二子”的形象，但他所采取的方法依然是传统的肢体喜剧模式，北京文化只不过是一份背景“配料”而已。

另一方面，八十年代末米家山和黄建新分别拍摄了《顽主》和《轮回》，尽管它们都改编自著名的京味作家王朔的文学作品，而且本身都是中国八十年代电影中的精品（特别是前者还由两位著名的京籍演员葛优和梁天主演），但两片所体现的内在北京地域性特征却稀薄得像不可见的空气一样。

《青春万岁》和《城南旧事》在某种程度上依然停留在旧时代对北京的外部观察上，陈佩斯从北京文化中所截取的是传统的言语和肢体的诙谐幽默，而《顽主》和《轮回》都只是在借助王朔给出的人物和故事架构，表达某种彼时对现代性话题的关注。这些电影人都没有意识到北京文化在内部已经产生了某种质变，它和五十年前那个由古韵典雅的知识阶层和诙谐质朴的劳动阶层所共同构建的旧北京文化已经截然不同。

旧时北京有着南城和北城之分：南城是寻常百姓、普通体力劳动者和回民聚居的区域；北城则又分东西（老话中有东富西贵之说），往往是深宅院落相连，官宦大户、富商巨贾和知识分子寓居于此。南北两城不但形成了南俗北雅的两种不同文化，甚至连说话的腔调口音都不尽相同：南城老百姓说话语速快如连珠炮，语调高昂吞音连音成了一种习惯，我们可以从老一辈的相声演员如侯宝林、郭启儒的相声中体会到它的特色；北城官宦富贵人家的子弟则语速舒缓，轻声慢语咬字清晰而又放松闲适，这一点当我们倾听孙道临早期的电影台词念白时，可以体会得到。

1949 年新中国成立彻底改变了北京的格局。北京被定为首都后，中央政府陆续从全国各地调集了人数庞大、和当时北京人口旗鼓相当的各路人员进京。这里面既有军人、党政干部和事业单位的职工，也有技术工人、知识分子、科研人员和教育工作者。他们并没有和本地人混居，而是大部分住进了由政府规划兴建的各种机关军队和国家部委事业单位的大院中。这样的大院数量众多，绝大部分分散在城市的西部和北部，往往集办公、行政、教育甚至起居住宿为一体，形成了五脏俱全、无须与外界过多交流的“独立社会”。这就是后来大家所熟知的北京“大院文化”的诞生地。在其中来自五湖四海的干部们都各操着自家的方言互相交流，而他们的子弟则在父母的方言和北京土话之中形成了带有革命色彩的新北京语言模式，甚至连说话的腔调和口音也有了变化，产生了吐字清脆悦耳、腔调抑扬顿挫、语速流畅利落的“大院口音”，构成了现在我们听到的北京话的基础体系。而口音本身也成了阶层不同的身份区别标志：如果某个大院小孩心血来潮戏仿南城老百姓囫囵吞枣的说话方式，十有八九会挨父母一巴掌并被告之：“好好说话别跟嘴里含着个铁球似的”。

到了六十年代中期“文革”开始前夕，由于北京北城的深宅院落大部分被清腾退转重新分配，官宦和知识分子文化已经接近消失。而大院所孕育出的干部子弟和传统意义上的老北京人有了极大的差别。前者的特殊身份，让他们形成了不可逆转的精英优越意识，被革命激发出的理想主义情绪，又让他们和老北京含蓄谦逊质朴的文化习惯格格不入。正是因为这样的差异，干部子弟和南北城的市民阶层出现了尖锐的对立、冲突、矛盾。1968 年传奇的北京流氓“小混蛋”周长利之死便是这一冲突的标志。

北京的大院之所以可以孕育出与众不同的特殊文化，很大程度上取决于干部子弟们衣食无忧和在社会阶层心理上高人一等的心态。同时由于行政机关和事业单位某些文化上的特权，他们比普通老百姓拥有更多的机会，可以接触到来自国外新奇而又具有反叛性的文化信息。在“文革”期间，某位高层的子第听甲壳虫乐队的唱片、喜欢摇滚乐的传闻尽管从未被证实，但干部子弟可以通过特殊渠道听到西方和港台音乐的事实，是不能否认的。崔健等一批中国最早的摇滚乐手，全部诞生在“文革”刚刚结束不久的北京，这和他们在七十年代得以通过大院这一特殊的生活环境和渠道接触到西方和港台音乐文化密不可分。

在电影方面，“文革”后期为了提高中国导演的技术和艺术素质，曾经反复组织导演们观看外国“内参片”。而到了七十年代末，每周在北京的各个军队、政府和机关的家属大院礼堂搞外国电影的“内部放映”几乎成了惯例。正是通过这样的放映，干部子弟中不少人培养了对电影的最初兴趣，甚至产生了实践的渴望。

出身部队大院后来成为导演的叶京曾经讲过，他在七十年代末用一台借来的十六毫米摄影机拍摄独立电影的经过。这在当时普通市民阶层看来，已经是天方夜谭、几乎无法理解的行为。而我们可以发现，在八十、九十年代活跃于影视圈的北京籍电影人，其中很大一部分都是干部子弟，这里不但包括出生于文艺干部家庭的陈凯歌、田壮壮、姜文、管虎、葛优、梁天、英氏兄弟等人，也有在大院中被文艺氛围熏陶而最终走上创作道路的“外来者”，其中就有王朔和叶京。

八十年代刘心武、陈建功、刘恒和王朔等北京籍作家声名鹊起，逐渐形成了一个新的北京文学流派，其中王朔在普通读者中影响力最大。相比其他北京作家，王朔八十年代所有作品里的中心人物，都是六十年代以后的北京大院子弟：他们日渐失去了以往的特权和地位，以颓废和自嘲的无谓态度消解失落感，以接近于无政府主义的批判意识猛烈嘲讽社会现实，以潜藏的理想主义情绪作为内心的唯一寄托。在语言上，王朔第一个将北京大院文化语言落纸成书，形成了一种特殊的文风：它既吸收了市民阶层犀利而富于想象力的表达思路，又兼容了文化阶层的精致趣味，同时一扫前者的庸俗粗鄙和后者的曲高和寡。这种大院文化特点不但体现在王朔的文学作品中，也成了随后他参与创作的影视作品的标配。

1990 年，改编自刘恒的小说《黑的雪》、由谢飞导演的《本命年》成了京腔文化进入影视作品的前奏。与刘恒的原作稍有一点错位的是，姜文扮演的主角表面是逡巡在北京胡同中无所事事的刑满释放人员，但内在气质却更贴近一个失落到谷底的大院子弟。他外表冷峻但内心温柔，面对着一个飞速变化的陌生世界无所适从，不愿意放弃内心的原则，但又无法挽回那个已经逝去的、可以将理想主义付诸实践的时代。姜文内心桀骜不驯的大院子弟个人气质，让这个角色不再是一个北京胡同串子那么简单，他成了整整一代因失去理想而孤身走向落寞的青年的象征。这样的人物和前述王朔作品中的特征不谋而合。

正是从《本命年》开始，影视作品中出现了一种新型的北京大院文化特征：它渗透着强烈的现实主义倾向，带着浓厚的批判现实价值观和个人理想主义气质；立足于某种卓尔不群的精英意识，却又时不时放低身段借用市民文化的表达手段；即便它在某种程度上继承了老北京文化中犀利调侃和诙谐幽默的表达方式，但它已经从纯粹的语言文字游戏中脱离出来，演变成指向性明显带着浅文本表达意识的“半精英半市民”文化。

京腔影视文化的兴起

王朔是九十年代推动北京影视文化发展的“核心发动机”之一。不仅因为他的文学作品不断地被改编成电影和电视剧，更因为他从九十年代开始，直接参与了很多影视作品的策划与创作。1992 年由他和苏雷、葛小刚、魏人、马未都等人撰写，赵宝刚导演的电视剧《编辑部的故事》，第一次完整抓住了新北京人在思维表达方式上的特点，剧中人物摆脱了以往影视作品中北京人单纯的油腔滑调耍贫嘴，变得字字珠玑语带双关，以前所未有的尖锐自嘲和嘲讽精神针砭时弊。这成了新北京文化正式亮相影视圈的标志之作。

由《编辑部的故事》出道、正式加入影视创作的，还有编剧冯小刚。他出生在干部大院，但少年时因为家庭变故又搬到了城里大杂院居住。比起“根红苗正”、口吻极其辛辣的王朔，冯小刚的视角要温和许多，他更懂得贴近市民阶层的心理，展现人物富有温和情感的一面。这一点在他给导演夏钢撰写的剧本《大撒把》中体现得淋漓尽致。在片中，葛优含蓄幽默、饱含温情的北京“暖男”形象让人耳目一新，它第一次让“温情”成为中国影视作品表达的核心情绪。

冯小刚得以迅速在影视界大展拳脚，还要依赖北京电视艺术中心对他的信任。后者的前身是成立于 1982 年的北京电视制片厂，在八十年代它就主导拍摄了《四世同堂》、《渴望》等带着浓郁北京色彩的电视剧。它发掘培养了赵宝刚、郑晓龙、李晓明等一批北京籍的电视剧创作者，成了北京电视剧导演和编剧的孵化器。根据行内人打趣的说法，在电视剧制作超级火爆的年份，北京电视艺术中心的会计和司机都被外聘成了编剧，足见它在影视圈内的影响力。当然这些都是后话，在电视剧产业还算刚起步的 1993 年，它做了一件让当时所有业内人士都大跌眼镜的惊人之举：将全部资产抵押获得的资金，投入拍摄了由郑晓龙和冯小刚联合执导、由姜文主演的电视剧《北京人在纽约》。而冯小刚正是通过这个宝贵的机会一跃成为导演。

在北京电视艺术中心的体制之外，还出现了另一个电视剧制作团队，就是由英达领衔的英氏家族。他吸收了美国室内情景剧的形式而主导创作的《我爱我家》，成了最脍炙人口的京腔影视文化代表。《我爱我家》的“文学师”梁左被王朔称作是“中国最具幽默素养的作家”，而英达不但自幼受到集演员、戏剧家和翻译家于一身的父亲英若诚的熏陶，还是“文革”后第一批留学美国学习影视的中国导演之一。梁、英二人一中一洋组合所采取的入手角度，与王朔冯小刚等人皆有所区别：《我爱我家》重新利用了北京话作为方言所产生的魅力，深度挖掘了带着地域性色彩的市民文化趣味。它既有很强的地方特色，又在用辞和表达上通俗易懂，极易深入人心，这是它在全国产生轰动效应、在大江南北久播不衰的重要原因。

《我爱我家》还对中国的影视制作产生了启发式的连带效应：它使很多影视从业者意识到，在商业化制作逐渐成为产业的九十年代初，发掘带着地域性文化元素的作品，尤其是以方言主打的作品，是有可能在市场上取得良好反响的。在《我爱我家》之后，英氏兄弟又接连制作了以陕西、上海和东北方言为主打的室内情景剧，把对地域性的强调作为制作的主要方向。

在 1991 年到 1995 年之间，“京味儿”商业电影电视作品如雨后春笋，电视剧《爱你没商量》、《海马歌舞厅》、《过把瘾》、《东边日出西边雨》，电影《无人喝彩》、《上一当》、《天生胆小》、《离婚大战》都成了火爆市场的作品，京腔影视文化达到了它的第一个高潮。这些影视作品不但让北京籍的葛优、梁天、谢园等人成为热门演员（三人搭档联袂出演了大量影视剧），他们的京腔京韵也成为时髦的影视语言。一些非北京籍演员如上海人王志文、马晓晴，吉林人贾宏声，或者武汉人徐帆，为了表演的职业需要也开始将北京腔模仿得惟妙惟肖。

与此同时，身为大院子弟的姜文却从这个京味影视创作热潮中抽身而出，他埋头将王朔的小说《动物凶猛》改编成了电影剧本《阳光灿烂的日子》。影片不但入围了1994年的威尼斯电影节，少年夏雨还夺得了最佳男主角奖。对于《阳光灿烂的日子》的解读和分析已经长篇累牍，但鲜有人提到的是，这是中国电影史上第一部正面表现大院子弟形象的电影。与王朔原著交织着欲望的阴郁和冷峻截然相反，姜文呈现在银幕上的是一出充满青春活力和火热理想主义情绪的视觉语言盛筵。他在影片中对大院集体生活和躁动的暴力宣泄的梦幻般的憧憬迷恋，代表了相当多北京大院子弟的真实心境。同时他并未停留在对他们优越心态的表面刻画，他意识到逝去的理想主义与九十年代扭曲的价值观和人性堕落之间所形成的巨大反差，他有意识地以过去对照现在，在两个不同的北京之间找到了某种带着强烈宿命乡愁意味的激情快感。正是这个明确的意图，让《阳光灿烂的日子》从王朔式的批判现实和冯小刚式的温情幽默中脱颖而出，形成了北京影视文化中的第三个标志性情绪：激情，并借助它将地域性的北京文化托上了艺术化的高峰。

九十年代的北京同样也是中国地下先锋文化的中心。第六代导演张元抓住了这些暗潮涌动的异样元素，将它们汇集成了反文化拼贴图景式的影片《北京杂种》。我们在其中看到了八十年代就活跃在北京地下音乐圈的著名人物：崔健、窦唯、骅梓、张楚、臧天朔，而那带着大量无意义的语气助词和充满了咒怨愤怒的脏话成了影片的标志之一，这也是北京土语第一次以这样前卫先锋的方式登上银幕。电影创作者和评论者同时发现，北京地域性文化的内核，同样可以为某种探索式的先锋影像和文本表达服务：充满反叛性的电影《头发乱了》、《长大成人》，九十年代少见的同性恋影片《东宫西宫》，王朔和冯小刚充满荒诞现实感的影片《我是你爸爸》，以及张艺谋风格转型的快意之作《有话好好说》，都让我们感受到了北京话和北京城市的整体氛围为影片带来的形式化魅力。

此时的北京影视文化已经在四个方向上同时展开：它既可以如《编辑部的故事》一样强烈地批判现实，又能演变为《我爱我家》、《大撒把》式带着浓浓温情的成功的商业化作品；既可以拥有《阳光灿烂的日子》式的个人激情的表达，又有能力容纳《北京杂种》这样低调冷峻的前卫意识。作为带着强烈地域性色彩的影视文化，它的可塑性和延展性是惊人的。

“京味儿”的顶峰、落幕与回光返照

在九十年代中期，当赵宝刚、郑晓龙和尤小刚等人以北京电视艺术中心为基地频出新作，博得阵阵好评的时候，冯小刚却跌进了他事业的低谷。他和王朔成立了“好梦”公司，趁热打铁推出了几部影视作品。也许是受了王朔过分强烈的批判现实主义态度的影响，他执导的电视剧《一地鸡毛》、《月亮背面》和电影《我是你爸爸》，都因为题材敏感或包含着强烈的负面情绪，遭到了禁播。冯小刚也被扣上了“票房毒药”的帽子。他经过苦苦思考后，暂时放弃了批判现实主义式的带着尖锐嘲讽口吻的创作方向，重新开始借用“新北京话”所形成的语言魅力，并转向了银幕喜剧的创作。

冯小刚再次借用了王朔《顽主》小说的故事形式，以较低的成本拍摄了《甲方乙方》，并且第一次在宣传发行上套用了港台电影“贺岁片”的概念，影片大获成功。随后，他又以相同的方式接连推出了《不见不散》、《没完没了》，每一部都在中国电影整体票房低迷的九十年代末大卖，他一扫此前的“霉运”，不但扬眉吐气，而且还成为拯救大陆电影票房成绩的灵药。

相比起冯小刚此前其他作品，在这三部影片中，他暂时压抑了撩拨暗郁现实的反叛冲动，把温情亲民的一面发挥到了极致。他依然落脚在一些社会底层人民关注的社会现实上，以对出国、暴发户、炫富、财富分配不均等热点问题的设计开场，但口吻却从先前态度认真的“恶毒”嘲讽降格为没心没肺的温和调侃，以褒扬人性、塑造圆满、一团和气的皆大欢喜结局收场，实际起到了给社会市民阶层轻柔心理按摩的功效。北京话中指东说西、指桑骂槐、夹枪带棒、举重若轻的逻辑帮了冯小刚的大忙，让他可以以一种看似完全“没正形”的口吻，将一些揉杂着批判、讽刺、温情甚至是爱情的混合体，以嬉笑的方式抛给观众，让他们开怀的同时也感到一丝甘甜和温暖。这可以说是冯小刚获得票房成功的撒手锏，也是他最令观众印象深刻的特点。这也是为什么在随后的数年中无论怎么转型，作品涉及怎样严肃沉重的历史和现实题材，他都始终没办法把“搞笑喜剧制造者”这一顶他不太情愿戴在头上的帽子摘掉的原因。这种对冯小刚固执的“误解”一直延续到了2016年——当《我不是潘金莲》上映时，许多人依然是抱着看银幕小品喜剧的期待走进影院，当然所收获的错愕反差也是不言而喻。

在九十年代末，新京味影视文化其实就已经开始走下坡路，不厌其烦、不着边际的贫嘴和调侃让全国观众尤其是南方观众感到麻木。而冯小刚几乎是靠一人之力重新将“京味儿”托上它在大众影视文化中的顶峰。不过他也意识到这不是一条可持续走下去的道路。在以《大腕》最后一次消费“北京式调侃”后，他几乎全盘放弃了作品中的“北京化”倾向，转向了与类型电影接轨的形式化商业套路。

在这里还需提到的重要人物，是背景经历复杂的叶京。同样出身于军队大院的他对曾经的大院子弟身份和经历所怀有的“执念”比姜文还要强烈，以至于他在电视剧《梦开始的地方》、《与青春有关的日子》和电影《记得少年那首歌 1969》中，反复围绕着军队大院和军队子弟的往昔经历做文章，几乎构筑了一幅大院子弟从满腔热血的少年到好勇斗狠的青年再到壮志未酬的中年的整体群像。在这些作品中，叶京不自觉地表现出了大院子弟所特有的强烈的荣誉感、使命感甚至是优越感，而这与 2000 年代北京经济和社会高速发展、大院文化消解和溃散的整体时代氛围相脱节。这是叶京的作品始终不能走入主流的主要原因。他甚至为了宣泄无法获得认同的失落感创作和拍摄了电视剧《贻笑大方》，以喜剧化的天马行空的方式，嘲讽北京影视圈的追名逐利和寡廉鲜耻。这部无心插柳之作反而因为它极度夸张而荒诞不经的整体风格，成为中国电视剧史上的一朵奇葩。

2010年，姜文以一种诡奇的口吻拍摄了票房大卖的影片《让子弹飞》。它在表面上以痛快淋漓的态度讲述了一个黑吃黑、土匪杀恶霸的民间传奇，但内在包含的却是一个带着反叛色彩的“异类”，指导群众推翻压迫者的革命寓言。他在影片中指点江山、藐视群氓、舍我其谁、替天行道的高傲姿态，再一次召回了那个似曾相识的充满优越感和叛逆意识的北京大院子弟的灵魂，而这样的人物和他们的言行气概在中国的银幕上消失已久。

从某种程度上说，大院文化在受众中影响力的消失，和中国整体政治文化氛围的改变密切相关。一方面，大院和大院子弟在政治和文化上的特权优势，被网络时代的海量信息完全消解；另一方面，90后和00后在文化上关注的内容以及接受信息的方式也大幅度变化，全面转向了虚拟化的快餐式交互互动。带着强烈意识形态特征和地域色彩的文化表达，不再是他们关注的焦点。这不但让大院文化失去了存在的基础，更直接导致了地域性强烈的北京文化和北京方言在银幕上失去了吸引力而逐渐退场落幕：在冯小刚的《大腕》之后，受到大众欢迎且带着新京味文化色彩的影视作品几乎不见了。我们依然能够从郭宝昌的《大宅门》或者邹静之的《五月槐花香》等电视剧中看到北京的存在，但它们更多的是跳过了大院文化的时代和精神内核，重新回到曾经被批判和抛弃的旧时北京风物和文化中，对已经消逝的文化考古意义上的北京寄托一种想象式的怀念。

对于消亡中的北京文化的描述，在八十年代就已经出现。如果说1983年王好为拍摄的《夕照街》和1986年美籍华人王正方拍摄的《北京故事》，依然对这种新旧交替的变化带着苦涩之中的期待，那么随后宁瀛在1993年拍摄的《找乐》和张扬在2001年拍摄的《洗澡》，则赋予北京城风貌的改变某种悲观色彩。2002年陈凯歌的短片《百花深处》，以一个精神病人在拆成废墟的四合院遗址上的回忆，表达了北京传统失落后留下的悲伤空白。而比利时导演奥利维耶·梅斯（Olivier Meys）和中国独立电影人张亚璇2008年合作拍摄的纪录片《前门前》，则以一种冷静但又接近于绝望的视角，记述了北京前门地区的消亡和老北京人面对这样的变化油然而生的无力和无奈感。

也许正是在这样的新旧交替或者新生与传统的矛盾冲突中，管虎为他2015年的影片《老炮儿》找到了灵感。他出身于北京电影制片厂的电影世家，广义上可以算作对大院文化有记忆的最后一代人。但这一次他却不再计较六十、七十年代存在于干部子弟和市民阶层之间不可调和的矛盾，而把二者本来对立的立场合二为一，共同面对他们都看不惯甚至不屑与之为伍的新生代北京人。管虎把表述意图隐藏在一个中年胡同串子的背后，以偶然遭遇的一个危机将龟缩在残存的旧北京系统中的主角逼出，迫使他去直面自己完全不能理解的新生二代子弟。有评论说影片所塑造的这个人物，在北京的现实生活中并不存在，他所遵循的那些“规矩”，在北京市民阶层中从未有过，而这其实正是“歪打正着”地切中了导演管虎的意图——他以一个市民阶层的中年混子为外壳，却内在地塞进了大院子弟的灵魂（影片对这样的身份重叠进行了多次暗示，包括那柄作为战利品的日本军刀、黄色军呢大衣以及主角哼唱的南斯拉夫革命战争电影《桥》的插曲），让他以一个有道德底线准则又游离在现代社会边缘的被遗忘者形象，对整个时代发起了堂吉诃德式的自杀式进攻。在结尾，当主角力竭倒在冰面上时，他所赢得的表面上是传统针对现代的一份尊严，但内在却渗透着一丝大院文化之于时代潮流所顽固坚持的倔强。

《老炮儿》因为它的话题性而成为那一年年末的中国电影热点。但它是否代表着京腔文化甚至是大院文化的某种复苏？这也许正像片中角色们所操的北京口音：作为老一辈北京人，冯小刚、张涵予等人依然操着字正腔圆、正宗纯粹的北京口音，而扮演后辈的李易峰等人却只能以让人尴尬的南腔北调假装“新北京人”。对于北京文化——无论是旧式传统还是大院文化——留有记忆的人只会随着时间的推移而凋零消逝。在以共通的类型特点替代地域性特征的今天,《老炮儿》完全无法像九十年代一样在影视圈掀起一股潮流,它只是银幕上一次京腔文化的回光返照,勾起了观众们对业已消失的过去的一丝猎奇式窥探。等下一次再有人试图以电影的方式展现糅合着京腔京韵的北京文化时,他也许连能够正确发音吐字的老北京人也难以寻得了。

(本文即将收录于作者的评论文集《擦去符号的印记》)

在一成不变的日常生活中，在仿佛永无尽头的无聊感中，我们必须获得跳出这座城市，从某种意义上说也就是跳出我们自己的方法；而想象这座我居住的城市，体验它超现实的“威严高贵”或别的什么，当能使我面对双倍的生活。

想象我居住的城市

撰文　西川

[一]

从崇文门（元朝称哈德门，蒙语，意“福门”）走直线到宣武门，肯定要经过正阳门（俗称前门）。有数年时间我奔驰在这条直线上：从家到单位，从单位到家。我骑在我的战马上，也就是我那破旧的二八凤凰牌自行车上，每过正阳门，我的目光便会在那高大灰暗的建筑上停留片刻。那是画册中的前门、歌曲中的前门、烟卷包装纸上的前门。美国人保罗·S·芮恩施（Paul. S. Reinsch）在《一个美国外交官使华记》一书中说过：“内城中央的城门（前门）仍旧保持着原来的样子。穿过这座城门或站在城门下面时，人们就会产生一种难忘的印象，感到这个独一无二的首都所特有的了不起的威严高贵。”芮恩施是二十世纪初的美国驻华公使。他所记录的北京是袁世凯、张勋、梁启超的北京。有时我的思绪就停滞在那个时代。那是一个遥远的北京。

我们不能指望一个外国人能够说出我们自己对于北京的感受，但在一成不变的日常生活中，在仿佛永无尽头的无聊感中，我们必须获得跳出这座城市，从某种意义上说也就是跳出我们自己的方法；而想象这座我居住的城市，体验它超现实的"威严高贵"或别的什么，当能使我面对双倍的生活。

正阳门南面是著名的前门商业街。街道不宽，可人头涌动。当年莺歌燕舞的八大胡同就是从这条街上西逸而出。无论陈独秀还是胡适之都曾在那里落过脚。前门大街向南指向永定门。北京的中轴线南起永定门，北至鼓楼和钟楼。除正阳门外，纪念堂、纪念碑、国旗杆、天安门、紫禁城午门、神武门和景山中峰，由南向北依次骑跨在这条中轴线上。要认识北京乃至中国，就必须认识这条中轴线。在这条中轴线上，死亡与历史重叠，死亡与权力重叠，死亡甚至与辉煌伟大的信仰重叠。说来奇怪：北京是一座如此拥挤的城市，可它的中心地带却是空的。它的核心部分，即紫禁城里那九千九百九十九间半房屋全然寂寞无声。说那些房屋是空的可能并不正确，那应该是幽灵，至少是记忆幽灵的栖居之所。可能正是出于这样一种联想，我有一位朋友坚持认为纪念碑内部也是空的。他写过一篇故事，讲一个人被另一个人追赶。这被追赶的人在北京纵横交错的黑暗的地下道里狂奔乱撞，正无路可逃，却见前方有一光亮，以为那里是通向地面的地下道出口。他像在烟囱内部攀着钢筋梯镫爬上去，探头一看，吓了一跳，发现自己正置身于纪念碑碑顶，下面是历史创造者们钟爱的、号称全球最大的广场，那里不知道发生过多少事件。这是一个奇妙的狂想，也许实心的纪念碑碑体对它根本不屑一顾，但它依然是一个奇妙的狂想。

无比有，空比实，更能激发想象力，特别是历史想象力，以及形而上学想象力，以及针对永恒的想象力。纪念碑虽是实心碑体，可今日的紫禁城确是一座空城。我听说，在夏、秋两季，每当游人在傍晚被清出紫禁城后，宁静的夕光便会为那些庞大的建筑投出更加庞大的阴影，而太和殿前肃穆的广场上便会落下成千上万只乌鸦。这听来的情景令我想起但丁《神曲·地狱篇》中的地狱第二圈：那些生前的好色之众死后变成乌鸦永无息止地飞旋，形成乌鸦的风暴。那些乌鸦多么渴望能有这样一座人间空城可以略事休息，无生人打扰，自由自在。

我已有十几年未踏入紫禁城（此处专指现在的故宫博物院），但我乐于想象这座空城。想象它的最佳地点，我敢说，就是在它的红漆大门之外。而红漆大门之内，则是中国历史上最大的宅邸，既用于睡眠、享乐，也用于发号施令。有一天夜里，我独自一人来到午门外。那二十多米高的大墙从三面围拢我，我感到我是置身于历史、传说和神秘之中。我沿着青石铺就的甬道走向关闭的午门门洞，忽闻一声大吼，我抱头鼠窜。一个蜷缩在门洞里的人开始大喊大叫。他的叫喊声回荡在三面高墙之间。我听出那是一个傻子。他像条野狗一样被我惊醒了。另一次我探访午门是在深夜一点多钟，那天夜里大雨下成了黑色。我在雨中仰望午门城楼，幻想着一队清兵或一队宫女显现，因为我听说在雷鸣电闪之夜，古老的建筑有时会释放磁波，再现昔日的场景。但是忽然，身后有了动静。两个黑影朝我走来，他们手里还端着枪。难道他们要在我祖国的心脏、这午门之前把我变成一个鬼魂？就在我被吓破胆之际，我发现他们不是歹人，而是两名士兵，他们负责警卫这空空的落满雨水的紫禁城。他们走到我近前，看清了我，然后一言不发地又回到他们蔽身的古树之下。

［二］

上大学时我听过一位美国教授的讲座。教授的名字我忘了，他讲座的题目我也忘了，但还记得他提到过一位西方作家写的有关北京的小说。小说里讲到一个西方人爱上了皇宫里一位满族妇女；这西方人还奇异地探访过北京城地下的另一座北京城。我一直对这两个情节非常着迷，却从未找到过那位教授提及的那本小说，直到最近，我在北京东北郊花家地的一家小书店里翻到一本书。该书作者史景迁（Jonathan D. Spence），英国人，美国耶鲁大学教授。该书书名《文化类同与文化利用》，是他在北京大学的演讲集。我因读过他讨论中国知识分子与中国革命的著作《天安门》，又见此书讲的是西方人对中国的想象，便将此书购回。到家我才发现，早在八年前我就买过这本书，但一直未读，既然买了两本，看来这书我是非读不可了。于是谢阁兰（Victor Segalen）的名字便通过史景迁教授再次映入我的眼帘。谢阁兰，法国人，1909年至1917年三度来华，寓华时间约七年。1993年三联书店出版过他的诗集《碑》和小说《勒内·莱斯》的中译本:《碑》我读了,可《勒内·莱斯》却被我丢置一旁。这是多么可耻的粗心大意！当我因为史景迁教授对这本小说的复述而从我的书架上重新翻捡出它的时候，我想到巴西作家保罗·戈埃罗在《炼金术士》一书中所讲的故事：西班牙牧羊少年圣地亚哥被自己的梦境牵引，跨海渡洋，千辛万苦，远赴埃及寻宝；结果他发现财宝就在他的家乡，就在他出发的地方。故事绝对精彩，不是吗？或许我千寻万觅《勒内·莱斯》的过程与圣地亚哥的经历并不完全吻合，但我通过想象“另一个北京”而认识我居住的北京的努力，至少呼应了《炼金术士》的结论。

在谢阁兰笔下，比利时年轻人勒内·莱斯作为清廷秘密警察的头子，几次挽救过摄政王的命。他还是隆裕皇太后的情人。谢阁兰暗示，这一切有可能只是居住在北京的勒内·莱斯的幻觉。小说写得模模糊糊，奇想不断。谢阁兰竟然奇想到北京城下另有一座北京城：

> 北京并不是像人们可以相信的那样，是一块忠诚与奸诈的角逐在其地皮表面进行的棋盘图形：北京存在着一座地下城，这地下城自有它的城堡，角楼，拐弯抹角之所，毗连邻接之处，也自有它的威胁，它的比水井更可怕的“水平走向的井”……这些东西在地图上找不到……这真是一座地上充满空穴的深邃的城市！

谢阁兰的叙事并非出神入化，但他的奇想启迪了卡尔维诺，或许他还是熟悉迷宫与噩梦的博尔赫斯的先驱。而最奇妙的是，谢阁兰的奇想后来竟被一个中国人变成了现实（这个中国人不可能听说过谢阁兰的《勒内·莱斯》。难道他是另一个天生的谢阁兰？）。在他摔死于温都尔罕之前，他通过大搞战备而将人们派入地下，建成了一座由地道和地下掩体构成的地下的北京。那时我还是小孩儿，一听见警报响起便满怀着对苏联修正主义和美帝国主义的仇恨奔向防空洞。在地道或地下掩体中，我想象苏修或美帝的导弹、原子弹在我伟大的社会主义祖国炸开了花。当我怀着想象的仇恨长大成人，那些地下设施的一部分变成了地下商场；当我结束了我被偏头疼折磨的青春期，那些地下设施的另一部分变成了娱乐场所。因此，北京的确存在着另一个北京，是老舍那类人所不曾见过的，就像这世界上存在着老舍不曾见过的生活、不曾读过的诗篇。日常生活的北京还不是全部的北京。你需要想象北京，北京会满足你的想象；即使它暂时没有你所想象的东西，它也会应着你的想象长出你所想象的东西。我们都从想象中来。

多年以前一位小说家曾向我提及，中国古典文学对他来说仅仅是一个他者、一处风景，当他使用中国古典文学时，他是把它当成了类似异国情调的东西。这异国情调并不能激发他的创造力，而是赋予他足够的空间感，也就是说，本来属于时间的东西被他空间化了。不要以为口出斯言者是一位西方小说家，他恰恰是一位熟读中国古典文学的中国人。倘若我暂且抛开文化道德立场来回味一下这“小说家言”，那么我不得不倾向于承认这是一个行家里手的高见，尽管他也许会在台面上否认自己持有上述看法。我并不想说我认同这位小说家的“异国情调说”，因为文化道德立场在我是无法彻底抛弃掉的，因为在中国古典文学中存在一些与道、与天命有关的非文学的东西，这与我眼前的北京所包含的东西极其相似。但我同样渴望以一个“他者”来破坏掉我习见的北京，这“他者”就是我对北京的想象。

它不仅应带给我空间感，也应带给我历史感：一座幽灵与活人混居的城市比一座被行尸走肉占满的城市更抒情；一座与其地下城市相对称的城市才适于精神驻足。让我走得再远一点儿：或许除了北京和北京之下的北京，还有一座北京之上的北京。

［三］

即使我们只谈论地面上的北京，我要说，它依然是一个想象的产物。史称金主完颜亮攻破北宋首都汴梁之后，悉辇其珠宝于此，故所有宫殿规制，均据汴都仿造（金故都方位与今日的北京并不完全吻合）。这种一座城市模仿另一座城市以便人们想象那被模仿的城市的情况，不仅存在于金宋之际：清代山西平遥以票号发迹之后，金融家们并没有同时发展他们资产阶级的审美趣味，而是根据自己头脑中根深蒂固的官本位思想，把平遥翻建成了一座地主阶级的小北京。

如果北京的规制模仿的是汴梁，那么汴梁又是模仿的哪儿？是金陵？是长安？如此类推，金陵、长安亦必有其模仿的对象。在哪儿？在地上？在地下？还是在天上？卡尔维诺在其《隐形的城市》中涉及过这个问题，但我们还是从中国人的传统观念中寻找答案吧。《渊鉴类涵》卷三三二引《公羊传》:“京师者何?天子之居也。京者何?大也。师者何?众也。天子之居,必以众大之辞言之。”又引《左传》:“凡邑,有宗庙先君之主曰都。”(这句话让我想起北京中轴线上的空宅子。)中国人这种对于首都作为一座城市的传统定义,实际上也是对于秩序、等级、仪式、体制、习惯、法律的确认,由此而产出的语言、精神生活方式、文化产品风格等必然不同于西方城市文明所产出的东西。因此,说到底,像北京这样的城市其规制追本溯源是来自中国人的大脑,来自意识形态;这是一座意识形态之城。它可能适于观看,适于仪仗队走正步,适于皇家车马招摇过市,但却不像那些自然生长的城市适于居住。这不是一座自然的城市。在一个标榜“道法自然”、“天人合一”的国家,这是一件说怪不怪、说不怪也怪的事情。

说到北京不是一座自然的城市,我们还可以提及元、明定都北京的原因:要么为了西望大漠、南镇九州,要么为了更有效地抗击蒙古人南袭,并进一步控制东北。是中国的政治、军事版图决定了北京作为首都的资格。此外,从地理上说,北京远离水源。据走南闯北的诗人、数学家蔡天新讲,世界上只有两个国家的首都没有自然河流穿过——人工开凿的另说——其中一个就是中国的北京,另一个是墨西哥的墨西哥城。由于地理位置,北京还常被来自阿尔泰山脉、途经内蒙古额济纳的冷空气所携来的沙尘暴搅得天昏地暗。但这类具体的历史、政治、地理问题我们可以留在其他文章中讨论。

既然北京来自中国人的大脑，来自意识形态，既然北京不是一座自然生长出来的城市，那么它就是一座人工之城，就像使用人工语言的和合本《圣经》，就像绢花、绢人、象牙球、白玉苦瓜、磨漆屏风、掐丝珐琅耳挖勺。在这一点上它似乎呼应了拜占庭帝国对于工艺美术的热爱。而欧洲的洛可可艺术风格从中国人的艺术品位中获得启迪就不足为奇了。北京的人工色彩最醒目地见诸其街道的规划。当年马可·波罗记录下的元大都虽然并不完全等同于今天的北京，但其形貌实在与今天的北京大同小异：

……街道甚直，以此端可见彼端，盖其布置，使此门可由街道远望彼门也……全城中划地为方形，划线整齐，建筑房舍……全城地面规划有如棋盘，其美善之极，未可言宣。

这样一座城市显然有违管子的教导："凡立国都……因天材，就地利。故城郭不必中规矩，道路不必中准绳。"无论是马可·波罗还是谢阁兰，都不了解北京之所以是北京的意识形态根由。他们都被这不同于西方城市的富于工艺之美的人工之城迷住了，他们甚至还在这人工之城的基础上各自捏造出另一座北京。他们都没能解开他们头脑中有关北京的谜团，而他们的功劳恰恰在于他们的失败之处，也就是说，他们扩大了有关北京的谜团。但我指出这一点不是要否定他们谬误百出的观察、想象和猜测：在今天这样一个土洋结合的时代，他们的工作或许可以成为我们展开想象的出发点。

初到北京的人很容易注意到北京这横平竖直、气派非凡、宽阔舒朗的皇家大道，并且很容易在这街道风格与北京人的性格、北京人的道德观念、北京人的文化产品之间建立起类比关系。他们往往不自觉地成为这种特殊美学的拥护者，并且能够感受到创造历史的冲动。成都诗人万夏初到北京时，面对这皇家大道曾经从“气”的角度发出过“三国演义”式的感慨：北京是天气散，四川是地气聚，而江浙是水气浮。大将皆出在蜀地，可统一中国的还是由魏而晋的北方。他进而评述京蜀两地诗人：由于北京的气升天而散，故北京诗人虎豹行单；而四川的气落地而聚，故四川诗人鸡鸭行群。

我想是北京的皇家大道对万夏产生了强烈的视觉冲撞，才使他发出这大块切割的英雄豪杰式的感慨。其实北京自有它的迷魂阵。我本人就曾在一个夜晚，在西四那一带乱七八糟的小胡同里迷路到天亮。不过，讲究规划的皇家大道确是北京不容撼动的重要特色之一。即使千百幢高楼从四合院平房的废墟上拔地而起，依然不得不遵循皇家大道的历史走向。

［四］

说到新近涌现的高楼大厦，我就不由得要表达一下我对某位前任官员的厌烦。他曾经要求北京每一座新建的高楼上都要加一个大屋顶，以体现现代化北京的古都风貌。这大概也算是个奇思妙想。于是北京就建成了一大批二三十层高的平房。这些高层平房，有的像《封神演义》中的摘星楼，有的像《三国演义》中的铜雀台。数日前，我很偶然地在创刊于 1884 年的《点石斋画报》中读到一幅画，画题《第一高楼》，画的是美国二十八层高的摩天大厦和大厦使用的“起落机器”（电梯）。中国人居然在十九世纪末就知道了摩天大厦和电梯！但由于作者没见过这两样东西，故而凭借道听途说，外加自己的想象，把电梯画成了从楼顶屋檐下垂、挂在大厦外面的大吊篮；更妙的是那座摩天大厦，完全符合八十年后这个人的要求：二十八层高楼（画面上只画出十六层）加一个大屋顶——这不是高层平房是什么？作者为了显示这平房之高，还用墨线勾出云带横贯楼身，整个一幅改良文人画！我由此推断此人之魂来自十九世纪末。

你看，我想象我居住的城市，一半是出于主动，一半是出于被迫。除了市中心那栖居着幽灵的九千九百九十九间半空屋以及那有着历史走向的皇家大道，一个旧北京基本上已经被一个新北京所替代。我并不怀念那个旧北京，因为我从未见过那个旧北京；而那些钢筋水泥的新古董，根本无法唤起我回到旧北京的感觉。我只是在回味“北京”这个专有名词时，会幽幽然获得一种历史的纵深感，我因此而领会想象的乐趣，我因此思索我的天命所在。北京，一个词汇，除了它的方位所指没有大的改变，它的政治所指、经济所指、文化所指，乃至道德所指均已大不同于从前。我从北京的名与实之间看出了距离。而名与实，或称词与物之间的距离，恰恰是想象的巨大空间。名与实，或词与物，永远只能有瞬间的叠合。那叠合的一刹那，便是创造的一刹那，其余时间，名与实的距离越拉越大，这对想象的好处也越来越大，直到它们之间再也无法维持对称的关系，于是想象的琴弦绷断。

我曾经居住和工作在公主坟、王府井、崇文门、宣武门、蓟门等地。但公主坟既没有公主也没有坟，王府井既没有王府也没有井，而站在崇文门、宣武门或蓟门的十字路口，则根本看不到古代的城门。那些实的东西早已灰飞烟灭，剩有一派空名咬住我头脑中“有名无实”的寂寥。这“有名无实”，多么富有诗意！而同样富有诗意的当然是“有实无名”。我有一位朋友，满族人，长相一如郎世宁《阿玉锡持矛荡寇图》中骑在马上、注目前方的阿玉锡。清人入关前，八旗主被封为亲王，又称“铁帽子亲王”，而他的祖上就是那八个铁帽子王爷之一。据我这位朋友讲，当年李自成在湖北九宫山并未如史书所记被地主武装杀死，因为负责押解李自成进京的就是他家祖上那位铁帽子王爷。半道上王爷与李自成喝酒，发现两人武艺竟出于同一师门，王爷便放走了李自成。回京后自己被皇上赐死，其后代被降为头等男。如今我这位朋友，头上既无那顶“铁帽子”，也无“头等男”的封号；他一副王爷相，却成了个赛马师，往来于北京和瑞典南部某城市之间，玩的还是他祖上的玩意儿。他养着数匹高大的黑色的英国纯血马，个个膘肥体壮。骑在马背上，沉浸于“有实无名”的状态中，他心中的诗意海阔天空。

英国诗人柯勒律治有名诗《忽必烈汗》，前五行曰：

忽必烈汗在上都曾经
下令造一座堂皇的安乐殿堂：
这地方有圣河亚佛流奔，
穿过深不可测的洞门，
直流入不见阳光的海洋。

第一行中地名“上都”，原文Xanadu，上大学时老师告诉我们，那是柯勒律治为使声音悦耳，由Xamdu一词自造出来的。Xamdu，上都，即开平，忽必烈起家的地方，在今内蒙古多伦北的石别苏木。但我也看到有人把Xanadu译成“大都”,如果是“大都”,则指的是北京。可能是误译，但也不一定，因为Xanadu一词本来就是柯勒律治自造的，不一定非指上都。写到这里，我倒觉得，译成“大都”对我更亲切。但这难道真是一首写北京的诗吗？北京哪有什么“圣河亚佛”（Alph,the sacred river）？其实柯勒律治本人大概也不知道他写的是哪里，Xanadu之名是他自造的，实更无从谈起，他就凭着他“无名无实”的幻觉，建造了一首幻觉之诗。而这首诗竟然比忽必烈的宫殿活得更长久。在中国也有类似的例子，李白在写《蜀道难》时并未走过蜀道，全凭想象展开奇迹。关于北京，我就想写一首这样的诗，我的难度当然比李白、柯勒律治更大，因为我生活在我想象的地方。有了这个念头，我对那些一般化的描摹、叙述北京的作品，就有些瞧不上眼了。

小说

他感觉自己在别人眼中仿若一种稀有动物，或是一个奇特的外来物种。偶然地被发派到了这个世界上来，与周遭的人之间没有一丝共同之处。

——A·普希金

莫斯科地铁

撰文　哈米德·伊斯麦洛夫（Hamid Ismailov）

译者　何啸卿

交错配列

无法容忍对词语的救赎，

在有些场合我忍不住要去证明

随着时间受了绞刑，

词语的意义也逐渐被遗忘

尽管有些还未被道尽……

我是“莫斯科”的私生子。我的母亲来自西伯利亚的一个小村庄，或许是阿巴坎纳，或许是塔伊谢塔。她在护照上有个奇特的名字——“莫斯科”（尽管所有人背后都叫她玛拉、玛卢莎）。在莫斯科奥运会那年，她遇见了一个来自非洲某个友好国家的运动员，之后便怀上了我。或许，那甚至发生在更早些时候，在奥运会的筹备阶段。作为一名外来劳工，她被派到奥运村里充当义务治安员的角色。“我们被派‘出去’，他们正好被放‘进来’！”——有一次她喝多了之后这样向我解释道。于是，我这个斗牛犬与犀牛的混血便这样诞生。我的俄语名字是西里尔，又叫“莫博博”。我母亲在我七岁时便撒手人寰，我自己也在四年后命归西天。这就是关于我在莫斯科的生活的全部故事。余下的，就是那些回忆中迟开的、终将凋零的花朵了……

当你那有着大把未活尽的光景、一半哈卡斯人一半尼格尔人血统的生命注定了你的人生将在地下展开，那么你的死党既不是那啃咬你淡紫色亚洲式单眼皮的蛆虫，也不是那在夜晚从你身上吸吮黑色油漆、破败不堪的冷杉树根，甚至不是另外一具独自腐烂着的尸体。而是都市里的地铁，是它，成了你的死党。这倒不是因为在你五岁的时候，你那刚醒了酒的母亲由于身无分文，给了你一张彩色的地铁地图，敷衍道:“这就是你的肖像画，我浑身带刺的小宝贝，莫博博！”也不是因为我总是为了逃离地面生活中的恐惧和迷离才来到“地铁王国”。在这里，甚至连我都变成一道苍白的影子，不再因为肤色和命运而引起别人的注目；甚至也不是因为我的白天在这里结束，黑夜在这四周的方圆内开始。不是的！地铁成了我的死党，仅仅就因为每次它驶过时地面上的轰隆声，和擦身而过时给人带来遍布全身的震颤。骨骼不由自主地打起架来，牙齿和着节奏打起节拍。还有那些在这里安了家的蚂蚁们，开始顺沿着黑暗中曾是我肌肤的地方四处逃窜。

“亲爱的乘客们，我们已到地铁终点站。请大家离开列车车厢……”

苏联少先队站

我母亲买给我的第一本小人书中，讲的是一朵名叫“长春花”的可怖的花的故事。我害怕和这本书中的图画单独待在一起，特别是那些画得凌乱不堪的、蔓延过页面向四周延伸出去的牛蒡。

有一次，我决定摆脱这本书。我拿了火柴到我们宿舍楼梯间倒垃圾的地方，将其点燃。这朵缠绕着干枯牛蒡的长春花随之起了火。火焰就像那骇人的四处蔓延的牛蒡一般，将魔爪伸向了我的灯笼裤。由于恐惧，我开始竭力惊呼。一个邻居跑出来帮我在地板上使劲翻滚。火是灭了，但没有扑灭的是我心中仍然在燃烧的恐惧。我哀号道：“求求您千万别告诉我妈，求求您……”但我妈一从街上回来，他们就告诉了她。她抄起一条粗款的女式皮带，在我们的小房间里开始抽打我。

我清楚地记得抽在我背上和屁股上的每一鞭是如何灼烧我每一寸黑色肌肤的。我因为疼痛难忍而叫喊出声来。但比起任何事都更教我害怕的，却是当我的母亲在这一刻突然住手，扔下那句比疼痛都更教我害怕的话：“你现在就给我去整理好包裹，滚去你父亲那儿！”黑色、炙热的非洲，在我看来如同地狱。它在哪儿，又叫我上哪儿去？“教你再敢？教你再敢！”在用一贯的那套话把我劈头盖脸地教训了一通后，她留下我埋在灼热的床里。她去碾碎了墙角里放着的干玉米，让我光着膝盖在上面跪着。就这样，那发臭的牛蒡报复了我，在墙上朝着我诡异地微笑，化作一张地铁线路图……

之后，我的第一任继父（我母亲告诉我要叫“爸爸”，而不是“格莱布叔叔”的那个人）送给我一本画有一座名叫“地铁”的、如童话般的地下城池的书。然后他又送了我一本画有同样图案的识字读本。在那漫长的冬季时光里，他们将三四岁的我放在宿舍窗前。两块加厚玻璃的窗框中间塞着一块棉絮布以抵挡冷空气的进入。我时而细细地读着这两本用湿蜡笔画得五颜六色的插图的书，时而放眼莫斯科那深蓝色的黑暗——它既有点像那超现实的插画，又有点像我肚子里斗争着的、打着战的内脏。这本书会不会给我带来厄运？

在那三四年里，我第一次梦见了这座五光十色的地下城池。正是由于它的地下性和隐秘性，它披上了一层比我在觉醒的现实中所见过的都更为鲜艳的色泽。也正是为此，我希望用我最亲切的字眼来命名这座城池——“莫斯科”。这里的灯泡发出如星星般的柔光，花岗岩大理石的表面上反射着高贵的抛光。其特有的超凡脱俗使黑暗都变得温暖和充满生机，犹如睡眠中的光。这种如家般的黑暗，并不将不同的肤色加以区别—— 一切都折射着一模一样的地下星星、地下月亮、地下花岗石和大理石的光芒。我将这座地下城池视为属于自己的国度。我一连几次做过这个梦。

有一次，我已经改口叫“爸爸”，而不是“格莱布叔叔”的人带着我从西莫可左岸来到莫斯科。那段时间，我和妈妈一起住在他家。冬日电气列车里的每个人都如同打量动物园里不明的小动物一样，打量着我。我们在一个广场上下车。在那里，我见到了“克里姆林宫”，但“爸爸”说，那不过是列宁火车站罢了。穿过广场，两扇巨大的如庙宇般的大门出现在我们面前。

你一定记得从喀山火车站出来后进入地铁的那个进口吧？敞开的皇家大门上悬挂着十一盏吊灯。一扇巨形拱门在吊灯的上方延展着，上面写有一个大大的字母“M”。拱门的上方，一个如同莫斯科的克里姆林宫那般呈锯齿形、并且字母的两条腿劈得很宽的“M”，正闪烁着红宝石般的光……

我黑色的脏腑告诉我，现在已进入一个崭新的世界。扑面而来的是通过这扇敞开的大门进来的受过挤压的空气。那股空气同格莱布叔叔去的那些教堂里闻到的一模一样；除了那里的空气里还混合着一股油腻的腐败味。这里的空气中则弥漫着一股肌肉的汗味。拖着行李、拿着手提箱的人们像蚂蚁一般向闸门处涌去。我记得两则故事，在这里可以帮到我。第一则是关于一个孤孩的故事：他的母亲消失在一块岩石中，然后只要说“石头开门”，这个庞然大物便会张开它的大嘴。第二则是关于阿里巴巴：他只要说“芝麻开门”这个密语，就可以随意地进入洞穴。第一则童话教人害怕，第二则反倒激发了我的好奇心。

“爸爸”把我带到一只悬挂在墙上的铁箱子跟前，他往里面投了一个小小的硬币，铁箱子便吐出几个大个儿的五戈比作为答复。啊，这世界多么慷慨啊！格莱布叔叔递给我一个五戈比，告诉我如何在那一边包有橡胶的金属大钳子开启的时候，迅速地从中间穿过去。他还告诉我，放人进去的那条过道，是如何只开启那么一丁点儿的时间的……我的心怦怦直跳。我长久地回望着刚才穿越进来的、把我带入这个世界的入口——这是一个通往未知的入口，正向下延伸。灯光顺着浮动的人影闪烁着。“爸爸，为什么我们向后倒，而那些面朝我们的人，却是向前倾的呢？”由于激动，我开始不停地发问，企图用好奇心来掩饰自己的害怕。

“不是这样的，我的小乖乖。不管是我们还是那些人都是站直的。只是我们的电梯是往下开的，而他们的是向上开的，这叫作幻觉……”格莱布叔叔向我解释道。

“那幻觉又是什么？”

“那要等你长大后才会懂。”

“那我什么时候才能长大呢？”

“当你明白什么是幻觉的时候。”

我感到这些荒诞的问题和兜圈子的回答——所有充斥着嘈杂和迷惘的一切都被遗忘在了身后，留在了上面。电梯正开往地下。每个人都站在自己的一格台阶上，与别人站的那格台阶分隔开来。带着如灯影浮动时一样的华丽和寂静，这排人缓缓地排成了一条垂直的直线。然后就像从滑雪板上纵身一跃一般，脱离了我视线的极点……

我拉着格莱布叔叔的手，在他的身边翱翔。他把我从电梯上拽下来后，我便不能再回望电梯。我正飞向地下的雪的宫殿—— 一个由大理石和白色岩石建成的王国。在这个国度里，石柱取代了一般的柱子，无边无垠的穹顶取代了天花板。我于地表上的生活里，还从未见过能与之媲美的奢华。我的“爸爸”像是一个经验丰富的向导，不催我，任凭我惊奇地张大着嘴，欣赏着我的地下国度。“爸爸”带着我缓缓地、庄严地从一根威武的石柱旁边走向另一根。这些石柱顺着绘有绘饰的拱门到达穹顶；石柱的上面还饰有石刻的树叶。这里的世界连推带搡地进入了我澎湃的内心，我感到我们永远地沉浸在彼此之中，没有人可以把我从它那里抽走，也没有人可以把它从我这里带走……

突然间，人群的沙沙声里游入了一丝悠长的哨声。随着声响变得越发铿锵有力，一条蓝绿色的长带，伴随着摩擦声和击打声猛地切开了石柱间的空间。我因为害怕而缩成了一个人球。继父喊道："我们走吧！"

这就是地铁列车。列车开了门，人们从列车的车门里涌出来，就好像一只被切喉的公鸡的喉部喷射出的鲜血。他们身后的空旷将那些月台上的人们吞没，也包括我们在内。"请注意，列车的车门即将关闭！"广播里响起一个不带任何感情色彩的沙哑的声音。我黑色的脏腑告诉我，一旦踏上这条旅途，便没有回头路。前方只有未知在等待着我，浸淫在一个一模一样的沙哑的声音中："下一站，莱蒙托夫站"。

我没有去莱蒙托夫站，而是自始至终留在了最初的那一站。泪水蒙住了我的双眼，如果有什么事曾对我进行了致命的欺骗，那就是在地铁上的这一刻。我的梦想和小人书上的图画长久以来哺育了我。我没有料到：这座大理石建成的宫殿般的地铁站竟然会戛然而止，而黑魆魆的隧道就此开始。浑浊的泪水，充满着一个孩子不能释怀的失望，夺眶而出。我简直不能相信自己的眼睛——这拙劣的骗局也太明目张胆！如蛆虫般千里漫漫的黑暗，这虚伪的地铁站的电光——现在已是另一站，然后又是另一站——如此般幻象丛生、尔虞我诈、稍纵即逝！与我对地下城池的幻想根本完全不同。在我的幻想中那当是无止境的。这一切，就像是在小人书中的第一页上画了一些图案，留白了几页，然后仅仅是为了在第十页或第十二页中打破这种留白，用湿蜡笔随意涂画了一点东西上去。我绵延着的孩提世界被永远地击碎了。就在这时，我意识到，我极不情愿地被扔进了一个打着一层又一层“补丁”的、幻象丛生的成人世界里……

捷尔任斯卡亚站

我黑色皮肤包裹下的身体记得，它第一次是如何穿过站与站之间闪耀的电光到达这里的。漫长而嘈杂的黑暗衔接着站与站之间的间距，直到我们最终到达一个黑魆魆的、铺着大理石的地下室。两面巨大的墙的中间是通往出口处的一条狭长的过廊。我们朝出口走去。一束细长的光线顺着半圆形的、“皱着眉”的天花板延伸着，将一块画满纵横交错的线路的站牌，变成一个悬在我们头顶上方的十字架。也许是由于不能自抑地哭泣，又或许是由于地下室的密不通风，我感到有点透不过气来。

记得有一次，母亲在床铺上和我闹着玩。她突然将一床毛毯扔在我的头上，咯咯地笑着问道：“你那儿看得见非洲吗？”我笑着想从毯子下面挣脱出来，但母亲手脚并用，阻断了我所有的出路。在这热烘烘的黑暗中，我突然害怕起来。恐惧让我喘不过气来，并且失去了所有反抗能力。当母亲笑着从我身上掀开那床黑色的毛毯时，我已失去了意识。

一种同样的感觉在地铁站的地下室里揪住了我。继父把我从里面拉了上来。地铁站里无边无尽的隧道间的黑暗，笼罩在零零星星分布着的站台上方的开口……

我们出了地铁站。出现在我们面前的是一个巨大的、被白雪覆盖的莫斯科广场。一个没有武装的年老士兵孤身一人站在广场中央。继父带着我沿着广场边缘来到“儿童世界”。在我头四年的人生里，还从未见过这样的商店。

我们走入一间有着一棵巨大的新年枞树和一个巨型大钟的大厅。观众们围在扶栏两边。我立刻就被这里的气派震撼到了，立刻把地铁的事整个儿都忘了。在这恢宏的气势下，我显得如此渺小和卑微。我感受着别人的目光像玩具雪花般地散落在我的身上。我害怕他们突然让我跳一段可笑的舞，或让我站到枞树前背诵一段诗歌，就像这首打幼儿园起就被植入我脑海中的诗：

驾！黑人的马儿迈着大步
孜孜不倦
鹅毛大雪，纸上谈兵

列宁说的就是它[1]

整首诗中，我只明白：一方面，有一个黑人，他骑着一匹马（这里说的当然是我的父亲）。另一方面，还有列宁爷爷。他和我爸爸，牵着一匹小马，一起把我们学校里的孩子们带到新年枞树下面，拍拍他们的小脑袋。而且，“说的就是它”呢。

继父领着我围着圣诞树转了几圈——他就好像是“严寒老人”，而我是他的“雪姑娘”。然后，他来到出口处，排队等待进入玩具商城。我独自一人站在雪地里，面朝着一块巨大的玻璃橱窗。里面站着三个纹丝不动的小孩。这事我还是头一次碰到：他们既没有向我跑来，也没有向我或他们的父母发问：“为什么他的肤色是黑色的呢？他是黑人吗？”我立马对这几个小男孩小女孩产生了好感。

他们独自站在那儿，眺望着远处。任凭我怎么喊他们，依然一动不动。我想也许是橱窗玻璃太厚的缘故，他们听

---

1 原文出自马雅可夫斯基的一首著名诗篇。这里是受到小孩的曲解而记忆下来的诗句。原文为：

“假使我是一个年迈体衰的黑人
孜孜不倦地
学习俄语
只为
列宁说的就是它。”

不见吧。于是我在玻璃上敲了敲，他们依然注视着远方。白雪覆盖的广场中央只身站着的那个身披厚质呢大衣的士兵也许是他们的爷爷吧。我朝他们招招手，但回复我的只有从玻璃中折射出的我自己的影子。在这些一本正经的小孩面前调皮成这个猴模样，让我感到有些难为情。

继父回来的时候手里提着一个装着礼物的五颜六色的袋子。我指着那些孩子问他："他们是'小十月革命家'[1]吗？"继父神秘兮兮地回答道："不，那是橱窗，他们只是假人模特罢了。"——"那么他们可以做我的朋友吗？"继父笑着点点头。他建议我可以在他们面前拆我的礼物。于是当着我新朋友的面，我一头钻进了那个闪闪发光的袋子里：里面装满了巧克力、糖果和柑橘。在袋子的最底下，我找到了一只包裹在响炮里的玩具。"喂，我说小普希金[2]，你两只手抓牢，我可要拉了！"——格莱布叔叔建议道。顾虑到不要在那些一本正经的小伙伴面前滑倒，我牢牢地抓住响炮的一端。"父亲"数到"三"，然后一拽。随着"砰"的一声声响，一个坐在浴缸里的裸体黑人女孩掉落在雪白的、尚未有人踩踏过的雪地上。

---

1 相当于中国的"绿领巾"，通常是七到九岁的孩子。"小十月革命家"年满九岁后就可以加入苏联少先队。

2 普希金有着非洲人的血统，他来自赤道附近某个小国的外祖父汉尼拔，曾被人当作礼物赠给彼得大帝，在其身边长大。

文化公园站

我哭了一路。只是这次我哭得像那些站在玻璃橱窗里的假人朋友们那样，一滴眼泪也没有。我注视着远处，已分不清站点与黑漆漆的隧道之间的交迭。地铁车厢里所有人都在打量我，而我看都没朝他们看一眼。在我们下车的那个站台，有一片由埃及石柱组成的“树林”，让人想去后面躲起来。天花板上的吊灯让人想起铺着一层倒置过来的蛋糕的花床。继父解释道：“这就是文化公园站。”我们在一座迎风的桥上走了很久——那座桥悬在空中的样子像极了我母亲晾在铁丝上的内衣。然后我们终于到了文化公园。

公园里人头攒动，特别是在杂要表演和游艺园那里。继父知道我们要去哪儿。我们并没有停下脚步，而是沿着一条白色的小河深入公园的内部。与莫斯科其余那些见不到屋顶和天空的地方不同的是，这里的树上和顶楼阁楼的斜坡面上覆盖着一层白雪。如我们左岸一样，这里拥有的是真正的冬天。一棵白桦树孤零零地站在向阳的一侧，上面倒挂着成千上百条小冰锥，没有一片树叶。从莫斯科河吹来的一阵阵微风拂动着它们。

我们路过那些脸蛋冻得红扑扑的、戴着苏联冬帽、围着白色围裙的小贩。他们拍打着半截手套，鼻子里呼哧呼哧地喷着蒸汽。我们来到一个小广场。一棵巨大的新年枞树伫立在那里，一群孩子和家长们正围着大树跳舞。我们挤到最前面。格莱布叔叔把我放在他的肩膀上，这样我正好可以看到“严寒老人”和他那只穿成“冰雪姑娘”的狨猴在人群前表演。我们再走近了一点，格莱布叔叔把我放回地面，然后喊道：“罗立科！”“严寒老人”一边继续他的表演，一边回头朝我们这边看过来。他耍着猴，缓缓地朝我们这边挪来。“孩子们，现在我就要和安东莎卡一起来抽取这次的奖品啦！奖品都装在这个袋子里了。这可是我从茂密得教人难受的深山老林里带来的。”

“安东莎卡，你想来抽取奖品吗？”狨猴点点头。孩子们都兴奋地欢呼起来。“你们呢，孩子们？”话音刚落，“严寒老人”已经来到我们身旁。孩子们异口同声地回答道：“要！要！”“严寒老人”背对着我们，回过头朝着我的继父问道：“那你们的回答呢？”继父往我背后轻轻推了一下，我差点没摔倒，好在被围绳挡住了。“那就是说，你们都想咯？”“严寒老人”笑嘻嘻地问大家。然后，他冲着我轻声问道：“那你呢，小非洲？”继父又轻轻地推了我一下。“那好吧，安东莎卡选到的是谁，谁就中奖了！一——！”“严寒老人”把狨猴放在他肩上，那猴子搂着他的脖子。大家接着齐喊：“二——！三——！”孩子们刚喊道“三”的时候，“严寒老人”就轻轻地推了一下肩上的猴子。它一下蹦到我身上来，两只带着利爪的软扑扑的手掌紧紧地环抱着我的肩膀，两条腿则垂到了我的肚子前面。我自然被吓了个半死。当我再次睁开眼睛的时候，白色帽檐下的一双惊恐的、忧愁的猴子的眼睛正望着我。人群顿时雀跃起来："还有一只猴子！""在哪里？在哪里？""看，这儿！""还穿成一个人的模样呢！""严寒老人"弯下腰，嘴里的伏特加气味扑在我惊恐又尴尬的脸上。他用两只手举起我，把我们带到人群中央。我的脑袋里嗡嗡作响。我完全听不到人群在喊些什么，也看不到"严寒老人"从袋子里取出了什么……我唯一记得的是在这俄罗斯的寒冬中猴子那双忧伤的眸子，这和我从文化公园里带回去的玩具可一点也不同……

巴日卡德纳亚站

继父、"严寒老人"罗立科和一个小贩——他红脸蛋儿、青筋突出、戴着黑色的苏联冬帽、围着白围裙，每喝一杯就拍打一下他的半截手套——他们仨一块儿在公园里喝着酒。我和猴子都得到几个饼子。我的那块饼像块冰一样卡在我的喉咙里。然后，继父告别了"严寒老人"罗立科和他的猴子，向他保证晚上还要再见面，随后把我带到了他上班的地方。

继父是一个作家。他的单位坐落于瓦拉夫斯基大街上的一座旧式贵族楼房里，是一家名叫《民族友谊》的杂志社。他快速地去了一下书房，然后带着我穿过院子和地下室，来到一间黑魆魆的、全是烟熏味的食堂。“这也是地铁吗？”我问道。继父喃喃地说道：“是啊，小普希金，从某种意义上来说算是……”我们坐到一个化着浓妆的女人旁边。她显出一副过分友好的样子，拂乱了我的头发，还弹了弹我的鼻子，说道：“啊呀呀，我说，瞧！多么俊俏的小猴啊！”——继父给我们拿来了些夹着奶酪和香肠的三明治，还有他们两个人喝的伏特加。他们喝着酒，我嚼着我的三明治，试图用三明治把卡在喉咙里的那块冰一起吞下去。继父从口袋里拿出几张对折又对折的纸，展平后念道：

“《猫》。”

我竖起耳朵听着从继父格莱布湿湿的嘴唇中缓缓吐出的每一个词……

……

我醒来的时候，发现自己躺在继父办公室的沙发上。我告诉了他我做的梦——当然，现在讲起来比起那个时候可容易多了（目前处于恒久寂寞中的我无所事事，当然可以事无巨细地向你娓娓道来)。他醉醺醺地亲了我一下，说道："他妈的又来一个糟糕的作家，我的小普希金！"

过了一会儿，继父领着我从贵族式的庭院里朝着另一座克里姆林宫走去。他称其为"起义广场"，不是列宁火车站。我们穿过花园环路，然后往下走，经过那座"起义广场克里姆林宫"。在一座地堡似的建筑[1]的附近，我惊恐地注意到三个巨大的大理石人像，从大理石墙面上向外扑出来。被夹在其余两个人中间的那个人直视着我。他们仨仿佛是我那几个新结识的朋友喝得醉醺醺的父母们，在地铁的进口处等着我。

顺便提一件常发生在我身上的事。我从马路对面的苹果园回到自己家的庭院里时，常常有同样的三个人——两个叔叔和一个阿姨——一边打着饱嗝，一边招呼我过去："喂，小鬼，快——快——到这——这里来！"然后往我的嘴里塞一个太妃糖，或是一个小番茄，说道："你给我吃下去！"我很害怕他们，他们总是会迎上来。我不敢靠近他们，但他们还会追上来！有一次，继父在看书的时候，那三个人又一次朝我走来。想象一下我该有多么害怕，特别

1 即现在的库德林广场。下文中的"起义广场克里姆林宫"即库德林广场大楼，是被称为莫斯科"七姐妹"的斯大林式建筑中的一座。

是当我发现其中的那个阿姨就是我的母亲！她喝得醉醺醺的，泪流满面又充满仁慈。她淌着口水要来亲我。当着其他两个叔叔的面。她咂吧着嘴，说道：“这——就——就是我的——小乖乖！我——我的……”

我们来到地堡中。我还是害怕地往回看。在电梯上，我躲在我继父的身后——看这三个醉醺醺的巨人有没有追过来……终于，我们来到一间里面有着血红色柱子的大厅。无边无际的天花板上悬挂着一台蜿蜒曲折的钟乳石吊灯。我开始还以为那蜿蜒曲折的光线是从我的眼睛里发出来的：就像每次哭了很久或者睡不醒的时候，我长着非洲卷发的脑袋就会痛得像要裂成两半一样。随之，我意识到这两分的、蜿蜒的光线，其实是由上面的吊灯那刺眼的曲折的光线向着相反的方向延伸而发出来的……这些光束就像科幻故事里从灰黑如地窖般的岩石中爬出来的蛆虫——而我一样，也是打那儿来。

“这些蛆虫会把他们吃掉的！”——我想着想着，就平静了下来……

塔干卡站

我们离开塔干卡站来到一个小广场。天已经彻底地暗了下来。又一座“克里姆林宫”出现在我们面前，继父漫不经心地称其为“艺术家公寓”。广场[1]的一个街角边上有一座两层楼高的楼房，非常引人注目。我们朝那里走去。尽管夜晚寒气逼人，还是有一大群人聚集在那幢楼那边。我们朝那里走去，一些人过来问我的继父：“您有没有多余的票？”继父酒还没有完全醒过来，一把拽过我的手臂，以至于我一度悬在空中。他带着粗野的冷笑回答道：“这就是我的票！”人们惊慌失措地让出一条道来。有人又询问了同样的问题，然后得到了一样的答复。

继父在入口处对检票员重复了同样的事。我感觉自己晃了一下，然后就突然置身于建筑物当中了。继父在一个看上去挺和蔼可亲的老妇人耳边悄悄说了点什么。前厅如医务室或理发店般得整洁，然而，再往后走一点，人们拥簇在大厅入口处前面。巨大的墙面上挂着照片和几台扩音器，彰显着深思熟虑的杂乱无章。我们绕过人群，首先来到楼梯口。就像今天在电梯上看到的一样，一格格的台阶上，并排站着五六个普希金。别人总是管我叫“普希金”，但我还得说：“是五六个普希金”。然后，我们来到一条走廊上，罗立科叔叔——“严寒老人”朝我们迎面走来，随后把我们带到一间空无一人的更衣室 。

继父说道：“罗立科，演出开始吧！”于是罗立科叔叔

1　莫斯科“七姐妹”之一，位于克里姆林宫殿附近。

打开放磁带的录音机，突然扯开沙哑的嗓门唱道：

我奔跑着，我踩踏着，我滑行
在煤渣跑道上，——
我不能吃，我不能喝，
我不能睡——连眼都不能眯一下。
也许，我想去一下
提姆谢科·古列夫的家，——
这可不行：我奔跑着，我奔跑着，我踩踏
在煤渣跑道上。

继父继续喝着酒。他和罗立科叔叔为了某个“瓦洛德卡”干了一杯。然后，罗立科叔叔对我说：“你的好朋友安东莎卡被送去兽医那儿了：它贪吃，吃了新年枞树上的各种垃圾……但我为你准备了其他的娱乐活动。你想坐在这儿，听我讲阿里巴巴的故事吗……顺便问一句，你听说过这个故事吗？还有四十大盗？”尽管我很害怕四十大盗，我还是点点头。“我们带你爸爸去大厅，我会照看你的。好吗？”

我又点点头。

继父从手提箱里拿出我的玩具小猴和两块夹着奶酪和香肠的三明治给我，然后和罗立科叔叔一道出去了。我一个人待在更衣室里，一个沙哑的声音陪伴着我，歌唱着关于我生父的故事：

加纳人山姆·布鲁克
都超过我一圈啦，——
昨天周围所有的人都
喊道：山姆——嗨，朋友！
山姆——我们的加纳朋友！
我们的朋友山姆一鼓作气——
间距不断地被拉大，——
好吧，我希望，
我的“第二春”[1]快快到来。

我四下张望。在我的面前摆放着一面“三叶草”状的镜子，还有一把椅子。椅背上扔着一件对罗立科叔叔来讲明显太小的皮夹克。在椅子上，一把弹旧了的吉他倚靠在这件皮夹克上。在一个角落里，一只白色骨瓷花瓶和一幅画有一个愁眉苦脸的人的肖像画，藏在吉他的后面。“三叶草”前面的桌子上不协调地摆放着几只各式各样的小罐子、

1 许多长跑运动员会体验到一种被称为“第二春”的现象。运动员可能已经处于筋疲力尽无法继续的状态，但突然间感觉到新一波动力的冲击从而完成比赛。

圆筒和盒子。两台没有灯罩的台灯立在细长的、流线型的底座上，摆放在桌子两边靠近边缘的地方。台灯后面的墙上挂着一张照片。照片里的人和花瓶上画着的是同一个人，满腹怨气的样子，而且毛发茂密。诚然，在那幅大的照片里的他拿着吉他，看上去倒是和蔼些……

罗立科叔叔拿来一台便携式播放机。他把它摆放在我面前的一张小桌子上。然后，开始放一首关于我那曾是跑步运动员的父亲的歌曲：

我期待着第三春
第四春，——
希望在第五春的时候，
和加纳朋友之间的距离将被缩短！
他算得上是我的朋友，——
却超过了我足足一圈！
昨天周围所有的人
还在说："山姆——嗨，朋友！
山姆——是我们的加纳朋友！"

他一声不响地捣鼓了一下插座，然后开始放一张唱片。唱片先是发出"沙沙"的声响，随后音乐响起。我一开始有些提心吊胆，想着又要听到叔叔那震耳欲聋、可怕又沙哑的声音了。然而,播放机里却传出一个甜美的声音,唱道:“胡人啊,胡人……”

我听不懂歌词,还有点紧张。他们唱的是关于胡椒吗?胡椒和我?还是其他什么东西?罗立科叔叔跳着舞,踩着舞步消失了。留下我一人独自与这些声音做伴。歌里的故事我并不太明白,但它并不可怕,尽管它有一个可怕的名字。

妈妈常在晚上给我讲一个名叫《雅力塔》的哈卡斯传说。我今天早上第一次坐地铁的时候,都还想起它。在这个传说中,母亲和儿子过着贫穷的生活。有一天,一个有钱的恶棍想要强娶那个女人。她逃进山里,躲在一块岩石中。儿子在岩石中找到了她,唱道:“石头,快快裂开吧,让我见到我的母亲吧……”听了这个传说,我忍不住哭了起来,盯着母亲的脸看。母亲对我说:“你再不听话,就去山里,叫你躲在岩石中,我不会帮你开门的!现在快睡觉!”我害怕让母亲觉得我不听话,于是我紧紧闭上眼睛。我的眼皮底下,就好像身藏在那块岩石后面一样,浸满了泪水——害怕失去母亲的泪水……

这个传说和唱片里唱的,逐渐混淆了起来。我很快就睡着了,我梦见一个修建得像宫殿一样的山洞,里面的水晶和镀金层闪闪发光。那里的人们彬彬有礼,安静地走来走去,就像鱼缸里的鱼儿一样。突然间,三十只猢猴(不是一只！）出现在电梯上。一波接一波、一格台阶又一格台阶，向地面以下滑行。突然，四周爆发出一片喧哗声，一切都被转进舞动着的漩涡中。水晶摔成碎片，镀金层裂成灰尘，黑暗刺穿山洞。我意识到我梦见了我的莫斯科地铁，里面响起了我母亲令人毛骨悚然的声音："请注意，列车的车门即将关闭……"

（本文节选自《莫斯科地铁》第一部分）

III 诗歌

他知道自己并不比别人特殊：

读书、工作、恋爱、结婚，

退休、丧偶、孤独、散步，

没有做过别人没有做过的事情，

没有浪费别人没有浪费的生命。

香港八年

撰文　黄灿然

老人

他慢慢学会接受和享受
时间送给他的充裕礼物：
他没想到可以活得这么资深，
不做任何努力，竟然就快八十，
总算感到有点自由，有点没用。

他知道儿女们越来越关心他，
是因为他显得越来越不重要。
他闲坐，但闲下来就坐不住，
就到处闲逛，重新熟悉环境，
有时候也停下来思考人生。

他不知道应该高兴还是失望：
年老并不像年轻时怀着恐惧
想象的那般恐惧，倒像孩子
期待成长那般期待明天和死亡
——明天，也只是死亡的过道。

他知道自己并不比别人特殊：

读书、工作、恋爱、结婚，
退休、丧偶、孤独、散步，
没有做过别人没有做过的事情，
没有浪费别人没有浪费的生命。

（1998）

家住春秧街

我家住在北角，两年前在锦屏街
“排骨面大王”对面的幸福大楼，
今年搬到春秧街，五年前我家
也是在春秧街荣发大厦，那时候
父母亲还没离婚，大姐还没嫁。

那时候春秧街的菜市场很兴旺，
电车挤在人群中，催人群让路，
住在湾仔的三叔经常在下午乘电车
来买便宜的鸭肾、鸡腿和猪肝，
典叔从九龙城坐船来买酱瓜。

闽南话是春秧街的普通话，
肉铺的肥宝也说得呱呱叫，
他爱上隔壁杂货店的美琪，
美琪她爸嫌他太胖太粗鲁，
美琪呢，只当他是个白痴。

从十二楼窗口往下望，春秧街

活像旧时代的一截尾巴，摊档上盖
铺满垃圾，人头在垃圾下攒动，
在晴朗的日子，看了就想下楼逛逛，
在阴天的时候，看了就想关窗。

在我们福建人的生活中，春秧街
等于“菜市场和一切”，菜市场
搬走了，便一切都没有了，现在
我们搬回这个改变意义的地方：
母亲做清洁工，我准备考大学。

（1998）

世纪末

在政治的光谱中
文化选择失踪，
这城市把它的衰落
安排在世纪末：

也许它应该受祝福，
既然它已经生病，
也许它还要受诅咒，
既然它拒绝反省。

（1998）

致一位失业者

不是你没能力
而是经济如同人性，
就像更多人保持工作
只会增加这种残酷。

（1998）

更幸福的笑容

这些美好的人都已逝去，
远在我穿起第一双鞋之前：
这位是我心仪的大师，
远在他的脸变成地图之前；

这位是他的朋友，消瘦
如一根竹竿，多么像我；
他们经历了战争和流亡，
那是说他们再不会上当；

这位是他们的共同朋友，
在他们之间，她的笑容
在早春阳光下显得害羞，
应允着更幸福的笑容

——我不禁顺着那方向
看究竟是什么在召唤。

（2000）

致一位英语诗人

一个批评家说，批评家们都同意
你很有独创性，但不成熟；
另一个批评家应和，你确实有才气，
早期的作品还经常被引述，

只是中期太轻松，略嫌“喧闹”，
有明显的晦涩；近期技巧稳定，
力度强，好像你从来不会生病，
不过缺乏微妙、深度和“繁茂”；

周围的朋友也说，朋友们都相信
你太现实，还掺杂了马克思主义，
不过这要用细读法，还要很谨慎。

作为读者我实在太喜欢你，
我打赌你是一个一流诗人，
只不过活在一个二流时代。

（2000）

巴士站

他们谁也不会知道
这里属于一个女人，
他们背着它，毫无感觉，
就像它毫无感觉对着他们。

当年他每天来这里送我，
我们的身体在这里碰触，
也碰触这里的广告板、电灯柱，
我们甚至在车门前拥吻

背着各自的父母，后来，后来
背着他妻子，而我只对着他，
我只有他，后来他又背着我——
我就知道会有这样的结果。

也许我不是这里唯一的，
就像我不是他唯一的，
但它依旧是我的一部分，
虽然我对他已毫无感觉。

（2001）

鸟粪的痕迹

这棵树似乎有话说，
当我远远看见它，
在一个冬天的下午，
叶子落尽，枝桠展开，
与公园里的树木
隔着一条马路。

它光秃秃，是想告诉我
它孤零零吗？当我走近，
站在树下，它严肃起来
把最后一片叶子落在我左肩，
又在我意识到的时候
飘到我脚边。

树下满地一圈灰白，
看得出是鸟粪的痕迹，
也许这就是它的意思：
雨水洗不去，足履踩不掉——
那么再见吧，如果

你没有别的秘密。

我的话还没出口，脑中
便掠过夏天傍晚的景象：
落日把余晖抹在树梢，
云彩在天边快速地聚散，
鸟声密集，雨声般
在繁枝茂叶里喧嚣。

（2001）

在候诊室

在病人中间，他应该感到安全，
毕竟他跟他们不一样，虽然是个杂工
但每天准时上班，准时下班，
而他们每天不是头痛
就是感冒，或者喉咙发炎。

他知道他们哪个失业，
哪个守寡，哪个在乡下买屋，
哪个十年如一日总是干咳，
三两天来一次，仿佛
不生病就活不下去。

有一次他弯身跟我谈论阳光！
——是不是我手里拿着一本书，
他相信我更能理解他的感受？
早上出门，他沿途吸取阳光的“营养”，
放假就去登山，或去海滩游泳；

他“浸”在“大量的”阳光里，

阳光有时候很“磅礴”，
“风中的阳光”特别好，
初夏的阳光“有换季的味道”，
“晒阳光就像吃鲜果”。

——是不是我手里拿着一本书，
他相信我更能理解他的感受？
或者他年积月累，已经独具慧眼，
看出整个候诊室一片愁云惨雾，
就我耳垂下的伤口特别明亮？

（2002）

世界令我惊叹的时刻

世界令我惊叹的时刻，
不是当我上山呼吸新鲜空气，
眺望远处郁郁葱葱的树林，
迎接早晨的第一线阳光，
沐浴在初夏的凉风里；

也不是当我外出旅行，
在一尘不染的酒店里睡懒觉，
不思考，不读书，不做任何事情，
或去探访一位多年不见的朋友，
在他宽敞的客厅里叙旧；

也不是当我在大海里游泳，
舌尖含着咸味，一头
扎进浑浊的深处，然后冒出来
眼前浮现大海的壮阔，
耳旁传来孩子们的叫喊；

也不是当我在公司上班，

解决一个难题，译到一篇好报道，
看到国际局势按我的预料发展，
或收到一位女读者热情的来信，
信中暗示她有花容月貌；

也不是当我在家中写作，
耐心修改一个句子、押一个韵，
隔一会儿就离开书桌，
泡茶、弄咖啡或洗个热水脸，
喜悦于灵感的丰沛和畅顺；

而是当我像现在这样，
动了小手术，每天早晨
必须到医院洗伤口，纠正了
原来日夜颠倒的作息习惯，
得以看到人们怎样正常地生活：

人们是怎样正常地生活啊！
我从电车上看他们赶着上班，
在阳光下迈着矫健的步伐，
男男女女，接踵摩肩，

朝着各自的方向；

透过整齐的衣服，他们的身体
焕发蓬勃的生机，勇敢而坚决，
不像我，我这么脆弱，
像一片飘到人行道上的落叶，
被他们毫不犹豫地踩在脚底。

（2002）

微薄的温暖

像阳光，它不像风
遇到什么都要碰它一碰，
试图动摇它，改变它，
甚至揭开被覆盖的东西，
钻进山洞、墙缝、被窝，
而只是照耀它可以照耀的
和愿意被它照耀的，
不多不少，不深不浅，
云来干扰，它让它干扰
而不被干扰；人们拉上窗帘
遮挡，它就止于照耀窗帘——
我也来到这样的境界，
不探究，不寻求，不争辩，
不是因为我已知道
被覆盖的是什么，
而是因为我知道
当我揭开它，我不会
知道得更多；不同的是
我这微薄的温暖，也许

只能——却能！——传递给

两三个灵魂。

（2003）

美丽的瞬间

醒来听见世界轻响的那一刻，

入睡前迷迷糊糊跟灵魂低语的那一刻，

上邮局路过面包店闻到蒜蓉味的那一刻，

回途中在水果摊前站了站

手拿一个红苹果或鲜橙嗅了嗅的那一刻，

从附近新开张的餐馆出来

偶然抬头望见高楼上自己家的窗口

和窗下悄悄晃荡的枣红色衬衫的那一刻，

在非繁忙时间走进银行或超级市场

感到别人工作如此悠闲

于是自己也慢慢地悠闲起来的那一刻，

等待过马路时看见一辆敞开着所有窗口的绿色电车

从近处驶来、擦身而过、朝远方驶去的那一刻，

上班途中在巴士上想起家中的小书房

看见自己伏案写作的背影的那一刻，

从山上下来迈着流畅的步伐

走在天桥上和人行道上

身上还回荡着鸟鸣、保留着阳光和残存着树荫

并感到周围那些不知道如何发掘生活乐趣的人

用羡慕的眼光望着自己的那一刻。

（2003）

休息日

就像我年轻时曾有过几次
　短暂的外游，试图寻找新生活
和新机会，最后又回到原处一样，
这二十多年来我也曾短暂地
　做过几份不同的工作，最后
还是回到老本行，做西餐厅侍应，
从中午到深夜；也许这就叫命。

我算得上敬业，尽管说不上乐业——
　至少我不能埋怨，毕竟我养了
一个家，两个儿子都已成家立室，
女儿也快大学毕业，妻子总算结束
　与我无休止的争吵，如今盼着我退休
带她到处去观光，或由她带我去爬山——
她开始迷上大自然，喜欢看日出。

我没奢望观光，对爬山也不感兴趣，
　唯一的嗜好，是逢假日大睡一场；
这是真正的休息日，我能睡十二个小时，

下午才醒来，而且继续懒在床上
　聆听家中和周遭轻微的动静：
滴水声，冲厕声，楼上的拖鞋声，
窗外的鸟声，附近隐约的谈话声，

都增添了一份安宁感，我的灵魂
　和身体，我整个存在，都完全
属于我自己；常常，我想象外面
天空晴朗，斜阳照在窗台盆栽上，
　等到最后睁开眼睛，才发现
是另一个世界，一个阴沉的世界——
只要睁开眼睛，我就不再是我。

我不知道我为什么活着，但知道
　我怎样活着：漫长的工作，漫长的疲劳，
然后获得些许的休息，刚好够得上
消除疲劳。这就是我所了解的人生：
　无穷的烦恼、忧愁、痛苦、焦虑，夹着
一丝欢乐和满足，就这一丝诱饵维持我们
不至于彻底绝望，但也毫无希望。

（2005）

WHEN

I THINK BACK,

MY WHOLE LIFE

I HAVE

EXISTED ABOVE

ALL FROM WHAT

I HAVE REFUSED.

当我回忆过去，我的整个生命都是建立在我拒绝的那些东西之上的。

伯恩哈德 | T. Bernhard

⋈ 访谈

我们知识分子设计一个政体或者一种人类生活，或者我们做一种音乐来改变人心，我当真不相信。精神生活的本性就是这样，它产生出一些作品，有这些作品的人类跟没有这些作品的人类是两种人类。哪怕希腊没有过任何影响，希腊跟迦太基也是不一样的，迦太基曾经那么繁荣和强大，现在谁还在谈它？如果人类产生过很多迦太基，没有产生过希腊，我们就不是现在的人类，我们在这个意义上受到它的影响，并不是说希腊通过什么科技影响我们。

陈嘉映专访：希腊式人生

采访、撰文　陈一伊

在前往青岛的火车上，我试着读布莱恩·麦基（Bryan Magee）的《思想家》。这位哲学教授与节目主持人，在1970年代将十五位当世著名的哲学家请到BBC的演播室，谈论他们的哲学与思考。

我原本想，与陈嘉映的采访应该是这种形式。打开书后，却陷入了尴尬。即使对这些哲学家的著述略知一二，却几乎跟不上他们的思路。这书名不无误导，它的英文是Modern Philosophers（“当代哲学家”），却被翻译成“思想家”。哲学家与思想家，尤其是在现代社会，常常生活在两个时空。前者通过质疑来缩减世界之复杂，后者通过追问去编织观念之网。前者越来越陷入一个行内人的自我言说，后者则适合于我这种业余者的进入。

尽管陈嘉映更喜欢被列入思想家的行列，他最显著的身份仍是哲学家，一些人称他或许是中文世界最接近“哲学家”头衔的人。我们这个民族以高度实用化的生活著称，形而上的探讨从不是我们的热忱所在。在北大读书时，我零星翻过几本哲学史，至多能被叔本华与尼采吸引，因为他们都是出色的作家，充满了警句。但类似海德格尔、维特根斯坦这样的人物，我压根儿搞不清他们在说什么。

在当时的北大校园里，陈嘉映就以海德格尔的翻译者著称，他的周围聚集着一群热衷思辨的青年，其中一位日后成了我的朋友。那时走在人群中，他常有一种窥见世界秘密的隐秘快感。我从未试图接近他们，或许也是很担心，在他们面前，暴露自己的笨拙。

在青岛，这种强烈的笨拙感再度出现了。陈嘉映坐在一旁，身着短裤与格子衬衫，短簇的头发向上挺立，脸上带着一贯的放松。他是个温暖、喜欢言笑的人，似乎可以融入任何谈话中。

令我不安的是，这一次，我想融入他的思维。我很是担心，我那惯常的伎俩派不上用场，倘若和一个哲学家不能谈论维特根斯坦，那多少就像与一个湖南厨子不谈论辣椒一样。

但我的确没有能力追问维特根斯坦。带着这种尴尬，我们的谈话反而变得更为漫长。整整两天，我们在青岛闲逛、喝酒，试图谈论一切。在一次午饭时，吃了一只牡蛎后，他说真的希望能像希腊人一样生活，将生命体验与思辨高度结合在一起。他还引用了一位希腊哲学家所说的理想人生，很可惜，我忘记了具体细节，大约是——人年轻时纵情享乐，接着探索世界，中年后反思自我，七十岁后，又发现自己一无所知，最终跃入火山。

硅谷是希腊思想的支流

单读：哲学是爱智慧，在现在这么反智力的社会情绪里，做一个哲学家是什么感觉？

陈嘉映：我年轻时的经历有好处，那时候孤立是很正常的，所以我很年轻的时候就习惯想自己的，干自己的，不怎么在意别人怎么想。

单读：您最近这次去希腊旅行什么感觉？现实的希腊，跟您从书上看到的有什么联系？

陈嘉映：我就是一个旅游者，看到一些浮皮潦草，跟今天的希腊、古代的希腊都没多大关系。但我第三次去希腊是因为跟希腊人有一点颇浅的接触。讲讲故事吧，有一个导游女孩嫁了一个希腊人，在希腊待了六年。她对希腊文化有真正的兴趣，挺为希腊骄傲。我们聊得挺好。她有一天给朋友打电话，闲聊说我们这个团里有一个老头，对希腊很了解，这老头姓陈，陈嘉映。她朋友是谁呢？是在北大听我课的学生，在希腊待了十年。我们当天刚刚到，他马上就动心说想见到我，问我行不行，我说当然行。他来电话说，当天晚上在圣托里尼岛，有一个阿里斯托芬的《鸟》的演出，问我有兴趣没有，我说当然有兴趣。当然希腊语也听不懂，那个戏看了前二三十分钟就走了。跟他们的希腊朋友就算是有点接触，和其中一个希腊很著名的画家聊得比较多，我也聊到希腊人跟古希腊的关系。有点一见如故，他就邀请我到希腊住个半年。

思想精神这些东西，大多数情况下是跟思想产地的经济政治力量相联系的。但也有例外，希腊就是一个例子。希腊变得那么弱，但它仍然在影响罗马时期。这种情况不多，大多数时候一个政治体衰败了，那还有什么好思想？

单读：希腊的思想，那种追问、争辩的方式，跟他们政体的衰落有关系吗？

陈嘉映：我觉得关系不太大，应该倒过来说。史学上有一个讨论，一般情况下，统一的政治体变得更强大，会压制一些小型的政治体，所以我倾向于倒过来说，问题不是希腊城邦为什么会灭亡，或者会衰落，而是希腊城邦居然可以存续这么长时间。因为作为政治体，它从政治学角度来讲没什么优势，早就该灭亡。

单读：所以思想优势使他们存续更久。

陈嘉映：对，是希腊的优势导致这种政治体居然能够持续这么久，乃至在罗马世界中还存续这么久。

单读：希腊思想和科学革命有巨大的关系，科学革命和现在的技术革命又有关系，它们导致了西方的兴起；照中国人治国平天下的目标，我们肯定希望有自己的科学革命、技术革命，那如果没有呢?

陈嘉映：我感觉是这样，希腊思想跟科学革命，当然内在联系非常深，乃至海德格尔说，柏拉图和亚里士多德的时代已经规定好了这样一个近代西方的道路。但科学革命一方面是希腊思想的传承，另一方面，它只是希腊思想一个面向的发展：追问真理。这个追问真理已经有了变形，我不去细说这个变形，总之有一点没变，这完全是一种好奇的、认知的，而不是有用的（追问）。虽然笛卡尔和培根也会说它有用，但你一看实际也没什么用，在笛卡尔、培根的时代，那是为了忽悠皇室掏钱的。真正有用是到了十八世纪，科学才跟技术相结合。在某种意义上，这个至少是有点偶然的，人们不知道科学后来会那么有用。

中国人那么关心有用，当然就关心科学技术，但因为他就关心有用的那一块，所以这个爱好一点也没有把他带向希腊思想。他从科学与技术的结合这个角度开始感兴趣，这是十八九世纪往后，而不是十八九世纪往前。我老说中国人学科学一点问题都没有，学得特别好，一到西方去就得那么多诺贝尔奖，一共就几个人去做基础理论就做成这样了，中国人对科学技术的能力和爱好是相当强的，但科学思想上的改变基本没中国人什么事。哪怕二十世纪，中国人已经开始介入，这种基本科学思想全是西方人在做，日本在做，没有中国人什么事。

单读：所以某种意义上，现在的硅谷跟希腊思想之间，其实是有一条绵长的线在发生关系。

陈嘉映：是这样的。这条线现在当然成了一个所谓主流，看你是从辉格历史学还是其他什么角度来看，往回看这是主流，但从希腊思想看，这就是一个支流，不过这个支流变大了。

理性的光芒最后会普照一切

单读：您 1952 年出生，最初几年是在上海，对上海有什么特别的印象吗？

陈嘉映：有一些印象。值得说的我现在只想起一句，跟北京比，上海绝对是大都市。当时北京就是农村的一个镇。

单读：什么时候有比较清晰的印象？1966年之前中国已经发生了各种各样的变化，对小孩子没有影响？

陈嘉映：就是跟着混，怎么着就怎么着。还有两个，一个就是你说的1958年，我到了北京，这对我个人是很大的转变。1958年之前是少儿时候，以前那些印象都是片断的，一上火车，记忆就变得连贯起来，长篇的记忆就开始了，不是零散的，事件式的印象就开始有。第二个就是1966年，从那时候起一下子就变得有判断力了。

单读：这是怎么发生的呢？

陈嘉映：首先就是巨大的世变。你比如说“反右”的时候我在上海，当然我（脑子里）有这个镜头，但我不知道“反右”是干吗的。“大跃进”是在北京，轰麻雀什么的，在上海也有一点，困难时期在北京就知道挨饿，至于原因，都不知道。

单读：饿得到您吗？

陈嘉映：都饿得到，就是那种半饥不饱。我们家一帮男孩，按照定量吃饭，不是那种饿得要死要活，是没有饱的时候。好了以后，吃什么都特别满足。真的，不开玩笑。小时候饿的时候，你不知道去恨谁，所以你也没有什么恨，就觉得人人都挨饿，人就是挨饿的动物。动物不也天天饿着么，觉得这是一种很正常的情况，从那以后感觉能吃饱了就很幸福。

单读：现在回看起来，您觉得您的父亲和母亲，各自对您的影响是什么？

陈嘉映：我们家特正常，反正我不觉得有什么少年创伤记忆，算中上等的家庭，就你说的普通干部吧，知识分子干部。你要说有点什么（影响），我父亲就是有点谦谦君子，换句话说就是特别道德。当时我们家有许多海外亲戚，因为我爸后来婚姻、政治道路的选择，这些出国的亲戚就登报跟他断绝关系了。我们家以前是个比较大的家庭。但到了困难时期，海外的资本主义宣传把中国宣传得非常苦难，跟实际发生的情况一样，他们还是可怜国内的小弟弟，寄东西回来，猪油、糖……那时候我也就十岁吧，我哥哥十三四岁，爸爸就召开家庭会议，他的想法是退回去，因为我爸爸是共产党员，但我妈妈的意见是接下来，因为我们饿得要命，而且小孩营养不良。我们兄弟三个需要表态，商量完就一致支持我爸。

单读：这么有觉悟？

陈嘉映：对。看来是还不够饿，总而言之，就是支持我爸。我还记得我和我哥哥去邮局退那些东西，不让资本主义来嘲笑我们。我的意思是说，我爸和我妈就是这样的，我爸是一个道德君子，什么都按原则做事，我妈就跟一般的妈妈似的，按感性做事。至少小时候我特别佩服我爸爸，道德基础站得特别高。

单读：什么时候对这种道德产生怀疑？

陈嘉映：倒是没有对道德产生怀疑，但后来相当晚了，可能到二十好几，逐渐觉得道德也不是唯一的东西，觉得喜欢听音乐，能高兴，能任性也挺重要。虽然我已经来不及改造我自己了，但那个时候就觉得我身上来自我妈妈的东西其实也非常多。小时候以为那些优点主要来自我爸爸，后来长大了，觉得那种对生活本身的热情是来自妈妈。

单读：有大串联吗？

陈嘉映：我大串联啊，从九月份就开始大串联了。第一站去了上海、杭州。道理很简单，因为我们三个人出门怕丢了一个，就想着别去太远。但转了一圈回到北京，想起这是个千载难逢的好机会，一定得先去以后咱们去不了的地方。第二站我们就去新疆了，第三站去昆明。哪儿远就奔哪儿，眼界极大地开阔，从个人、心灵成长来说，那是带着点决定性了。

单读：可以讲得具体点吗？

陈嘉映：就是看了大山大水之后，你就不会特别在意小事，对我个人来说是这样的。再读点《庄子》。

单读：什么时候开始读《庄子》？

陈嘉映：大概也就是那个时候。挺偶然的，我通常就读点古书，但不多。我们当时有几个人，其中一个人的父亲是北京一级语文教师，一〇一中学顶尖的语文教师，所以他从小就受到古文的陶养。我正好也读一点，他比我读得多，我们就可以聊这些。

单读：庄子给您什么样的感觉？自由？

陈嘉映：对啊，小事别操心呗。当然庄子那个境界咱们达不到，但至少能往那儿走一步，别的不说，就是小事都别太在意。

单读：1968 年去内蒙古插队，那个读书的圈子是很快形成的吗？

陈嘉映：很快，这也是偶然的。正好我们青年点有好几个都是所谓高知子弟，另外一个青年点也是世家子弟，都读过点书，箱子里也有点书，所以很快就形成了圈子。

单读：您插队带过去的是什么书？

陈嘉映：我爸爸是工科知识分子，实际上我们家没有什么书，也穷，但我的藏书挺丰富的。那是在 1966 年底的时候，我哥哥陈嘉明的同学们，他们有时候会出去抄家，抄出一些书来，他们自己不读，但他们知道我比较爱读书——我小时候爱读书的名声有点在外——他们就把好多书送给我。比如说《李太白全集》、《杜工部全集》、《资治通鉴》、《静静的顿河》、《安娜·卡列尼娜》，反正是抄到什么就给我什么，我就把它们带到内蒙古。就是没什么哲学书，我刚去插队的时候没有哲学爱好。

单读：七十年代初也有很多不同的读书小组，可能分布在内蒙古、云南、白洋淀，您后来有个定义，说这是最后一代有共同文本背景的人，您大概是讲过这么一句话吧？

陈嘉映：对，我是这个意思。以前有一些书，咱们叫作经典，其实就是必读书，任何一个读书人，你不能想象他没有读过。可能在他阅读的清单上，这些书就占了 90%。不管是你什么观点，什么爱好，不管你是哪派哪流，你们读过的书要开个清单，肯定 90% 是重合的。在今天正好相反，你要是拉出十个读过点书的年轻人，坐在那儿开清单，可能也就 10% 是重合的。前一种情况叫作有共同文本。我觉得我们是有共同文本的最后一代人，大家读的书都差不多，也许不到90%，但80%是重合的。

单读：您书里提到一段特别浪漫的时候：七十年代初回到北京在家里聚会，不同的人进进出出。有人在听贝多芬，有人在争辩中国的未来。您现在回忆起青春时光是一种什么样的感觉？这应该是很罕见的。

陈嘉映：在当时不是特别罕见。我们同龄人聊起来，在北京像这种场景至少得有几百家，反正有一帮人就窝在谁家。碰巧我们家是这样，因为我父母都在干校，我们哥仨，你有你的朋友，我有我的朋友，再弄到一起，就特别多。我们家就成了据点。

单读：当时您在群体里面是个什么样的形象？

陈嘉映：就是小跟班、观察者。跟这些人我没那么全心全意，我哥也不能说是全心全意，都是有点过眼云烟，喝起来就特热闹，过后我可能比我哥多点反思。那时候我就比一般人会思想一点，各种各样的人，有爱思想的可能就愿意跟我多谈一谈，一般不怎么在乎思想的，就找你喝喝酒就好。这个场景就是在王朔他们开始长大的时候，王朔头一批故事的那个年代。什么年代呢？就是我们这些老炮下乡了，王朔他们占领北京了，再过几年王朔这帮人也out了，这个社会就开始步入正轨一点。大概就是我们这两拨人。家里面喝酒，横七竖八睡一地，就是那个时候，家长们都被清出去了，基本北京城里都是干部家庭嘛。

单读：在内蒙古的读书会，知识是没有秩序地到来的，突然黑格尔、庄子、贝多芬一起来，时间都是错乱的。这对您个人的影响，包括对这代人的塑造是什么样的？

陈嘉映：这分三个小点说。第一点，一开始是这样的，但很快你自己就会有一个系统性的要求，把它们分门别类。比如你想读世界史，是从埃及读起，然后读希腊、罗马，一开始第一本书你也不知道它是干吗的，第二本也不知道，但到了第四五本书的时候，你自己就感觉到它有一个顺序。第二点就是井底之蛙。因为当时没有太多比你高明的人，连书都很少，所以很快就以为自己不错，实际上就是高中水平，但以为自己是个学者了。第三个比较深一点的问题是，到底什么是知识的秩序？我跟“民哲”开过一个会，当时我一上来就讲，我也是“民哲”，这可不是谦虚，你不是“民哲”是什么，你在内蒙古买两本黑格尔在那儿读，比现在“民哲”还“民哲”呢。

但是，你又不能否认我和他们有很大的区别。前一段我和我的学生还在研究这个问题，我跟“民哲”的区别到底在哪儿。接下来的问题是，我的学生难道就不是“民哲”吗？谁规定他们在大学读的就是合理的知识结构？这个问题我后来想清楚了，刚想清楚。我觉得我跟一般“民哲”的区别在于，不管我的知识来的顺序是怎么样的，但我努力读懂那个东西，不像“民哲”读东西是为建立自己的体系服务。

单读：初读康德是什么感觉？

陈嘉映：我记得我跟我哥嘉曜那时候都是夜里读书。两边两套单人床，中间一个大书桌，他在他的单人床上读他的书，我在我的单人床上，规定好一个小时不能说话，因为一读可能就很激动。我记得我们读康德的时候，我在读《纯粹理性批判》，他在读《实践理性批判》。关心决定论和自由意志的问题。他有个二律背反，讲一方面世界是被决定的，一方面人是有自由的，总而言之，他当时解决了这个问题，对于年轻人来说就有一种极大的解放感。人是自由的，我们可以自由地创造新世界，人可以超出任何束缚，哪怕你生活在中世纪最黑暗处，理性的光芒照样可以逐渐照亮你的生活，再照亮周边的生活，通过唤醒那些沉睡的人们，最后会普照一切。

单读：对当时的少年来讲，那真是很大的精神解脱，一种鼓励。

陈嘉映：这个是 1972 年，机缘凑巧。1971 年之前所有的商店都涂成红色的，西单卖鞋的、卖手表的、卖书的、卖吃食的全是红底黄字，就是毛主席语录。到1972年的时候，就开始有门面了，卖鞋可能写上“鞋”，吃食不会再弄成红颜色。对当时的社会来说，简直就是向正常社会恢复了。书店开门了，书店的后院开始卖书，我那时那么穷，不知道从哪儿偷来的钱，买了好多书。1972年的春天，对于我个人来说，或者对于我们这一小群人来说，就是一次春天。正好在读康德，正好理性的烛光开始闪亮，这个世界也好像回暖，开始在那种深重的精神苦难中看到希望，而且来得汹涌澎湃。

单读：什么时候练习拳击的？

陈嘉映：我打拳击可早，在“文革”盛期，1967年、1968年的时候，那时候年轻人有好多都练各种各样，还没读过金庸，但都想着金庸式的那种人物，会飞檐走壁。我爬墙，然后摔跤、打拳、习武，和很多年轻人一样。

单读：战斗力行吗？

陈嘉映：我不行吧。没有太多的实战经验，打过几次群架。按说我们那代人可能没打过群架的人也不算多，但真正一天到晚老打架的也不多，大多数像我这样打过几次。

单读：进北大是什么感觉？

陈嘉映：像莎士比亚说的，Every dog has its day（人人皆有得意时）。有的人是中学的时候特优秀，后来看也一般。有的人是在三四十岁创业的时候特优秀，总而言之是这样。我觉得我们这个小团队，可能在那个时候就是最优秀的，到哪儿都显得比人高明一点。像北大、清华囊中探物，大概属于这种。这个还是次要的，当时说起政治和其他，我们先知先觉得不得了，几乎从来都是我们影响别人，别人还在谈什么辩证法，什么社会主义革命，总而言之显得比别人明慧很多。客观上就是这样，而且主观上特牛哄哄，所以觉得在北大挺丧气的。想想是积累了十年的精英，一到北大风云际会，结果一看就那么回事。

我当时有一个朋友，叫邵立新，我现在不知道他的下落。我们是在一个书店里认识的，那是个内部书店，卖旧书的那种地方。我忘了谁跟谁先打的招呼，就属于心心相印。一看你在翻那几本书，什么杜威之类，一下就对上暗号，三言两语就交成朋友。交成朋友不久就开始高考，一要高考大家都要补点功课。他需要补的特别多，比如他外语就不太行，几乎不会。他就把英语的变位、短语什么的全写在纸上，贴在墙上、房顶上，睡觉的时候也背。结果以顶分考进了人民大学。过了大概几个月，他到北大找我玩。有我，邵立新，有陈嘉曜。我们三个人在北大图书馆前面的草坪上，天还特好，三个人闲聊。

我们都自以为不错，嘉曜尤其觉得自己了不起。邵立新就说，大致的意思是我们比别人看着强一大块，其实就强很少一点。因为大家都不学，我们早学了一步，一下就从零到一，显得我们比人家强那么多。他说，现在大学一开门，大家一个个智力那么好，那么好学，那么有抱负。他说，咱们那点领先别人的东西，人家几个月就上来了。他这话是发自内心的感慨，但也有点针对嘉曜。我觉得他不幸言中。

这些都成往事了，开始纳入正轨。在此之前你所谓高人的那些知识、见识，实际上真货也不多。无非就是一帮哥们儿聊天，你显得比别人多懂一点。比如说聊“相对论”，你显得比别人多懂一点“相对论”，其实你可以说不懂。实际上当时我们的知识和见识水平，不可能在任何一个事情上——文学作品除外——对知识世界有任何贡献。那是一个节点，到后来谁比谁强都不算什么，从那以后就完了，就干活了。

单读：得意时光过去了？

陈嘉映：对，就是干活嘛。

单读：初读海德格尔是什么感受？

陈嘉映：海德格尔我已经零零星星读过一点，等我大规模读和翻译《存在与时间》，对海德格尔已经有点了解，感觉非常震撼。它一个是直入那些哲学运动的最深处，一个是对西方哲学传统的批判非常强有力。我自己脑子里的西方哲学主要还是传统的西方哲学，觉得它的批判力、瓦解力非常震撼。

单读：是熊伟上过海德格尔的课吗？他讲过他印象中的海德格尔什么样子？

陈嘉映：可惜熊伟不在世了。这些轶事他讲我也听，但过后我不太能够复述。比如说他说有一次海德格尔的一个讲座，某一节是海德格尔在那儿讲，大家坐底下听。快到下课了，话题也正好引到那儿，海德格尔就停下来，对着听众说："但是问题在于，Was ist der mensch？"大概意思是说：根本的问题在于，人究竟是什么呢？合上本就走了。教室里头鸦雀无声，听众整个给灌了一节课的迷魂汤似的，正不知所以，突然扔下这么一问题，老师走了。然后大家开始缓过神，一个个闷头无语地走出教室。

单读：八十年代国内这么强的文化热，您基本都在美国，远远地看是什么感觉？如果您在中国，卷到这样一个文化热里面，会是什么状况？

陈嘉映：我个人对这一类的事情不怎么敏感。我个人是特别消极的，随遇而安，不怎么积极选择。我老说你给我什么我就吃什么。也有一些有点后悔的事，但不特别重。我可以从头说起，也算一个比较典型的例子。

我出国就挺消极的。八十年代初的时候，大部分人都想出国。我也想出国，但我没有去办。是熊伟去开一个国际会议，认识了我后来的导师，他是个大学者，深爱海德格尔。他一听说中国有一个年轻人翻译《存在与时间》，对他来说就是一个大新闻。他说这个年轻人愿不愿意来，如果来的话，我来带他。这在当时的气氛下是个特好的机会，所以熊伟回来就跟我说了这事。我当然愿意去，挺消极的吧，随遇而安地就去了。

去了就到宾夕法尼亚大学，稍微有点了解之后，我那些同学就说，像你这种身份，应该去哈佛，宾大不是特别能容下你。这些美国的同学里有哈佛的同学，都建议我应该到哈佛，宾大治学水准不是特别够。我也有点想转到哈佛去，但感觉不够强烈，也没有谁帮我把事办好了，也就没去。

我拿到博士学位的时候，导师让我去德国读洪堡基金，当洪堡学者。因为当时洪堡基金的主席是他一哥们儿，对我的情况也很感兴趣，让我做一个研究计划。我就开始做计划，但特别累，刚刚博士论文做完就想歇着，做了做也没太大的动力，后来就回国了。

这些事你回过头来说，有没有点后悔呢？洪堡基金这个我不是特别后悔，但没去哈佛我有点后悔。我觉得我要是当时在哈佛，智性或许会更强一点，我可能贡献会大一点。但又没有那么后悔，宾大课业（少）可以溜达可以玩，哈佛你玩不成，博士生每天睡四五个小时，书读不完，报告做不完，要求特别高。我在宾大是那样的，凡是寒暑假，我把美国五十个州除了阿拉斯加和夏威夷，都溜了好几遍。这得失也很难说。

单读：您 1993 年回到北京，那时的气氛跟八十年代已经有非常大的区别了。

陈嘉映：我当时回北京，不像当时大多数人文学者那么悲观，说中国的人文从此就算完了。才过两三年，已经没有年轻人再对文化感兴趣，都是先富起来，一夜之间人文学者的地位一落千丈。好的人文学者不是跑了、下海了，留在学校的，也不被重视了。总而言之，一时是凄凉之雾，遍被士林。我的感受倒没那么重，因为毕竟是在外头看的。

还有一个我觉得，中国那么大，不会是所有人都爱人文。年轻人还是会爱人文，但少一点、慢一点，还是会有。

一定要有求真心

单读：比如您的学生刚入学不久，问陈老师，到底什么是哲学，您怎么回答？

陈嘉映：有好多好多种回答，我挑一种吧，这种回法我已经溜达成套路了。以说理的方式达乎道吧。

单读：那“道”又怎么解释？

陈嘉映：一个丰满的或者丰富的精神世界吧。这个精神世界不是指个人的灵魂生活，而是个人的精神生活和世界的精神客体相通的一种状态，大概可以这么说。

单读：存不存在某种核心的东西，你最希望学生拥有、最渴望传达给他们的？

陈嘉映：那我会说是求真吧。在好多事情上，他一定要有求真心。比如今天吃的到底是什么东西，菜市场的价钱是多少，油价是多少，到北京要走几个小时，大概在所有这些事情上人一定是要求真的，否则寸步难行。但人在有些事情上是不求真的，用我的话说就是天边海外的事不求真，比如说夏商周三代，断代断在哪儿了，不求真，无所谓的。在我们的精神世界，我们都讲境界高低，不讲真。如果还讲哲学或者希腊思想，希腊人的思想是有这么一个特点，它对遥远的事情求真。最好的例子就是自然科学。任何一个文化都有关于天的种种理论，只有希腊人会去算地球有多大，地球离月球有多远。算不出来的话，他就想方设法地去算，实际上他算的结果相当准确。

但这个例子好，是因为它能算，精神世界大多东西不能算，但希腊思想是用同样的方式来对待的。什么是真的生活，真的人格？什么是真正的自由意志？真正良好的政治是什么样的？虽然这些事情不像月球的距离那样，有一个唯一的答案，但希腊人用这样的精神去对待这类事情。他认为这里头有对错，而不只是有高低。这样的思想态度，我觉得是希腊式的。后来有了自然科学，显然跟希腊的这种思想相关，所以别的不受希腊影响的民族不会有科学，不管他多聪明。这是希腊人精神生活中一个不可缺少的维度。中国人对这东西还很陌生，中国人倾向于很快就走到境界的高低。

单读：中国历史老给我们一个印象，所有追求真理生活的人，都过得很不好，或者很悲惨。

陈嘉映：我刚才把事情说得稍微简单了一点，也绝对化了一点。但另外一个意义，其实也是我的《何谓良好生活》的副标题——“行之于途而应于心”。用中国话说就是：活个明白。活个明白当然是说他是有真性追求的。活个明白这一条，在中国的生活形态中也是非常重要的维度。那么我们就尝试用中国的这个活得明白，去和西方的真理追求对话。我大概说不好，但强为之说吧，有一条就是这种真理追求不只是活得明白，可能最高的真理追求是活得明白，但它也包括比如说衡量地球和月球之间的距离。而中国的活得明白大概就把那个排除出去了，希腊人的活得明白是更宽阔的，乃至于到了中世纪会跟信仰中的明白等等连在一起。可能没有办法一言以蔽之，多多少少得看看中国这两千多年以来的整个生活形态和西方的、希腊的、中世纪的生活形态，总的来说西方那个求真的幅面要更宽。一个希腊哲人想活得明白，他会去关心太阳绕着地球转，还是地球绕着太阳转。中国一个要活得明白的人，觉得那不相干。

单读：您写了《何谓良好生活》，伦理生活的重建，需要什么样的方式呢？

陈嘉映：读书人在那里讲伦理生活重建，我几乎一点兴趣都没有。我觉得要是中国人的伦理生活有重建的那天，肯定是因为历史变了。比如说因为我们富了十代了，或者因为我们跟外国打仗打败了，或是新的技术发展了，家庭全都没有了，大家都在网络中性交了。总而言之，这都跟你鼓吹什么不鼓吹什么，几乎是没关系的。就说咱们哥儿几个开会，咱们要重建伦理，当然这些人的意愿我会说挺棒的，居然会这么想，但对结果我不会有任何期盼。这不是太明显了吗？从古到今，孔子这样的大德，他重建过谁的伦理生活呢？他只重建过这种东西：他把他的想法、道理用某种方式传下来，社会滚滚向前，但是这本书就在那儿，无论在什么时代，都有人可以从中受到启发。无论是他个人还是他力所能及的社群，都可能受到这本书的启发，然后他再用他对当时处境的理解，去重建。

但很多人说过这话，有音乐跟没有音乐的世界，本身是不同的。我们老讲精神的反作用，这件事情我是强烈地跟常规想法不一样，精神产品是干什么用的？我们知识分子设计一个政体或者一种人类生活，或者我们做一种音乐来改变人心，我当真不相信。精神生活的本性就是这样，它产生出一些作品，有这些作品的人类跟没有这些作品的人类是两种人类。哪怕希腊没有过任何影响，希腊跟迦太基也是不一样的，迦太基曾经那么繁荣和强大，现在谁还在谈迦太基？如果人类产生过很多迦太基，没有产生过希腊，我们就不是现在的人类，我们在这个意义上受到它的影响，并不是说希腊通过什么科技影响我们。

第二个影响就是那种泛在的，你不知道何处的影响。你读荷马影响你了吗？你读李白影响你了吗？谁知道。说不定哪里就影响了，随时都可能影响。但我唯一不能接受的就是，我们设计出一个作品，这个作品就像一个技术一样影响我们了，人们没有任何经验证据证明有过这样的影响。马克思主义倒是有，有巨大的影响，但没有一条影响是马克思要的。说完了，就这个意思。

单读：那就回到希腊精神，埃斯库罗斯也好、苏格拉底也好，并不是希腊强大的原因，它们之间没有什么关系?

陈嘉映：太是了。我曾经跟一个大领导聊，他说："陈老师，你说说哲学能够为咱们国家做点什么，我来支持你们。"我说，我不知道柏拉图和亚里士多德为雅典做过什么，如果做过什么，就是我们现在还知道有雅典。我说我的问题一般是反过来问：雅典能为亚里士多德和柏拉图做点什么？那是人类精神最高的花朵，是你为他做，不是他为你做。

单读：您那本书里讨论很多普遍性和特殊性。您书里也提到，在很多国家和地区，政权利用所谓的特殊性来压制很多东西。我们承认那时候印度的特殊性，但烧新娘怎么办？或者我们中国裹小脚，又怎么说？我认为基本的自由、尊严是有普遍性的。这东西怎么看?

陈嘉映：用普遍性的方式来说，就是说有一种普遍的价值，比如说人权。当然我们首先就得问，这个普遍性是事实的普遍性，还是推论出来的普遍性。而事实的普遍性已经被否认了，因为我正在烧新娘，你说烧新娘违反人的基本本能，那肯定说不通，我们这儿就烧。那你就得说，在某种意义上，有一种普遍的人性，烧新娘违背普遍的人性。这就变成了哲学构造，这个哲学构造就永远构造不出来，从来没有一种理论也好，一种价值也好，最后大家都认同。这是我对普遍性本身的质疑。

但你说烧新娘就烧下去，这肯定不是我的态度。一种最简单的方式是，强势的价值体系被加到你头上了，这个价值体系——我现在指出它是强势的，没说它是好的——如果它还挺好的，它就在强加的过程中有了吸引力。印度人以前烧新娘，但英国人去了，必须禁止，慢慢地印度的一些人体会到强加的价值体系比传统的价值体系还要好。一开始是强加的，但慢慢就信了，就接受了，世界上发生的价值变化，主要是这么发生的。所以现在人都说，其实你普遍啥呀？也不过是西方的价值体系，而且是强加给我们的。普遍主义者就开始反驳人家，其实还不是从这儿反驳，是从接受下来之后。

我们现在说的普遍人权，的确是西方最先发展起来的，一开始我们不知道，它确实是跟着船坚炮利来的。其实我个人很认同，但我对他们的争论方式或论辩方式不满意。我觉得他们不现实，缺乏说服力，说服方式是虚构的，就好像天生有一个人权，天生都自由。全世界哪儿都找不到天生的人权，是在一些特殊的社会形态下发展起来的，被人用那种方式、这种方式接受，变得相当普遍，也还没变成完全普遍。

灿烂时代也就五十年到七十年

单读：您感觉到科技产品对您的异化了吗?

陈嘉映：改变你了这毫无疑问。比如说电脑写作，就改变了我写作的方式。你看古代人写封信，拿出来我们现在看着像范文似的。他的思想习惯，就像我们年轻时候的思想习惯似的，把句子都组织好了，甚至把文章都组织得差不多了，然后落笔。现在也许还有，但大多数人就是想到哪儿写到哪儿，因为改起来太容易了。这个肯定影响你怎么想问题。

单读：比如您刚才发了微信过去，小孩子回个笑脸，或者发个图片。这种东西是丰富了语言，还是使语言贫困?

陈嘉映：一般来说是使语言贫困。但有时候我也发表情，我觉得表情方便不说，有时候比你说任何话都更正确，更是你要回的那个东西，在这个意义上它扩展了表达和传达的手段。不用说，它使得我们长篇阅读的习惯消失了，我们看好多书都说，阅读是两千多年来核心的人类精神方式。一开始是精英才能阅读，能阅读的人就考状元、考进士，然后就去当县长。后来大家都能阅读了，就读报纸，开始竞选。阅读报纸的特点有好多，其中一个特点是，我这没读懂，可以停一下。你要是看电影就不能停。这些肯定从根本上改变了我们怎么汲取信息。当年中国第一本商业成功运作的《学习的革命》，它就说我们要用关键词来代替阅读。

单读：现在其实已经发生了。信息变得膨胀的时候，人就会本能寻找简单的东西，要不然无法应对。那时候创造了各种主义，因为主义更简单。没有耐心，使整个时代变得非常焦躁。焦躁就需要关键词，变成部落化。然后整个时代要消化这种信息爆炸带来的后果，战争变得不可避免。某种意义上一战、二战，都是信息时代的某种副产品。

陈嘉映：最后这段我不知道是不是真的，但挺有意思。前头那些我觉得都挺真的。读关键词一方面是我们的媒体技术在改变；一方面也是无奈，我们的信息量太大了，你不出关键词怎么弄啊。新型的媒体一开始有好多人都觉得它有利于民主的发展。朋友圈一开始想建个朋友圈，把左的、右的都放在一个朋友圈里头，大家来讨论问题，好多人做过这尝试。比如说我们的朋友圈有一半是自由主义，一半是左派，当然不管对错。这自由主义就开始说话了，这左的就批评了两句，自由主义一下子声音更强，那个就不说话了。很快这圈子就变成了互相点赞，你说啥我就点一赞。我不知道这种部落化是不是已经占主流，反正你能看到好像有点苗头。

单读：这代人非常明显的就是巨大的成功焦虑，因为成功突然变得可以高度量化了，大家都在一条道上挤。

陈嘉映：这跟高度量化是不是有关系，关系有多密切，我不知道。我认为最主要的是因为信息的自由流通。这个我有特深切的体会。我以前是公社篮球队的，一到夏天会有比赛，先是各大队的比赛，然后到公社比赛，再到县里去比赛，再上地区去比赛。你现在买张票就上巴西（奥运会）了，但那时候没有，公社就算狂欢节。一有运动会，各地的老乡就来公社，打球的时候围着好多人。如果你打得好，进了球就都欢呼。在一个 community（小社群），成功的机会就特别多。我在公社打球最好，我在公社最博学，我在公社最漂亮……一两万人里你在某方面是个尖子，人的生活有三四十个方面，那就有三四十个卓越的人。但等到我们打开电视，都是世界上最漂亮的明星，最棒的篮球运动员。一说商业成功就说比尔·盖茨，那就没法弄了。千军万马过独木桥，我觉得这个跟成功焦虑有关系。

单读：我给您加个注脚。我看了一本特别有趣的书：

过去一个法国平民，他看到波拿巴游行，他不会拿自己做比较，差别太大了。但现在这个世界，每个人在电视里面看到比尔·盖茨，他跟我穿一样的牛仔裤，也穿这种衬衫，看起来跟我差不多，表达也不神秘。就给人造成一种错觉，我也可以这样。

陈嘉映：无论是西方民族还是其他民族，每个地方的服装都是有规定的。君王是哪级，公爵是哪级，贵族是哪级，都规定好了，出门衣服都不一样。那个等级社会就在身上。我觉得克服成功焦虑的一个办法，就是盯着一个事玩儿命干，直到你知道你干不了。还有，是不是还得想办法建立小圈子，别老是全国范围“十三邀”之类，搞个首师大哲学系“十三邀”。一共就十几个教师，人人都“邀”上了。

单读：所以中国这种巨大的焦虑跟各种功能的小社区、小团体的消失有很大关系。

陈嘉映：还有一个，我在美国或者欧洲的时候，跟各种各样的人接触，大多数人真的挺淡定。比如说，我在丹麦住的人家是一个养老院的护工，已经做了好多年，我说你那个工作最苦了，你做幼儿园教师吧，小孩天真活泼，面对老头老太太，好像只有精神挺高尚的才能坚持下来。她说这挺好的，等你做惯了你就觉得他们特别需要帮助，你帮助之后他们就好了一点，开心了一点，我每天都挺有满足感的。

单读：我们这一代人挺普遍的就是我们对西方的焦虑。比如我是一个写作的，就希望进入更中心的话语场，做哲学应该也一样。这种东西您是没有，还是克服了？

陈嘉映：这其实是挺私人的一个话题。要一般说起来我不是特别焦虑，比较安分守己。但我怀疑这里面有一种心理上的自我保护，可能开始得非常早。这个自我保护带来的好处我知道，带来的坏处我不知道，也许天性如此，对达不到的事就不去特别操心。比如说在文化上达到卓越，这种卓越用中国的尺度衡量肯定是不够的，特别是我干的这一行。因为中国水平太低了，哪怕是中国第一人也没什么可太自豪。就跟中国人以前不打冰球，我们几个人现在开始打了，一打咱们就是第一队，这没什么，你得拿到世界上去。但你也注意到了，世界上——也就是西方，最不吃的就是西方有的东西，它要的是它没有的东西，你做西方思想就很难被认可。

我再插一句，你年轻的时候没有强烈地意识到中国其实在有些方面是很边缘的，到了美国你马上意识到了，你以为在中国很重要的事，人家美国人听都没听说过。我可以说在一直抵制这种欲望，或者冲动，或者建议，或者诱惑。

我的想法是，如果那么做，我就做不好。我还是要把东西做得最好，至于它能走多远，套用一句话：做成什么样是我的事，世界怎么接受是世界的事。我的确是用这种想法一直在指导我的工作。

单读：刚才您说不知道坏处是什么，是不是焦虑会催生创造力？

陈嘉映：有可能。我昨天说的哈佛的事，就有可能是这样。这真的挺私人的，这两种感觉我都有。一类感受是有时候读到现在的大牌教授，觉得并没有那么好。另一类感受是，有时候看他前言后语或者传记，看到他们在剑桥、哈佛里讨论，那种智力、创造力上的冲撞激荡，达到了更高成就，简直觉得我要生活在那儿多好，能充分调动潜能，一点一滴都不剩，确实能做出最漂亮的事情来。

单读：这种群星灿烂的时刻，要是您选的话，最向往什么时间的什么地方？

陈嘉映：我可能还是会选伯里克利时代。的确，你说得特对，群星灿烂真是有那么回事。我还年轻的时候读这种东西多，还挺有感想，一般来说一个特别灿烂的时代就是五十年到七十年。我有时候爱举那个例子，歌德是1749年生，1832年去世。他出生的时候莫扎特是一个小孩，歌德在小孩的时候听到莫扎特神童的表演。歌德在 1832 年去世的时候，莫扎特早就已经过世，贝多芬也已经过世，他最好的朋友席勒已经死了，康德已经过世有一段时间了，黑格尔在头一年死了。他活了八十几岁，整个德国古典时代，从他出生到死亡，德国古典音乐、德国古典哲学、德国古典文学基本上他一生全经历完了。

十 影像

我和我的新娘

“她”

是他幻想中的爱情

是暧昧的北京

新娘

有一天，邱哥吃了一个牛油果，吃完把果核随手往水里一扔，就长出了一株植物。他决定把这个随机又坚强的生命留下来，这株无名的植物成了邱哥生活中唯一的负担。邱哥是电影摄像师，拍了无数剧情片、惊悚片，一进剧组就是几个月，每次进剧组之前他都要托人看管它。

剧组的时间跟普通生活有时差，每天拍戏早起，几点收工完全随机。从剧组一出来，女友就跟他分手了。原因很简单，两个月里，他没有给她打一个电话。“我能打电话的时候，她都睡了；而且打电话能说什么？就问你吃了吗？这些都毫无意义，索性就不说了”，邱哥平淡地说起这件事。

邱哥叫邱震，我们因为合作拍摄一部 MV 作品而认识，后来成了好朋友。但即使我们彼此熟悉，当我提出我想要跟他聊聊他的摄影作品《我和我的新娘》时，他还是拒绝了跟我通话。他觉得打电话不如面对面真实，一个人必须要迅速对另外一个人说的话作出反应，这让他觉得恐慌。深夜 12 点多，他在成都拍摄的片子刚刚杀青，他在酒店里发语音回答我的问题。

有时候一部作品的意义很难在当下完全显现出来，拍摄《我和我的新娘》(后简称为《新娘》)已经十一年过去了，邱哥才觉得一切像“暗示了他的命运”。那时他刚来北京两年，在北京电影学院拿到“专升本”的文凭，《新娘》算是他的毕业作品。来北影读书之前，他曾在工厂工作八年，从没来过北京。毕业那年他正好 30 岁，对北京这座城市的渴望和疏离，在未知的命运面前被放大了。他用一种生硬又充沛的姿态，带着他的“新娘”，站立在北京的各个地方，像是个幼稚的孩子搜集徽章，又像个野心勃勃的入侵者试图宣告属于自己的领地。

而他所到达的北京，几乎是游客的北京，浮于表面，让他永远无法真正走近。他站立的姿态越理直气壮，城市就显得越疏离；他越盛装出席，城市就越显得高人一等；他越拉紧“新娘”的手，她就显得越冰冷。他曾在作品陈述里写道:“我身处在这座城市中，却又离‘她’如此之远；身旁之物触手可及，却又抓它不到。对‘她’的印象越来越就模糊，诚如我的欲望，我的梦想，以及我那模糊不清的新娘。”

“她”是他幻想中的爱情，是暧昧的北京。

世界荒谬，人生孤独

在北影读书时，邱哥旁听过很多导演系的课，《新娘》像是他自导自演自拍的一场毕业大戏。照片中的他和如今体型相近，五官却似乎多些棱角。黑色的西装和过大的眼镜框都不合身，他像个硬着头皮上的临时演员。那个穿着西装的他，两年前还穿着西安车辆厂的工人服，负责火车上的电路。

邱哥进入铁道部的系统时还在念高一，除了英语偏科以外，他是个成绩优秀的学习委员。母亲在他小学六年级的时候早逝，单位给了一个“接班”的名额，算是对邱家的“照顾”。高一的邱震过了16岁，已经成了可以进厂工作的成年人，如果再不去工作，就意味着自动放弃这个名额。在同在车辆厂工作的表姐和表姐夫的劝告下，在一次痛苦挣扎于英语作业的间隙，邱哥决定去向班主任辞行，进入铁道部系统内的中专，学习机电一体化。三年学完后，他直接进入隶属于铁道部的西安车辆厂，成为制氧站的一名工人。那是1996年，那年他刚满20岁。

制氧站属于动力车间，为一线车间制造氧气、提供支持，没有生产压力。邱哥的亲戚向劳资处通了关系，才把他安排到这个最清闲的“养老单位”。他上一个白班一个夜班，就能连续休息两天。上班的内容不过就是控制机器，每隔一个小时去抄表，看仪表是否正常。一个 20 岁的年轻人显然还没有做好养老的准备，不知不觉就投身到当时席卷中国的“传销热”中。

邱哥对传销的认识是从新闻里的负面报道开始的。当他发现有人在单位传销时，他打电话向工商局举报，工商局却告诉他：“有些传销是违法的，有一些是工商局批准的可以做的”，错愕中他开始自己研究，后来自己竟然在业余时间做起日用品的传销来。作为销售，他开始接受“心灵鸡汤”和“人生正能量”培训，因为有了这些心理建设，他们才能面对传销过程中不断被别人拒绝的感受。做到“一定级别”之后，他也开始培训别人，开始看书。后来，他亲眼见到当时自己崇拜的西北地区总经理，为了挣钱开始做专门以“拉人头”套现的“老鼠会”，那是他第一次见识到人性在利益面前的脆弱，也开始对自己的现状产生怀疑。

1998 年 4 月，国务院发布《关于禁止传销经营活动的通知》，禁止传销和变相传销。他从传销组织中脱离出来，但在这个过程中读过的书——哪怕是卡耐基的成功学，也无意中重新启蒙了他。他上小学的时候就一知半解地读完了三大本文言文的《上古神话演义》，初中时读到萨特那句他至今牢记的话：“世界荒谬，人生孤独”。他想再拿个更高的文凭，于是用两年半的时间自学，通过自考拿到了西北大学汉语言文学的大专文凭。

他在车辆厂里的工作一直没有停过，已经干过制氧工、探伤工、铆工，后来绿皮火车开始慢慢被空调客车取代，他又成了“装修”火车的电工。大专学习到后半段，他给自己报名了陕西省摄影家协会的函授摄影班，同时看摄影报自学。一拿到大专文凭，他又给自己报考了北京电影学院的专升本。有一段时间为了提高自己的摄影水平，业余时间他去婚纱影楼免费打工，交了500块的学徒费。离开的时候，影楼老板不舍，觉得他拍得不错，主动退了他300块。为了准备考北影的文化考试，他向他车辆厂的班长请了一个多月假复习，并保证：“这是最后一次。”果不其然，那是他最后一次请假，后来他收到了北影来的挂号信，里面是录取通知书。

母亲

跟邱哥聊天的过程中，他会精确地讲到一些关键故事，说明他对自己命运转折有强烈的知觉。听上去，他的故事像是关于一个有很大决心的人与命运的搏斗，但其实他是一个早就放弃了的人。他在很小的年纪，就体会过什么叫无能为力。

母亲去世的时候，邱哥 13 岁。在那之前，母亲已经病了十年，历经了六次大手术。和母亲完整相处的时间很少，他没有整段的回忆，只记得一些片段。他记得母亲还在工厂工作的时候，夏天工厂发冰棍，她自己舍不得吃，就叫他每天下午到工厂门口来。有时候他来晚了，她就用茶缸盛着半化的冰棍。

这都是邱哥回忆里的母亲。事实上，小的时候，亲戚带他去西安城边看望住院的母亲，他觉得怕生。父亲要去医院照顾母亲,他被寄养在姥姥和奶奶家长大。上小学之后，稍微有了一些独立生活能力，他更宁愿在自己家。每次父亲离开会给他留下一些钱，并且让他去奶奶、姥姥家吃饭。但他放学的路上路过奶奶家，路过姥姥家，最终自己走进一个菜市场，买点青菜和豆腐，回家加上鸡蛋煮方便面。他最喜欢上海的三鲜伊面，还会给自己加些紫菜和虾皮。

我总觉得邱哥不懂得讨女人欢心、甚至不知道应该怎样跟女性相处，跟他成长过程中母亲角色的缺席有关。我的推测不一定准确，但邱哥对外界的疏离确实是在那个时候就开始的。他觉得失去母亲让他从小觉得自卑："我妈的离开……对我影响都是很大的。所以从小，其实到现在，我也挺自卑。自卑的另外一面是自负……你内心另外一面是异常强大的，就像我小的时候，，我都不好意思去找家人的亲人，我到现在我也不知道为什么。"

母亲去世的前一夜，家人带邱哥去医院，让他拉着她的手叫她名字，希望他可以唤醒昏迷的母亲。第二天早上，13 岁的邱哥正在给家里的猫拌食，他把馒头切碎，拌进鱼汤。这时候他爸爸从医院回来了，忍着泪，对他说：你妈妈走了。邱哥一句话都没有说，背着书包去上学了，他沉默着做完早操，还要去上第一节课。他姑父来学校把他接走，来到太平间，他才放声哭出来。

爱比死更冷

不在剧组的日子里，邱哥大多数时候都宅在北京天通苑租来的公寓。天通苑被戏称为“亚洲第一大小区”，占地面积约 48 万平方米，居住着大量北漂的人群。邱哥不觉得那是他的家，就是个“睡觉的地方”。他大多数的邻居，都是在早晨被 5 号线和 13 号线运去工作，晚上再被运回来。

他说他最理想的生活是在山地里，或者靠着海，总之得有一个小院子，让他种花养菜，养些小动物。他在西安的家位于西郊，托朋友从华阴拆迁的农民家里收来古老的木门，装在墙上，门打开就是电视。他去未央宫旁边的树林里捡来两条树枝，把它们涂成白色，上面挂上灯泡，就是客厅的吊灯。他在阳台上砌了一个花池，填上土，里面种上乔木、蔷薇和薄荷。两个月进组之前，蔷薇已经活了，现在不知道长得怎么样。

去年冬天，邱哥去上海拍戏之前，把牛油果长出的植物带去了上海。它熬过了上海的冬天，回到北京之后，邱哥觉得它“辛苦”，就上了一些液体肥，没想到过了几天，叶子就慢慢枯黄了。邱哥把它的“尸体”带回西安，埋在了阳台的花池里。

理想的家似乎有了雏形。“理想的家里要有个女人吗？”我在语音里问他。过了好一会儿，我才收到他回复，第一条几乎都在叹息，后来几条也犹犹豫豫。时间走到凌晨1:38分，他终于开口，说：“其实爱情对我特别重要。我对纯粹的爱情渴望，甚至超过了一切……我想得太高，所以更恐惧，这只是个梦，永远都得不到。”

在法国电影《理发师的情人》中，男主角安东尼爱上了理发师马蒂德。他们迅速地结合、每一天都粘在一起，爱情完美得令人晕眩。但有一天，马蒂德在发廊的椅子上与丈夫做爱之后，在暴雨中冲出大门，投水自杀。在遗书中，她告诉他，她已经看到终有一日会到来的尽头，她用死亡把他们的爱情留在了巅峰。而男主角拒绝接受现实，也拒绝改变，他留在发廊里，像往常一样迎接顾客，告诉他们，“理发师一会儿就回来。”

这部片子还有一个名字，叫做《爱比死更冷》，是邱哥每次看都会哭的电影。他每当看见女主奔向堤岸跳入大海的那一刻，就会止不住掉泪。他知道这世上绝美的事物，包括爱情，终究难以长久。他是一个如此习惯性控制自己情绪的人，为什么偏偏这部并没有过分煽情的片子总是会让他掉泪？他回答："当你意识到你所追求的，却是永不可及的，那是一种悲哀！但你将如何抉择？是像女主一样还是像男主一样？我不知道答案，或者是害怕去面对这个答案，只能装腔作势地紧紧去拽着那个假新娘。"

在他的毕业作品展和平遥摄影节上，邱哥把《我和我的新娘》做成幻灯片，配上崔健的歌《一无所有》。在连续的画面里，邱哥牵着他一动不动、面目模糊的新娘，仿佛去了北京所有的地方，又仿佛哪儿都没有去。歌里反复唱着："我曾经问个不休，你何时跟我走，可你却总是笑我，一无所有……"

撰文：刘宽

剪述美
发沙龙

北京大栅栏
赛春元茶庄
北京
普洱茶销售中心
TEA 茶
中药 西药 器械 参茸

三 随笔

真的不喜欢旅行。以观光为目的的旅行尤其令我不知所措，做出的所有的选择好像都是错误的。

我们在南部停止了抽烟

撰文　周嘉宁

要去新奥尔良旅行之前并没有期待，倒是非常懒惰。临近十月，爱荷华的天气没有变冷，参加了好几次距离不算远的远足，又去湖里游了泳，晒得很黑。悦是五年前来这个写作计划的，问起三个月的天气情况时，她确凿地说，到了十月就非常冷了。

“非常冷到底是多冷？要带上最厚的衣服？”

“我那会儿在当地的二手商店买到一件军用棉袄，如果出门不是见重要的人就都会穿着。反正那一年是非常冷，风也非常大。”

“没有暖气吗？”

“没有。但你会在下雪之前回来。我把那间二手商店的地址告诉你？”

就这样我只带了两件替换的短袖 T 恤，结果整个九月却热得不行，接下来还要去南部，不得不买了新的短裤。期中旅行有两个选择，西雅图和新奥尔良。据说每年都是如此。悦建议我去新奥尔良。“也不是说西雅图不好，但是西雅图——啊对了，你非常喜欢的《真探》就是在新奥尔良拍的，想想看那种南部的氛围。”当时距离我看完《真探》已经过去挺长一段时间，氛围什么的记得不太清楚，但完全不想在选择上多耗费脑筋，于是早早决定要去新奥尔良。到了九月底查看西雅图的天气预报时却有点羡慕，唉，那里下雨，降温，是夏天的终结。

去之前的一个晚上临近返校节的高潮，接到通知说晚上九点左右桥的对岸要放焰火。等待焰火的时候我和G坐在她房间的地上吃色拉、奶酪和炸肉丸。我打开了一瓶白葡萄酒，但基本上只有我在喝。G在来到爱荷华之前停了抗抑郁的药物，情绪紧张。我们说好要讨论一下接下来的行程，要不要报一个当地的一日游。我们想去看沼泽，也想参加鬼屋探险。但其实她始终在等待一封邮件回复，并且无法停止地说着之前遇见的一位混蛋音乐老师。G做的色拉非常好吃，切得薄薄的生蘑菇、青椒和洋葱圈，碾碎了的蓝芝士，油醋的比例也刚刚好。这样我一边吃一边嗯嗯嗯地听着，突然想起来问G，“新奥尔良是在海边吧？”G完全没有在意我的问题。我则继续想，所有的南方都有鱼吧，真正的，活的，新鲜的鱼。螃蟹。虾。生蚝——天哪，我好久没有吃到过真正的不是冷冻的鱼了。

这样想的时候，窗外砰的一声放出了第一朵焰火。赶紧和 G 两个人穿上鞋子往楼下跑，经过 Vlad 的房间时，敲了他的门，他正在换衣服。穿过学生食堂跑到河边的时候，那里已经站满了人。

没有想到是非常短暂的焰火，等 Vlad 找到我们，已经结束了。于是三个人坐在河边，讨论了一会儿第二天的旅行，然后一起去了酒吧，和其他人会合。Vlad 已经报名了大种植园的一日游，却在酒吧里碰到两位写作班的学生，说起种植园的时候露出为难的神情，表达了对把黑暗历史做成旅游项目的尴尬。Vlad 认真听他们讲。G 不见了。我试图驱赶被感染到的焦虑情绪，喝了不少啤酒。

早晨七点从爱荷华出发，也没有出现飞机延误的情况，到达新奥尔良的时候也已经是晚上。IWP 的组织者为我们安排的是位于法国区中心位置的蒙特莱昂酒店，一个文学地标。毕竟二十多位同伴都是作家。海明威、福克纳和田纳西·威廉姆斯都在这里住过。如果从维基百科上搜索酒店一楼的旋转木马酒吧，能够看到这个酒吧曾经作为背景参与其中的小说篇目。酒店有种并不破败的陈旧，非常美。要做类比的话，可能相当于走进和平饭店时感受到的深沉氛围。而且当我试图用手机拍下一些照片时，发现那是无法被手机照片捕获的美，便放弃了。

天气炎热，我迅速换了短裤回到大堂里等 G 和 Vlad。从外面涌进来两个过路的观光团，我便转到门口抽烟，用软件搜索应该去哪里吃鱼。马路上都是过分兴致勃勃的游客，旁边便是波旁大街，即便是站在远处观望，也能感受到荷尔蒙，以及一种让人并不想融入其中的自由，几乎是放浪形骸。

我很快见到了 G 和 Vlad。我一整天都避免和 G 谈起昨天晚上她的去向，避免任何引向私人情绪的谈话趋势，看得出来她正在剧烈的沮丧和勉强的振奋间挣扎。但在短暂的此刻，她是愉快的，她终于换掉破烂的牛仔裤和长筒靴，穿着一条干净、香喷喷的连衫裙，刚刚洗过的短头发湿漉漉地贴在耳朵两边。对我去吃海鲜的提议，她也没有反对——“因为今天是犹太新年，我可以做些不一样的事情！”

软件上排名第一的生蚝餐馆就在酒店旁边，然而门口排着长队，看起来要等两个小时。于是我们换到马路对面的另外一间小餐馆。也需要排队，但等了差不多十五分钟，也算是可以接受。餐馆吵吵闹闹，甚至有点脏兮兮，像久违的大排档。G 照例为难了很久服务生。“要非常非常辣的食物，但不能有甜味，色拉里可以有切成圈的洋葱，但酱汁里不能有洋葱和鸡蛋的成分。以及最好是鱼之外的东西。”这间生蚝餐厅的服务员露出既为难又挑衅的表情，即便如此，G 依然补充说，我们是作家，我们来自爱荷华。（啊啊啊啊啊，可怕！）服务员不解地点点头，并没有做出回答。

之后我和Vlad飞快地要了烤生蚝、炸虾、炸鱿鱼、大份的薯条和柠檬汽水，G要了一份蔬菜色拉。照理新奥尔良的特产还有小龙虾，然而十月的新奥尔良并非小龙虾的季节。于是我和Vlad又额外要了半打生蚝。

并没有很好吃，但我和Vlad还是狼吞虎咽，并在空盘后显出疲惫和沉默，只有G在吃了一口虾以后，几乎什么都没有碰，却滔滔不绝地说着犹太新年，耶路撒冷的食物有多么好吃，阿摩司·奥兹多么不堪一读，以及埃特加·凯雷特是个狡猾的人。

"难道你们喜欢埃特加？"

"欸。我确实有一些朋友觉得他很不错。"

"你的朋友可以说是一点不了解以色列文学。"

"这样说也没有错。"

然而在炎热的新奥尔良讨论文学根本不是我想做的事情。我们来到室外，我和G分享了包里剩下的最后一根烟之后，三个人打起精神来到波旁大街。沿街全是酒吧，敞开着大门，每间都有不同风格的乐队表演，都卖一种装在巨大彩色塑料杯里的酒。行人醉醺醺的，并不是那种令旁观者愉快的醉。每个都仿佛是从白天就开始喝酒，或者从昨天、从上星期就开始喝酒。臭烘烘的，吵吵闹闹，于是我们彼此说话也不得不嚷嚷。路口站着招揽生意的半裸少女，有几位非常美貌，在头上戴着树枝和花环。

“啊，我受不了这些。她们是妓女吗。”G 嚷嚷。

“我觉得妓女这个词不太合适。”我嚷嚷。

“你不觉得很肮脏吗，肮脏。”G 嚷嚷。

“我觉得整条马路更肮脏。”我嚷嚷。

“Vlad 你也是这样想的吗？你看着这些女人不觉得恶心吗？”G 嚷嚷。

Vlad 没有嚷嚷，为什么他始终能保持息事宁人的温柔？

这时候马路对面的一间酒馆里开始砸东西，有什么玩意摔下来，接着几个人从二楼扭打到一楼，再到马路上。虽然距离不近，却能够切实地感觉到声浪混合着热浪在周围炸裂，然后卷起更大的声浪和更大的热浪。真吵啊。感觉一整条街或者一整个城市都在嚎叫，破坏了我所有想要继续喝一杯的心情。这里有点像曼谷的考山路？但考山路并不是这样的，考山路是年轻人的放浪，波旁街却是成年人的罪恶。甚至走路都要小心翼翼，感觉脚边便是污水横流。

但等到我们满怀失望和惊惧地撤离波旁街，仅仅拐到相邻的小马路上，则完全是另外一番光景。店铺早就关门，依然能够从陈旧的橱窗看到里面售卖的商品，八十年代风格的连衫裙、旧银器、捕梦网，纷纷沉默着。道路的尽头是一个教堂，院子里竖着一尊耶稣像，地上的射灯把雕像的阴影放大了很多倍，投射在教堂的正面。每个路口都有人在演奏，我们在两位拉电子小提琴的人跟前停留了一会儿，真好听啊。我们逗留了两三分钟，离开，走出十几步以后又忍不住停下来，折返回去，这次逗留了很长一段时间。

回到酒店以后，有同伴从爵士俱乐部回来，在楼下的旋转木马酒吧喝酒，Vlad 和 G 犹豫着打算加入他们，而我竟一点也不想在炎热的天气里喝烈酒。

第二天早晨所有人都迫不及待地去了 Cafe De Monde。大概十个人，一路经过小小的公园，福克纳书店，欧洲风格的小房子、马车，来到这间著名的咖啡馆。不过是早晨九点，外面搭出来的大棚里都已坐满了人，出乎意料的是，这里完全没有法国风格，陈旧、简陋和宽敞。很像是一个国营风格的大食堂，是讨人喜欢的粗暴。我们一群人占据了室内的一个角落，能够看到玻璃后面正在制作食物的工作人员。这里只卖法式甜甜圈和几种咖啡，以及橙汁。点餐非常简单，穿着白褂子的服务员也毫无耐心。我们每个人都要了甜甜圈和据说是加了菊苣的牛奶咖啡。“菊苣是什么啊？”——结果所有人都开始讨论这个问题。

然后服务员毫不客气地端上看着非常简陋的甜甜圈。但太好吃了！炸得热烘烘的甜甜圈撒着厚厚的糖粉，咬一口就要呛到鼻子里。头顶的电风扇也好像驱赶了炎热，明天还要再来吃，当下就许下了这样的愿望。

走的时候，G 在门口发现两个旧的摇币机。生锈了。

看起来像是放了一百年。G 和 Vlad 却都很高兴，翻口袋找小额硬币。真的可以用，嘎吱嘎吱摇出来的是一种压过图案的黄铜薄片，其中一个是一条鳄鱼，另外一个我忘记了。

虽然很想去沼泽看鳄鱼，但对于报名一日游完全提不起兴趣来。Vlad 和大部分同伴们去了种植园，我和 G 则留了下来，等待着大巴带我们去被飓风破坏的区域和墓地。唉。真的不喜欢旅行。以观光为目的的旅行尤其令我不知所措，做出的所有的选择好像都是错误的。结果不仅没有看到鳄鱼，反而坐上了一辆都是老年人的观光巴士。但为什么要看鳄鱼呢。沼泽也好，《真探》也好，异域的幻想都会被记忆遗弃。比如说花园区到底有多美，到现在我完全不记得了。可能我也没有真正喜欢过美国南部的作家，归根到底，这一切的异域，连了解都谈不上。

我和 G 占据了巴士的最后两排，不得不说，G 对风景的不耐烦表现得比我更明显，几乎到了讥讽和厌恶的程度——“这是什么啊？这些美吗？我不明白。”然后她丧气地闭着眼睛，哼着甲壳虫乐队的歌。然而不过是半个小时以后她又振奋起来，表现出强烈的想要交谈的愿望。

“我应该待在酒店里修改长篇的。但是我原本对这次旅行怀着很大的期待，我想着可以听到很棒的爵士乐演出，吃到好吃的食物。和朋友们在一起。你和 Vlad。”

“你对好吃的定义非常狭窄。但我们确实都在一起。”

她耸耸肩，咕哝了几句希伯来语。

“你说 Vlad 现在在做什么，他们在种植园会好玩吗？”

“我们可以问问他。”

“算了，别摆弄手机了，你们过分依赖智能手机了。要知道我连电脑都没有带，这样我就不会再想着邮件的事情。我应该停止写邮件了是吗？至少在这次的旅途中不写。”

“等我们都离开美国了，你会给我写邮件吗？”

“啊，停下来，不要说。不要提起离开美国的事情。我们不是那种多愁善感的人。”

“这样啊。”

“你知道 mischievous 是什么意思吗？音乐老师在最后一封邮件中说我 mischievous。”

“用来形容你真是太合适。”

“是一个褒义词吗？是赞美吗？还是说我给他带来了麻烦？天哪，我真不希望那是最后一封邮件。你觉得这会是最后一封邮件吗？”接下来她再次描述了那个永恒的夜晚，她和音乐老师在河对面的草坪上聊天到天亮，牛仔裤上留下的青草渍。她有着极具感染力的热忱，几乎可以说是我从未遇见过的性格，但这种热忱随时崩塌，又极具尊严，真的叫人提心吊胆，只好与之保持着近乎礼貌的距离。

然而坐在巴士里的这个时刻是好的，因为这样的对话在爱荷华的河边发生过很多次。我们一边抽烟一边提防着住在河对岸的疯狂律师，据玛丽说，那位律师神智失常以后经常举报在这里违禁地抽烟的作家。我们抽完烟，把烟头埋在湿漉漉的泥土里。这种复制使我获得旅途中的平静，之后得以在酷热的墓地间放松地走了一小会儿，看着枯萎的鲜花，感受到了墓碑间清凉的风。

三小时以后，我和 G 就在路边的餐厅里吵了一架，跟前摆着一盘裹在面粉里炸过的鳄鱼肉和渗出水来的色拉。桌子黏糊糊的，地板上散发着鱼腥味，风扇转得很懒惰，服务员的态度傲慢粗暴。我坚持要来吃鳄鱼肉其实也很愚蠢，干巴巴的，被烹饪到如同放了很久的鸡胸。和满街售卖的捕梦网和面具一样。都是嘲笑。

“真恶心，为什么一定要吃奇怪的食物？”

“为什么对那么多东西都看不惯？这个那个的，都觉得恶心。”

“我赞美生活。你举个例子说说。”

“呃……那位你极其讨厌的以色列作家，埃特加？”再次说出埃特加·凯雷特的名字自己都觉得有点好笑，甚至不由想着回去以后就要把他的书再找来看看。

在这种情况下，G 却在买单的时候特意告诉服务员，我们是作家，我们都在爱荷华参加国际写作计划——天哪！——幸好这是一位根本不礼貌的服务员，也可能因为G讲话带有浓重的（法国）口音，他根本没有听明白。他甚至没有给出哪怕是一个表情的回应。这让G显得有些讪讪的，嘀咕起希伯来语。

“我得要认真地告诉你，你不能再这样做了，不要再和别人提起作家的身份。”

“为什么？我很讨厌你这样说话的态度，你很严厉，也很伤害人。”

“你几乎告诉我们遇见的每个陌生人，我们是作家。早晨在巴士里也是。”

“然后呢？那位司机和我交换了联系方法，人们喜欢作家。”

“你过分高估喜欢的价值。”

“我觉得他们或许会因为喜欢文学而给我们打折。在耶路撒冷我常这样做，我在餐厅里告诉服务员我是作家，他们会送给我免费的食物。”

“为什么那么希望自己被区别对待？”

“因为我觉得写小说是件了不起的事情。在耶路撒冷——”

到底是酷暑，还是集体生活，或者是英语作为第二人格的表达，使得我们的心智都降低至十六岁。无意义的争执令人极其愤怒却厌倦。之后G负气地在路口说，她想要自己转转。

回到酒店以后收到一堆短讯，Vlad 已经从种植园回来了，断断续续地发来照片，其中有一张是在途中。墨蓝色的天，下面是长长的水泥桥和深绿色的灌木。

“这个时候看到了鳄鱼。”

“啊。真美啊！”

我试图从网上找海明威的《决战前夜》，还没有打开电脑就睡着了。

G 消失了两天。这期间我去了一所学校给学生们讲了一点点弗兰纳里·奥康纳的翻译，又参加了一场朗读会。朗读会前也花了不少时间独自待在酒店里准备。正常的工作以及没有 G 在身边都令我松了一口气。朗读会在当地的艺术学校里，尽管是下午，主办方却准备了不少白葡萄酒。所以终于畅快放松地喝了酒。中间 G 出现了一会儿，我看见她坐在底下的观众席里，始终皱着眉翻看一本书，自然是没有看我一眼。等到朗读会结束，她已经不见了。

工作的时候，从一个地方移动去另外一个地方，倒是经过了一些不错的酒馆，破旧程度适中，空荡荡的，摆着植物，露天座位看着很舒适，虽然门廊里也坐着大白天就开始喝酒的人，却是和波旁大街完全不一样的气氛。令人想要置身其中。但我和 Vlad 再循着同样的线路找回来的时候，又怎么也找不到称心如意想要坐坐的地方。

我们自然也去了福克纳书店，没有二手书，空间窄小，氛围又很拘束，除了在门口留了照片外几乎没有留下任何多余的印象。接着我们在附近的街道上找到一间快打烊的旧书店，柜台后面的老人有种冷冷的警惕，但礼貌的 Vlad 和他讲话，然后他推荐我们去了一间更远的书店。

真的有点远，我们决定沿着密西西比河走一会儿。傍晚的光线很美，走出法国区以后，人很快变得稀少，荷尔蒙伴随着暑气一起消亡。然而这种平静几乎到了衰败和废弃的程度，并且因为强烈的对比而带来不安和动荡的情绪。我们默默无语地前后走在路上，不时停下来拍一两张照片，离被飓风摧毁后废置的区域还很远。

书店在一片粉色、浅黄色、白色和蓝色的矮房子中间。一会儿旋风般地进来一个男人，在书架间走来走去，大声和店主说着晚上聚会的事情，接着又说有位朋友来不了啦，挨了枪子儿现在躺在医院里——“这也不太意外啊！”店主也大声地回答。之后我买了两本亨利・詹姆斯（后来发现其中一本大概被老鼠啃过啊啊啊），Vlad 买了几本标价一美元的七十年代科幻小说。等我们重新回到街道上，感觉每一个迎面走来的男人都面容阴郁，腰间都是鼓鼓的，好像塞着把枪。

“店主是个很厉害的人唉。”

“怎么了？”

“他也很喜欢托马斯 M. 迪什。我们聊起纽约的一个公园，是作者在 1972 年的一部短篇小说集里提到的。一群小孩商量着要杀人，结果他们来到港口的公园，里面有一尊奇怪的雕像，是一只野兽般的大鸟，他们被这座雕像吸引，热烈地讨论起这到底是什么动物。”

“到底什么动物？”

“不知道唉。但那个公园是真实存在的，里面也确实有那座雕像。就是坐渡轮去自由女神像时会经过的公园。等我们到了纽约，我也要去看看。而且仅仅是这样几句话的交谈，店主就辨认出我来自保加利亚。接下来他又得知我们从爱荷华来以后，就问我是否正参加国际写作计划。怎么说呢，他就是有那种态度，即便是在谈论写作啊作家啊，也不叫当事人觉得尴尬。”

“听你这样说，我开始有点想念 G 了。”

“我也是，刚刚在书店里说着这些，就想如果 G 在的话——”

我们彼此交换了一个神情，立刻止住了这样的想象。

在新奥尔良的最后一晚，所有人都说好了去一间爵士俱乐部。路上遇见万圣节游行，打扮得很稀奇的车队沿途撒糖果和各种小首饰。我迟到了一会儿，在底楼买好了啤酒，来到二楼预定的座位。G 正在和柴崎聊天，跟前放着一杯果汁，见到我以后她的讲话声变得更大。我和 Vlad 坐在了旁边一桌。我们中间弥漫着一种疲惫和郁郁寡欢的气氛，能够感觉得出来，我们所有人都需要一些振奋，做好了大喝一场起来跳舞的准备。

然而我对爵士乐一无所知，没法做出任何判断，却可以百分百地确定，这完全不是一场适合跳舞的演出。坐在周围的陌生人大多是游客，穿着旅行鞋和长裤，都毕恭毕敬地坐着，拘谨地观望，礼貌地鼓掌。我们在半个小时以后失去了耐心，甚至开始谈论爱荷华那间常去的酒吧里的点唱机。我扭头看 G，她焦躁地四处张望，把果汁换成了啤酒，只喝了一口。

四十分钟以后，气氛冷静，没有人离场。G 突然站起来，跑下楼以后直接朝舞台走去。于是等到下一首曲目开始前的间歇，女主唱不得不停下来，俯身和 G 交谈。主唱不快地耸着肩膀，又直起身来叉腰看着 G。她们这样僵持了几分钟以后，主唱朝 G 伸出手去，她则轻快地跳上了舞台。我和 Vlad 趴在栏杆上，各自喝了一大口啤酒。

“在耶路撒冷，今天依然是犹太新年。”G 大声说，然后乐队给了她一个调，她大大方方地唱了一首甲壳虫乐队的 *I wanna hold your hand*。起初声音还有些犹豫和不确定，过了一会儿她就高兴起来，绽放出朗朗的微笑。主唱讪讪站在旁边，舞台上有种讥讽的气氛，周围的陌生听众们也因此而感觉自己受到了冒犯，又不知道该如何抗议，不知所措地看着台上这个开心的女人。我们二楼的伙伴则通通嗨了，但也并没有跳舞，只是站着，大笑，纷纷举着啤酒杯，在反反复复永不终结的合唱中感觉到了奇妙的肃穆。

“今天真的还是犹太新年吗？”Vlad 突然小声问我。

这个时候歌曲结束了，G 抬起胳膊做出谢幕的动作。哎呀，连衣裙的右胳肢窝底下裂开了大大的口子。唉。我明确感觉到我和 G 之间冷冷的僵持如预期般地又转变成温柔。

演出结束之后我站在门口想抽根烟，G 也走出来，站在我身边，问我要一根烟。我赶紧掏出瘪瘪的烟盒，但已经空了。

“算了。等我回到耶路撒冷以后，我差不多就要戒烟了。”

“要不就从现在开始吧。停止。”

“但我会想念你的香烟，你的香烟有股棉花糖的味道。”

我们离开了人群，并肩往酒店方向走，路边睡着很多流浪汉和他们的狗。Vlad 告诉我在他们去往大种植园的路上，看到公路桥下有一整片搭满帐篷的区域，都是无家可归者。我们经过一个路口时，角落中一位看似睡着了的流浪汉突然对着音箱唱起了约翰尼·凯什（Johnny Cash）的

Hurt。一道划过心脏的闪电。我们停下脚步，倒退了回去。真好听啊。好听到空荡荡的，想起一百件忘记的往事，又迅速再次忘记了。唱完以后这个人好像又蜷缩回了睡梦中。

“这次的旅行比想象中坏很多。期待的事情一件都没有发生。”

“可不是嘛。”

“你真的喜欢这里的鱼吗？”

“不喜欢。真难吃。”

“我想回爱荷华，打开电脑，修改小说。”

“我也是，打开电脑，什么都不做也好。”

“而且我不想再和你争吵了。尽管有时候我感觉你恨我。”

“我不恨你。是英语,是英语让我们纷纷丧失第一人格。”

“我们会一直联系的吧。我那么讨厌智能手机，但我会为你保留着，每个星期打开一次和你打招呼。直到你来耶路撒冷。”

可能并不是因为英语，当我写下这些幼稚的对话的时候不由想到。而是因为G，因为G身上我始终无法完全承认的天真也好，决意也好。却都代表着某种类型的作家所必须承担的天赋。夜晚也很热，耶路撒冷是什么样的呢。即便后来再也没有和G联系，我却在回到上海以后看起了G非常讨厌的阿摩司·奥兹的书。

半个月前，他搭火车、步行、游泳，跨越边境线，跨越生死，逃向德国。与他同期逃往西边的同胞中，有一位三岁的小男孩，后来他淹死在海滩上，引发全世界的震动与哀恸。

我愿意学习发抖

撰文　郭爽

以下是哈米特留给我的一套识字卡片。因为不知道他的姓氏，所以我只能告诉你们，他的名字是哈米特。

Dürüm

开始的开始。第一个出现在白纸上的词。随手扯下便签本里的一张。因为一个亚洲面孔的女孩卷着舌头指向菜单，重复了两次，发错了音。哈米特左手拿着圆形小砧板，右手把一张圆面皮摊上去。没发酵的面皮，咬下去需要一点力道。青椰菜丝，紫椰菜丝，黄瓜丝，洋葱丝，不锈钢夹子在他手中灵活舞动，把蔬菜一样样摊到面皮上去。亚洲女孩说她全都要。还说她要红色的甜辣酱。哈米特眨眼，点头，快速把面皮卷成卷饼，裹一层锡纸。最后，把卷饼放进双面铁板的炉子里压一压，白色面皮上印上金黄色的痕迹，有了香脆的口感。

虽然卷饼里的肉谈不上是肉，根本就是淀粉；五颜六色的蔬菜丝也不新鲜，也谈不上卫生。但是——哈米特熟练的手势让这个全德国最廉价的快餐食物，三欧一个的鸡肉卷饼，多少像是食物。而不是比十月的室温更冷的火腿和芝士冷盘，或者冷硬了的黑面包。甚至——那些浓稠艳丽的酱料，也带着东方式的俗气与热闹。哈米特用电锯把烤肉架上转动着的鸡肉（如果你相信它是鸡肉的话）片成薄片。这个动作几乎与伐木、狩猎一样古老枯燥。茶壶“嘟嘟”冒着热气，被烤干了的茶渍蒸腾出焦糖般甜蜜脆薄的气味。秋天柏林的夜晚已相当寒冷。

城铁站出口一排不起眼的商铺中，哈米特经营的土耳其肉夹馍店是其中生意最好的一家。把同是土耳其人经营的“中国面条”和德国人经营的“亨德尔面包房”甩得远远。从中午十二点开始，哈米特几乎是分秒不停地在做肉夹馍和卷饼。除了此刻，这午饭和晚饭时间早已过去的时刻。

晚上九点，几乎就要打烊了。转动的烤肉架，零星剩下的一点肉，被白色日光灯管照得惨淡。九小时的工作后，哈米特的脸累得有点垮。他抬头看一眼柜台对面墙上那幅小小的水彩画。灰蓝色的湖水与银色的树干，画的就是这个柏林近郊景区的风景。只用跨出肉夹馍店往前走两分钟，哈米特就可以看见夜里墨色的湖水和被月亮照成银白的帆船。那是他熟悉得不能再熟悉的景色，如果他有一艘船，如果他愿意，就能溯流而上，或者顺流入海。而不像现在这样，每天卖出的肉夹馍与卷饼数量都可计算，每天从中午十二点开始到晚上十点的工作时间雷打不动。这样的生活就像熟透了的蜜瓜，瓤和籽融在一起难以分离，为了尝到瓤的甜美，你只能连籽一起囫囵吞下去。很难再说清滋味。

这个湖是哈维尔群湖之一。在阿斯卡尼家族统治柏林城的年代，来自俄罗斯的谷物、木材、食鱼和兽皮在湖区上游的渡口集散。要么卸货，由陆路运往他处。要么装载上船，顺着施普雷河而下，先到哈维尔群湖，然后驶入易北河入海。

在更早的年月里，柏林城一直是游牧部落的领地，日耳曼人、苏维汇人、森农人，还有斯拉夫人，策马扬鞭，奔驰突袭。从这个意义上说，这里距他的原乡并不那么遥远。家族的迁徙与定居，也许并不像报纸与政府登记表格里写的那般格格不入。那么多跟他一样的土耳其人在这个城市里靠小买卖糊口，大概也来自这个渡口城市骨子里的商贸基因。

那个亚洲女孩还在练习“卷饼”的发音。嘴撅起来，放松，让两个音节间的滑动更自然。不知道在努力什么。照例，哈米特响亮地报上价格，等收银机“叮咚”一声弹出来。只是这一次，哈米特把找零递给她后，突然想起了什么，随手在柜台上的便签本里扯下一张，用蓝色圆珠笔写下了“卷饼”（Dürüm）这个单词。附赠一个微笑。

女孩有些惊讶地接过那个单词。更令人惊讶的是，她抓起圆珠笔，趴在柜台上，写下了五个字母。

“爽，我的名字。”

“哈米特。”他指指自己，“你从哪儿来？”

三个穿防水鞋、工人打扮的男人涌进店里，拉开冰柜门取啤酒。“欢迎光临”的门铃声响个不停。这里有不少外国游客，带着各色口音，从地铁站涌出来，总是驻足在这一排商铺前打量，在面包房的三明治和烤肉铺的肉夹馍之间做出选择。对他们来说，这两者没什么区别。

等哈米特回过神，直起腰，女孩已经不见了。她带走了那个词。

Ergün

哈米特写下第二个词的时候，我们已经认识有一阵了。

白天，我坐轻轨到城里，天黑后再坐轻轨回来。大部分的时候，都会到哈米特的土耳其肉夹馍店买一杯红茶。哈米特是个很好的生意人，热情、周到，对待顾客，无论肤色，都一样认真。他热爱肉夹馍事业。不然，在这每天持续十小时的工作里，不可能始终面带笑容。看看隔壁那个卖“中国炒面”的土耳其大叔，他应该把店名改为“扑克脸炒面”，反正他那味道奇怪的炒面也不可能从中国任何一寸土地上出产。每次，哈米特从柜台后转身看见我，总是响亮、准确地喊出我的名字。在这个辽阔都市里，知道我的名字并能准确喊出它的人，不会超过十个。

一些声响巨大的事正在这个城里装台上演。城铁上，地铁里，你总能见到那些夹着行李、拖家带口的逃难者。火车总站里，他们的规模会让人惊觉事态严重。但除此之外，只有在电视、报纸和网络上，这件事似乎才存在。国会大厦的玻璃穹顶仍闪闪发光，排队等待用餐的游客人山人海。旁边的蒂尔加滕公园，树木顶端开始染上淡淡的金色。勃兰登堡门上的女战神与她铜绿色的战车正冲向天空。剧场与餐馆，酒吧与博物馆，林荫大道与音乐厅里仍流动着玫瑰金的平静。什么都还没有发生，也不像有什么事将要发生。人类并没有能力预知未来。

混血是这个城市的某种传统。关于移民，最早的记录是十七世纪从法国避难而来的胡格诺派教徒。柏林对他们敞开大门。此后，最庞大的移民群体，一是土耳其人，二是越南人，都是“二战”的后遗症。加上此前法国文化、犹太文化的影响，柏林成了高度混血的大都会。从地缘上看，像柏林熊所象征的、阿斯卡尼亚家族绰号“大熊”的统治者压制了不断逼近的斯拉夫人、苏维汇人和森农人，把这个城市的权威牢牢压在施普雷河两岸，才让柏林作为一个城邦兴起。往后所有的年月里，欧陆正中的柏林城，只有扼制住东西两面的夹击，才能确保城邦的平安。

在这里，需要一种平衡的天分。

贴近这里时，中国人会感受到一种奇怪的亲切感。瞧瞧亚历山大广场的那座电视塔（跟东方明珠并无二致），还有再往它的东面去那些森严冷酷的楼宇，那些板楼式样的集体公寓。中国人不会对这套视觉符号感到陌生，东柏林的残迹是让我们一眼就能认出的难言的文化血缘。

哈米特从不锈钢茶壶里倒出来一杯茶。

酽而近黑色的茶，从不锈钢的大茶壶里倒出来，兑些开水，递到我手中。我总是加一包糖，用塑料小棍搅匀，站在柜台边慢慢喝完。一杯茶只要一欧元，在这个城市里几乎不值一提。却能让我的神经松弛，身体暖和。我的胃比我的理智先认出了这杯茶——东方味觉系统里裹挟的记忆。

之后，我在这里买了一杯又一杯的茶，吞咽茶水的时刻，我们谈得更多。比如，哈米特今年四十岁，是在柏林出生的移民二代。他有两个儿子，一个十五岁一个十二岁。有一个可爱的小女儿，刚满五岁。

他走路的时候有点一瘸一拐，因为长期站立损害了膝盖，膝盖疼得厉害，“就像灌了水泥”。他说到自己有七个兄弟姊妹时会自嘲，“哎呀，土耳其人总是这样，生一大堆”。

哈米特的英语翻来覆去就那么几句，听力倒是还可以，所以我们的言语，要在最简单和最少的词里完成信息的交换。说急了不明白时，哈米特就跟我比划、模仿，还不明白，就翻白眼，叹气，嗷嗷乱叫，捶胸顿足。

直至他写下了这个词。

"我在学校里学的英语，"哈米特指着他写下的这个词。

"这是学校的名字？"我问。

哈米特只是重复了一遍这个词。

"是老师的名字？"我又问。

他笑着没再回答，似乎已经听不懂我的问题。

我揣着纸片走回路对面的暂居处。这是一座湖边的大房子，三层高，有四五十个房间。周末的夜里，临湖一边的斜坡草坪上，人们三三两两往湖边走。要走五分钟，才能抵达湖边。他们谈论着艺术、文学、政治，有乐手拉着小提琴、大提琴，一次还出现了圆号。古典的音符飘浮在空气里，文明与教化带来驯服般的静谧。工作日的白天，房子里有十几个工作人员，他们服务于某文学机构，说流利的英语，彬彬有礼。我手上的这张纸片，以及它上面的字，应该可以找到能辨认它的人。

天已经黑尽了。我在房子里走来走去，试图寻找一两个还没下班的人。就在我快要放弃时（偌大的房子只回响着我的脚步声），看见了从地下室里钻出来的守门人。他是个结实的小个子，灰白的头发紧贴头皮。

“这是一个名字。”他看着纸片告诉我。我试图问更多，但他仍只重复了这一句。

后来还是 Google 告诉我，这其实是一个在中文里也有着壮阔生命的词，因为它在中文世界里被称为“额尔古纳”。在蒙古人的传说中，“额尔古纳”是群山与草原间丰饶的所在，他们的祖先在那里成倍加增，成了铁与锻造的主人。

Döner

那个女孩喜欢茶，喜欢卷饼，不太喜欢肉夹馍。虽然她发 Döner（肉夹馍）这个词的音时，响亮准确得多。哈米特自己也不喜欢肉夹馍。这是发明给德国人吃的东西。厚实的面饼就像汉堡，远没有卷饼的薄皮那么酥脆松软，让你一口就能咬到多汁的肉馅。

女孩告诉他，很多在国外流行的中国菜，也并不来自中国，甚至隔壁卖的中国炒面，都是冒牌货。

女孩，哈米特现在直呼她的名字。也说不上为什么，他愿意跟她聊天。也许是她真的在吃这些食物，而不只是为了填饱肚子。两三次后，她已经能准确地辨别四五种辣酱的区别，“放那个红色的酱，它是甜辣味的，对吧？”也知道哪两种混合在一起最好吃，“再加一点绿色的酱，里面有芥末，对吗？”她给哈米特看她在市区吃的土耳其小吃的图片，她存在手机里。她告诉哈米特，有一次竟然在一个卷饼里吃到了豆芽，“你知道什么是豆芽吗，哈米特？我的天哪，豆芽。”

他知道她来自中国。中国，谁知道呢，也许自己身上穿的所有衣服都来自那里。关于那个东方国家，他最近的关联，是一个在中国做生意的远房表弟。批发灯具，从中国带回土耳其。他叫不上那些中国的地名，女孩告诉他，很有可能，表弟做买卖的地方是一个离她很近的城市。“世界工厂，我居住的省份。其中有一个城市，你可以买到全世界的灯。”

有一回，女孩问他，“你表弟为什么不来德国？”他答不上来。他的父亲和母亲被当成外劳引进到德国的时候，连火车都没见过。那时的土耳其，像封存在玻璃球里的原始模型。德国则是散发辛辣气息的新鲜水域。留在老家的表弟和更多的亲戚们，在几十年时间过去后，如今选择不往西走，而是往东。或许，他们祖先的血脉里东奔西突的基因，决定了不安分的命运。

人只会因他已知的东西害怕。未知不足惧。

母亲说，来德国之前她连火车都没有坐过。第一次坐上火车，她兴奋得全身颤抖。空气快速流动，风从车厢连接的地方涌进来，卷起空气中的尘埃。咔嚓咔嚓，有节奏的声响撞破固有的一切，包括空气。太美妙了。但当新鲜劲一过，当她意识到这火车不能按自己的意志停止，并且也不知道将会把她与丈夫运向何处时，她突然害怕起来。不过就算她捶打车厢、座椅，用尽全身力气对抗它，仍不能让这该死的火车停下。母亲突然止不住地呕吐起来，惊惧吞噬了她。

所以，当哈米特知道女孩整天往市区跑，只是想知道那些逃难者的事后，问她——你不害怕吗？

“当然怕。”

“那为什么要去？”

“想知道到底有多可怕。”

两人都笑了。

有时候，他希望自己的英语能再好一点，再好一点。他经常一边做卷饼，一边听小收音机里的土耳其语电台。一次女孩来时，他正听到一段古老舞曲。从小，母亲就经常哼唱这音乐，轻声说，看，少女们要起舞了，绣满金丝银线的长袍要转动起来了。她们手持蜡烛，火苗在黑暗中明亮得像一双双未谙世事的眼睛。旋转啊，旋转。当他再度听到这段音乐时，只是结结巴巴地指着收音机，听到自己愚蠢地说着：“少女……舞蹈……”对这些，女孩没有表现出责怪或不耐烦的意思。她总是平静地听着，等着哈米特说出更多的话来。

总有机会的，总有机会可以说出更多的话来的。哈米特觉得。

天气好的时候，女孩会坐在他店铺门口的遮阳伞下。一边喝茶，一边在笔记本上写着什么。有时候，她只是盯着过往的行人，一动不动。

他没有去打扰她。虽然好几次，他都想去纠正那个写在纸片上的词——Ergün，那是他上小学时，从土耳其来的老师的名字。

总有机会的。

İmam

湖区的浸信会教堂打出了欢迎难民的海报。在教堂门口的玻璃告示栏里，一张红底黑字的告示，德英阿拉伯语三语。“诚挚欢迎来到本教区的难民朋友！每周日下午三点，我们在教堂负一层准备了阿拉伯饭菜及茶，免费聚会的地点。您可与家人朋友一同前来。”

礼拜日下午三点，像往常一样，从住所出来，我沿着湖边的公路走了十五分钟。隔着马路远远地看了一眼哈米特的“烤肉屋”，阳光猛烈，雨棚投下的阴影掩盖了一切。等红绿灯、过马路，走到了这所浸信会教堂的门前。教堂很新，外墙雪白，大面积使用玻璃，光和树影最大限度地投进教堂内部，水晶一样在赞美诗里流动。

与往常不同的是，今天，正门紧闭，右侧通往地下室的门半掩着。我侧身进去。

地下室里铺着黯淡的粉红色地毯，吞噬了所有的脚步声。靠窗的几张桌子，已经坐满了黑眼睛高鼻梁戴面纱的逃难者。以家庭为单位围坐在一起。感受到旁人的目光时，那些面纱上的眼睛会齐刷刷地看过去，像乌木雕刻出来的葡萄突然转动。有些人长得跟哈米特很像，只是肤色略黑，没有笑容。

我参加过主日崇拜之后的茶聚，也是在这个地下室里，但跟这天的氛围略有不同。一位亚洲面孔的事工指引我在卡片上写下自己的名字，塞进塑料封套，别在胸口。“这样我们都能喊出对方的名字。”

我被安置在进门第一桌，桌对面是一对韩国母女。我们眼神对上后，母亲带着女儿走过来与我握手，关切地问我是否长居。左边是一个坐在轮椅上的孩子（或者是个孩子外貌的成年男人），然后是他的母亲。他伸手与我握手，那双手绵软无力，但温暖干燥。握的时间太长，他母亲只好把他的手指从我手上掰开，脸上浮起歉意的微笑。他身边一位年轻美丽的女士，接过了残障孩子的手，任他揉捏。她说她叫安佳。一头缎子般的金发低调地扎成马尾，要在上帝和他的仆人面前显出谦恭来。

这里有着基督教会一切的舒适与避忌，人和人之间带空隙的亲昵感。

而这天，我认识的人们都在忙着打点杂事，无人交谈，我看了一会儿就往院子里去。说是地下室，其实窗外连着一个庭院，孩子们在玩蹦床、乒乓球，也有成年男子三五成群站着发呆。

院子里除了我之外没有女人。一个自称是叙利亚人的胖子英语不错，但话题让人尴尬。他开口就问——你来自哪里？我说“中国”。他立马说——哪个中国？然后滔滔不绝地说起他理解的政治来，全然不顾那件不合身的新毛衣被他激动挥舞的双臂扯得变形。

“你应当学习一点东西，自己好挣饭吃。你看，你哥哥是怎样的工作，但你一点出息都没有。”

“唉，父亲。”小儿子说，“我要学习；如果可以办到的话，我愿意学习发抖，关于发抖，我还一点都不懂呢。”

没有预兆地，我脑子里浮出这段对话来。一个想要学习害怕为何物的年轻人，正与父亲讨论如何接近理想的未来。

这时安佳走过来，说厨房缺人手帮忙，问我愿不愿意去。

我洗净水池里所有的碗盘，把料理台上的水滴一一抹去。劳作只是一种方式。

一堆人围着料理台择薄荷叶。正中间的一个小伙子穿着紧身牛仔裤，在示范怎么把三片薄荷叶留在一条枝桠上。“三片，最好看的样子。”后来我知道，他是一个裁缝。老家在叙利亚。“我正在努力地学德语。英语是在老家学的。”

“在学校？”

“跟客人们。”

我掏出纸笔，把哈米特写给我的“Ergün”写给他看。他看了后摇摇头，提笔写下了几个字母“Imam”（伊玛目）。

“我们的老师。”

他的衣服很合身，头发整齐地梳过，手脚利落，说话时会直视人的眼睛。半个月前，他搭火车、步行、游泳，跨越边境线跨越生死，逃向德国。与他同期逃往西边的同胞中，有一位三岁的小男孩，后来他淹死在海滩上，引发全世界的震动与哀恸。

现在，这位叙利亚年轻人在柏林一家浸信会教堂的地下室厨房里择薄荷叶。“三片叶子留在一根枝条上。”切胡萝卜。他平静，谦恭。大锅里咕嘟咕嘟炖着羊肉。一切都要洁净，去掉了血水。

Arkada

那个流浪汉在车站附近已经转了好一会儿了。时不时伸手出来跟行人讨钱。晴朗的周末，站台像平滑的甲板，晾晒着周末远足的游人。不远处，湖面像一块巨大的水晶，把日光折射到一切发出响应的物体上。站牌闪闪发光，空气澄净透明。流浪汉向好几个行人伸手讨钱，似乎并无所获，于是他穿过马路，往城铁站口的这排店铺走来。

他先钻进了面包铺，几分钟后出来。在空地上短暂停留了一会儿。令人惊奇的是，他走到了哈米特的店铺前，站在正在晒太阳喝茶的女孩面前，打了个招呼。

女孩的手指点了点空着的塑料椅子，似乎在邀请他坐下。他没有。站着跟女孩说了好一会儿的话。而后把手伸进毛衣的领口，掏出纸和笔来，让女孩在那上面写了点什么。

一个劣质白人，穷得一颗牙齿都没有了。他张着嘴仰着脖子说话的时候，五米外的哈米特都能一眼看到他黑洞洞的口腔深处，那颤动的小舌。流浪汉要离开时，女孩伸手跟他握了握手。他是谁？在种种不合常理的事实外，他们能说这么久的话，提示哈米特另一个事实——这流浪汉能说一口至少是流利的英文。因为女孩只能说一点点德语。

他是谁？

几天前，女孩给他带来了一张写着字的纸片。写着

Imam。哈米特提笔在那个I上面补了两个小小的圆点，告诉女孩，这个词是“伊玛目”，是穆斯林的导师。

他只是在那个老头离开后说：“那是个乞丐。”

女孩问他是不是认识这个老头，哈米特摇摇头。这是个富人区，站在街头伸手讨钱的人总共没几个，但哈米特想不起来那张面孔。

“我是在教堂遇见他的。”女孩说，上个星期，去教堂的路上，她跟老头一起站在教堂对面的马路边等绿灯。老头问她是不是也要去教堂，然后说，他是刚搬来的，去教堂只是为了喝咖啡。每次礼拜或聚会结束后，负一层都会有咖啡、点心免费提供。总之，在红灯变绿的几分钟里，老头积极地跟她说了很多话。进了教堂后，他们只能站在过道里，因为礼拜已经开始了。老头很老很老了，站着的时候，背上拱起一块，是已经弯曲变形的脊椎。

“我问他想不想坐下喝杯咖啡。”女孩说，刚才看到老头在这里出现，吃了一惊，旋即邀请他坐下。可老头说，他很穷，喝不起咖啡。在女孩的询问下，他含含糊糊地说自己每个月只能领一两百欧的社会补助，那些白吃白喝的难民每个月都能领三百欧！“他们还能伸手讨到车票钱，那些有钱人一看到他们的颜色(他把‘颜色’这个词加重了)，就都把钱拿出来。”老头的英文非常流畅，完全不符合他穷困潦倒的身份。至于老头让女孩写下的东西，她说，是电子邮箱的地址，因为她的手机卡已经欠费了。哈米特撇着嘴，这个老白人大概以为女孩也是个难民。瞧他那口水都兜不住（就要顺着下巴往下漏）的嘴。

“我猜他是个外国人。”女孩告诉哈米特在浸信会教堂的见闻。最富裕、有善心的德国人，和最底层、流离失所的外国人们共处一室。德国人带着历史的负疚感与政治正确的绝对主义，想要再造伊甸园。

“亲爱的，我们是亲密的朋友。”教堂的日常事务主持、一位胳膊粗壮的中年男士对她说。

哈米特于是在纸上写下——Arkada（朋友）。不平等的关系里，再慈爱再亲昵，都不会是朋友。女孩明白这些吗？噢，那个老白人。

Wedding

那是家毫不起眼的咖啡馆，安佳和我按照约定，下午一点就到了。

毛线、钩针、毛毡、布料、剪刀，整齐摆放在长条桌子上。这不是一家只卖咖啡的咖啡馆。女主人哈莉虔诚，热忱，是浸信会教徒，也是社区活动组织者。在提供给来客自由取阅的小册子里，有这样的话：“我们是图书馆。我们是咖啡吧。我们是让你找到以下资源的地方——关于生命、信念、寻找上帝。我们为你而来。”

越来越多的人推门进来，有社区主妇，教会人士，志愿者。但真正的客人还没到来。

安佳脱掉毛呢西装外套，把缎子般的金发挽起来束成一个髻。然后对我说："编织课固定在这里，一周一次。"

原本她可以不做这些。出生在湖区的富家女，受过良好的教育，在政府部门做涉外商贸工作。"说不清是为了什么，"安佳一次跟我漫步在湖区时，指着那些树和屋子说："出生在这里，长在这里，回到这里。我的一辈子都在这里。"

那是我们第一次见面，在湖区的教会。主日崇拜之后。安佳被讲道的女士介绍给我，因为她英语好、最年轻，是教会的积极分子，也成立了自己的社会创新机构。

当天，安佳和她的未婚夫就带我去了湖区的难民营。

他们开着一辆两厢的大众攀上山坡上的难民营。那曾是一所医院，平层建筑，装修极简洁，白色墙面上空无一物。餐厅可以随意进入。墙上贴着一张告示——"菜里有鸡肉、火鸡肉、山羊肉、鱼肉还有奶制品，但绝没有猪肉"。餐厅打扫得很干净，但浓郁的羊肉膻味还是从台面的缝里飘散出来。

走廊里，一双双男性的眼睛打量过来。一个棕色卷发的小女孩围着我们转，睁大眼睛。安佳从厨房里拎着放食物的大铁桶出来，取走后，她还会再送新的过来。一周两次。

未婚夫接过那个大铁桶，扛起来。我用鞋底抓紧斜坡的泥土，慢慢走下山坡时，仍有目光从背后过来。

我做不到像安佳那样投身出去，那样倾心奉献。

“让更多的人参与。”安佳说，以往的工作经验，让她积累了不少商贸公司的资源，她提供给这些公司“社会服务”，让公司员工能参与慈善或社会服务，连接起不同社群，让他们之间能真正地面对面。哪怕每次社会服务只有一个下午也好。

而这个咖啡馆，也是安佳常来的地方。这里比教堂的地下室更能让人无负担地走进来。你找不到十字架、圣像、语录，也没有赞美诗、长袍、祈祷。人们走进来，坐在桌边，跟着两位老师学习编织与缝纫。手机袋、钱包、靠垫套子，像儿童画一样笨拙的线条与图案。来的都是女人，母亲带着女儿，羞赧、安静地埋头干活。有些戴着头纱，有些没有。但那些饱满的脸颊，都显出少女的红润。

安佳的未婚夫刚从南部城市搬来柏林。大部分我见到安佳的时候，他都陪伴左右。在难民营里，他还跟一个年轻的逃难者成了棋友。就像安佳说的那样，是恐惧，那些难民的人生轨迹，让她选择了中断之前的事业，投身慈善与社会创新。“你的一生并不应该是看起来的那样子。”

两位老师在讲解与示范。都是年轻女性，一位讲英语，一位讲阿拉伯语。她们鼓励姑娘们，如果你们掌握了基本的技巧，就可以缝制自己需要的东西，帽子、手套、包包，“你们真正喜欢的东西。”

“有一个母亲没有来。”安佳低声说，原本有个妈妈要带十几个孩子，从郊区过来参加聚会。但现在已经快三点了，那位母亲仍没有出现。

在凝聚陌生人与建立信任的过程中，母亲的角色是重要的。地铁里随处可见匆匆掠过的面纱与长袍。女人牵着孩子。孩子，往往是好几个，或者一群，而母亲，总是神色紧张。她像看护羊群一样看护幼崽，是陌生国度里最强大的庇护所。

一旦有母亲，孩子们就还是幸运的。麻烦的是年轻的男孩。

除了缝纫培训，安佳也想办法办吉他课、足球班、德语班，或者没有任何主题，只是年轻人聚在一起的“比萨大会”。“人需要认识人，需要被接纳，语言是次要的。”

做手工活儿只是暂时的，得想办法让年轻人能真正地在德国生活。生活——不只是像现在这样，每个月领救济金，免费的食物和医疗，只在难民营附近晃荡。生活——像你我那样，有能养活自己的工作，有娱乐活动，有朋友，有家庭。

难民中年轻男性的数量实在太多了，而这些年轻人，大多缺少学校教育，没有知识和技能，以后在德国生存困难重重。甚至，要正常地过生活，也不可能。公共生活——学校、俱乐部、游乐场，娱乐活动——博物馆、音乐会、电影院，这些对他们来说都完全是另一套运行体系。更别说长期独立生活的可能——寻找住处、自我培训、求职等等。要寻找到这样的导师，愿意每周投入两三个小时来跟难民面对面交流、帮他们建立自我。尊重他们的信仰，无论他们是穆斯林、基督徒或者其他。

“太难了，但不试试，怎么知道呢。”

“有些在威丁区出生的土耳其孩子，甚至连亚历山大广场都没有去过。他们生活在一个平行宇宙里。”安佳看着我说。

女孩们双手像蝴蝶翅膀一样忙碌着。手机套的布料与装饰图案都已经裁剪好了，开始缝合。两位老师手把手演示着如何走线。女孩们眼睛睁大，模仿着最后的步骤。如果她们完成得足够好，这个手机套就可以出售，被证明其价值。她们来自叙利亚、阿富汗和伊拉克，或者其他更偏远的国家。

咖啡馆主人哈莉走到我们面前，轻声对安佳说：“那个女人今天不会来了。”安佳轻轻吁出一口气，轻得并不像一声叹息。

我拿起笔记本，在“仁慈”、“教会”、“导师”、“表率”这些字眼后面，重重地画了一条线隔绝开它们，急急地落笔，写下了“Wedding”（威丁区）。

Kreuzberg

哈米特不是在威丁区出生的。威丁区在柏林的西北部，而他出生在柏林的东南部——克罗伊茨贝格区。在他出生的时候，该区还没有如今的风光，还没有住进那么多的中产家庭。

当女孩递给他写着“Wedding”的字条，并询问他是不是那里的孩子时，哈米特笑着摇摇头。他把字条翻了一面，写下了“Kreuzberg”。

“我出生在柏林。”哈米特说，“而柏林，有一句古老的格言——没有谁能碰我。”

几天前，当他在纸条上写下“Akada”并解释这是朋友的意思时，女孩说：“哈米特，你就是我的朋友。”

然后像往常那样聊起来。女孩告诉他，在一公里外，就有一个难民营，她去看了。“一座废弃的医院，在一座小山坡上。上下床，一个房间住好几个人。”自然很简陋，但是整洁。房子外面可以打篮球，室内可以下棋。都是些年轻男人，不知道他们是怎么到达柏林的。没人会说英语或德语。有一个小女孩，一头棕色的卷发，跟着他们在房子里转悠。

女孩心情不好，哈米特看出来了。

有些时候，她心情会不好，脸就阴沉沉的。跟哈米特打招呼时硬挤出的笑容也变得不自然。哈米特会用玩笑来打破这种沉闷。

比如一次，夜已经深了，她出现在店里，反常地从冰柜里拿出一罐啤酒。哈米特知道她每天都要进城去，就问："今天过得好吗？""不好，亲爱的哈米特。""为什么？""我见了一个朋友，他是个同性恋。他的事让我心情不好。"哈米特一只手趴在柜台上，另一只手叉在腰上，"他是个同性恋就心情不好吗？噢天，我可以帮他介绍男朋友！"女孩大笑起来，"不，不，哈米特，他不是因为没有男朋友。"哈米特认真起来："把他的照片给我看看！我可认识不少同性恋！""不，不，哈米特，谢谢你，可是他的问题不是男朋友可以解决的。""我的朋友可是很帅的！"哈米特故意双手叉腰。

笑声充满了烤肉铺，就这样，烦恼暂时烟消云散。在克罗伊茨贝格长大的孩子，谁没有几个同性恋、朋克伙伴，或者卖走私烟、搞假证件的朋友呢？那是混合了甜蜜与苦涩的童年，政治局势让空气中总有种混合了紧张与颤动的气氛。即使柏林墙三面环围着克罗伊茨贝格，但学生、移民、艺术家、街头混混……仍然让这里在酒精、羊肉、薄荷、茴香的气氛里动人心魄。让人兴奋，也让人松弛，或者可以暂时地忘却忧伤。柏林。柏林！

往事让哈米特几乎有点伤感起来。哈米特是柏林人，哈米特是德国人。但哈米特讲不好德语，也不能像大多数受过教育的德国人那样讲好英语。他一天站十个小时，卖那些改良了的土耳其小吃，养活老婆和三个孩子。

这里曾让哈米特的父母目眩神迷。即使在三十多年前，这个城市的外表也是那样繁荣旺盛，生气勃勃。选侯大堤上照耀着霓虹灯，两旁林立着金光闪闪的酒馆和餐馆；维滕贝格广场旁，卡达威百货的橱窗里摆满了商品。超级市场，厚实的地毯，黑色真皮沙发，玻璃台面，还有电视机！以及更多还叫不出名字的东西，充塞在这个华美夺目的世界里。然而，西柏林的人却在逃走。

土耳其人是什么？土耳其人被西德引进来填补劳动空缺，不单在柏林，哪里有工业，哪里缺劳力，土耳其人就到哪里去。一双双劳作的手，一张张不能言语的嘴。

就算这个城市如今已经居住了二十万土耳其人，也没人能分得清他们究竟是库尔德人、亚述人还是土耳其人。或者，他们究竟是来自土耳其、保加利亚、塞浦路斯还是希腊。不过是客居。

当女孩跟哈米特描述难民营里那个不知从哪里逃来的棕发小女孩时，“你想想，那么小的身体竟然逃了几千公里。”记忆像潮水般卷来。哈米特断断续续地说着话时，突然有了主意。他终于可以开口说话了。

“把你的录音笔给我吧。”他见过女孩坐在阳伞下听录音笔里的东西、做笔记。“我弟弟会英语。”

Berlin

录音笔还没交回手中，离开柏林的日子已经近了。

那天，照旧从城铁站出来，我钻进烤肉铺。柜台后面站着一男一女两个陌生人。男子转过身来，我无论如何也想不起这张脸，只好先点了一个卷饼。他埋头做卷饼的时候，我慢慢镇定了下来，于是开口问：“请问哈米特今天不在吗？”

男人和女人一起扭头看向我。

“我是他的朋友。”

“哈米特病了，我是他弟弟。”他的口音很重，似乎并不是那个可以讲英语的弟弟。

哈米特病了。我愣愣地站着，他怎么会病了。

店里人很多，两人做卷饼的手法并没有哈米特那么熟练，呆站了一会儿，我不好意思再打扰。于是掏手机出来，用翻译软件把简单的句子翻译成土耳其文，然后抄在纸条上——“亲爱的哈米特，我 10 月 2 日将离开柏林。请联系我，电话：××××××××。爽。”在“离开柏林”下面，我划了两条着重线。

人是会病的。我们的线性进程里经常忽略这些常识。

之后的两天，哈米特既没有出现在烤肉铺里，电话上的留言提示灯也没有亮起来。我开始担心。

安佳飞去了哥斯达黎加，她募集善款，为那里的孩子援建了一所学校。我想不到还能找谁说这事。为了避免继续神经质地盯着电话，我于是拎起外套，沿着马路往湖边走去。

任何时候，只要踏上湖边的小径，你都可以扮演一个无知的游人。阳光与风，芦苇丛与落叶，湖近乎永恒地存在着，吞吐着千篇一律的游客与他们的欢笑、喟叹和脚步声。潮水一样，来来往往。我跟随着他们的足迹，不知不觉，越走越远。

哈米特没告诉我，他店铺墙上挂着的那幅水彩画是从哪儿来的。除了收音机，那幅小小的水彩画是哈米特最大的休闲消遣之物。画面里是湖的景致。平淡，幽微，诉说着一切，又无比沉默。就像哈米特，每天在这湖边讨生活，跟几百上千年前这里人们的营生没有两样。

上帝保佑为吃饱饭而劳作的人们。在柏林城最古老的年月里，施普雷河东面由圣尼古拉斯守护，西岸则由圣彼得守护。一个是商人们的保护神，一个是最著名的渔夫。与欧洲其他古老的城市相比，柏林显得年轻，容易大展拳脚。

在选帝侯统治的时期，这里以吸引银行家、成衣匠、刺绣匠、制帽匠、金饰匠、铸剑工和奢侈品的制造者而闻名。

就在我越走越远时，我模糊地感觉，安佳带我来过的难民营就在这附近。

满地都是栗子、橡果、榛子与树叶，厚厚地掩盖了石子路面。我依着地势寻找那所废弃的医院、现在的难民营，攀上半坡后才发现，这里是一个连一个的小丘陵，并不能确认那座白色房子在哪一个坡上。周围的别墅窗门紧闭，罕有路人，直至一只黑色的大狗冲我狂吠起来。主人远远地走过来喝止那只狗，但它的叫声还是太过响亮，不仅惊吓我，也吸引了其他人。在犬吠声中，我第一次觉得自己的肤色和发色强烈得无法遮掩。

那个老头颤颤巍巍地出现在路口。我想掉头装作没有看见他。上次看见他在车站附近讨钱后，震惊与怜悯混合的情绪击垮了我。当他让我写 E-mail 地址时，他问了一句："你多久能上一次网？一个月？一个星期？"我回答他每天都能上时，他的表情复杂极了。他拒绝了我请他喝咖啡的提议，拖着步子离开了。哈米特说他是个乞丐，"你看看他，穷得一颗牙都没有！"

现在他竟然出现了。

我们握了握手。我只说是在附近散步。"你要当心！那些难民总是在这附近。"老头似乎已经忘了上次我们见面时的尴尬。他不肯透露他住在哪儿、来自哪里，只是站得离我越来越近，直至让我不舒服起来。他却还在喋喋不休，“那些人，伸手就能讨到钱！总是有傻子给他们！”我转身离去，甩开他凑得过近的脸，以及他握得过紧的手。黑色大狗仍在狂吠，像被陌生的敌意触发了的报警器。

恐惧第一次攥住我。

或许太天真了，我竟然像童话的主人公一样，还想去学习发抖。

Ses

拿着女孩给他的录音笔，哈米特不知道该怎么办。

最小的弟弟住在自己家，他在上社区课程，目标是可以做土耳其人的法律援助人，他的英语不错。

哈米特给他看了那些写在纸上的英文问题，弟弟说，你可以不回答，你为什么要回答。

所以，在录音的最开始，有一段来自弟弟的声明，告知对方不可将之用于危害哈米特隐私与权益的用途。弟弟的英文说得一板一眼，顺溜极了。

坦布尔琴、卡侬琴、钱格琴、纳伊箫、乌德琴，你看，我终于可以说出这些乐器的名字了。你听听！收音机里的音乐只是很小的一部分。听那些舞蹈的音乐，拿着木勺的姑娘，或者拿着燃烧的蜡烛。旋转，旋转。色彩斑斓的裙子。也有男人，膝盖叩着地面，盾牌，刀剑。你能想象出来的力量与身体。

这是我，是我们。舞蹈和音乐里有我们的传说、历史。我们骁勇善战。在亚欧大陆上奔驰。这是我的传统，是我在柏林，在克罗伊茨贝格出生、长大之前就被决定的事。所以，要说关于我的一切，必须从这里开始。

我没有信仰，也可以说我不是严格意义上的穆斯林，但我希望我的孩子们能有。

关于我小时候的事，那些真正重要的事，其实跟这个城市、跟这个国家并无关系。但你这么问，我能理解，我明白你想理解这一切背后的原因。但亲爱的朋友，这不是我能说清的，我只能尽力，去告诉你那些我知道的事，这些也许对你毫无用处。

我真正开始记事是我五岁的时候。那一年，克罗伊茨贝格发生了严重的游行。人们租不到房子，地产商的阴谋，大量的房子空着。终于，人们忍无可忍，冲进那些空着却不让人住的房子里，强行住了进去。哈，那个场面，就像一个人间大巴扎。当然，也有人混在其中干些过火的事，抢劫、打砸。对于还是个孩子的我来说，真是热闹极了。我们随意进出那些被占领了的公寓，在往常，我们这样的土耳其小孩，是不可能走进去一步的。在克罗伊茨贝格，住了很多跟我父母一样的土耳其人，还有黑人、亚洲人、穷学生。那时墙还在，我常常有一种错觉，在我们不去注意的时候，墙会悄悄长高，又会突然塌矮。墙让我们的生活变得奇怪，我们像被关进了一个房间里。闹得再厉害，声音都会被墙反射回来。我好像突然明白了自己是什么样的人。

闹得厉害的都是德国人，尤其是学生，后面事情越闹越大，母亲开始不让我们出门。那时就业不景气，政府有很多理由遣返你，让你滚回老家。我们老家太穷了，母亲说，她到了德国后第一次坐火车差点吓哭了。所以我们不回去，坚决不回去。土耳其人有自己的小世界，如果你甘心在那里生活，是可以一辈子不出来的。有土耳其超市、蔬果店、理发店、浴池、学校……可以买到土耳其语报纸、听土耳其语广播。

但就算你躲在小世界里，还是时不时就会被敲打，提醒你到底是生活在德国的土地上。土耳其人被纵火烧死，当然不是意外，就是恶意的攻击。被烧死的人里甚至还有孩子。但在学校里，我们也开始可以学土耳其语。有老师从土耳其来，教伊斯兰文化课。也有越来越多的伊玛目和清真寺。信仰是自由的，迫害自古存在。

是的，我是一个柏林人，在这里出生、长大，决定了我的很多事。我没有你说得那么好，我的生活中有很多事还是不会发生的。比如，我谈过三个女朋友，三个都是土耳其人。

我跟太太的婚姻很传统，她不工作，我每天出来工作，养活她和三个孩子，以后孩子可能更多。这些是我的命运。我不笨，但也不特别聪明，那些最厉害的土耳其人也许会当议员、运动员（嘿你一定知道厄齐尔吧）、演员，进入德国的主流世界。但我不属于其中一员。我是个非常、非常普通的人。你看，就算我卖的肉夹馍和卷饼，也没有好吃到上报纸、让人们排长龙来买。这些我清楚、明白，毫无怨言。

比起我在家乡的那些表弟表妹们来说，我的生活已经够幸福了。当然，那个在中国做生意的小子不算。据说他已经很有钱了。

不知道我说的这些，能帮到你吗？亲爱的朋友，说实话，我从没想到过，会跟一个中国人，说这么多的话。

我想提醒你注意安全，有些白人不一定比黑人更安全。无论年纪。那个跟你搭讪的老白人，他是个乞丐，但来路不明。最好你……

录音戛然而止了。

Şans

离开柏林前，我天天都到烤肉铺去。哈米特没有出现。我几乎就要绝望起来。在我就要走的头一天夜里，柜台后的身影终于变回了原样。

“你病了？”

“现在好了！”哈米特还是一张笑脸。

“什么病啊，我很担心你。”

哈米特比划着自己的肚子，然后右手拇指和食指圈成一个小圆，比划着意思从身体里取了个小东西。“小石头。”终于，他说。然后从胸口的口袋里掏录音笔给我，还说他因为时间不够就只录了一点，希望我不要介意。

“我怎么可能介意。”

哈米特给我做了一个特制大拼盘。青椰菜和紫椰菜丝铺底，上面放鸡肉片、炸鱼、薯条，淋上厚厚一层甜辣酱。

我知道这会是我最后一次吃哈米特做的食物了。于是吃得特别慢。

犹豫了一会儿，我决定不告诉他我遇见老头、被老头吓到的事情。也不打算告诉哈米特，我去找过那个难民营，却在一幢又一幢别墅与一个又一个小山丘之间迷了路。那天的一切都显得虚幻。似乎我担心哈米特会突然消失，携带着所有他要告诉我的话。就像这个柜台后面从没一个人站着过。

那是一幅怎样的水彩画啊。灰蓝色的湖水与银色的树干，画的就是这个柏林近郊景区的风景。湖面凝固成一块巨大的水晶，根部深深扎进地心。不知拔起来会看见什么。

或许会金光四溅。

安佳和未婚夫的背影，走在树林间的小路上。还有教会里一个一个的人。以及更多的陌生人，那些不安的眼睛。飘浮在玻璃与树木之间的福音。

我突然很想告诉哈米特，关于一个想要学习发抖的年轻人的故事。

一个被父亲与兄长视作废物的年轻人，怎么走出家门，经历了各种鬼怪和非正常的力量，一关又一关地通过。

那些让常人怕得全身发抖的事，他竟然一点也不惧怕。而这不惧怕，让他手中握住了一张天然的兑换券，可以用来兑换其他人因恐惧而无法做到的事。

在一座闹鬼闹得最厉害的古堡里成功守夜、击退各种恶灵之后，他获得了世人能想象的最高奖赏——迎娶公主、加爵封地。

然而，他并没有从此就懂得何为恐惧。

“如果可以办到的话，我愿意去学习发抖。”年轻人曾这么想。

那些漂洋过海、翻山越岭的人，不知前路的人，可曾颤抖。何时颤抖。如何颤抖。

那些笃定虔信的人，躬身忘我的人，手持明烛的人，可曾颤抖。何时颤抖。如何颤抖。

让哈米特戛然而止的是什么。

让安佳不能止息的又是什么。

而我，触摸到了真正的恐惧后又还怕什么。

我最后一次检阅着哈米特的世界。两把大阳伞，一把黑色一把蓝色。八张桌子，五张黄褐色的塑料方桌，三张灰色塑料圆桌。椅子全是蓝色。门口一张吧台，一张锁在吧台上的高脚凳。两个冰柜，一个四门，一个两门。一个烤肉架，一个料理台，两个柜台，一个收音机。门铃，收音机，水彩画。

哈米特像根柱子一样，强壮、高大、坚定地立在柜台后面。像永远都不会离开。

就在我把空盘子递给他，准备离开时，他转身切起了洋葱。洋葱呛得眼睛发酸。

在我呼唤了他的名字后，哈米特回过头，在围裙上擦干净手，握住了我的："爽，我祝福你有好运气。一直带着好运气（Şans）。"

我恨自己半生离乡背井，换了一个地方又一个地方，在这个世界上离你越来越远，看你的次数越来越少，和你说话越来越疏离。

致母亲书

撰文　欧宁

在泰国清迈府圣东巴县半湄乡，一天的日照刚刚退下，夜色慢慢把这里的稻田、竹林、香蕉和油菜花染黑，朋友们放起了孔明灯——妈，这里凉风习习，我只穿着单薄的衣裳，想起在北京严寒中的你，也想起了家乡。在你养育我长大的广东省遂溪县下六乡，也应是炊烟四起的时候了。小时你经常在田里劳作一天，回家后便急着给我们做晚饭。在那个贫困的年代，我们很少吃得起米饭，多数都是把大量的番薯和少量的米一起煲成粥。我现在好想念番薯粥的甘甜解渴，想念我仓皇成长的日子——随着年岁增长，我总是这样陷入日暮望乡的惆怅。这也是为什么我一定要把你接来北京的原因。

你日复一日老去，待在那个你一生不曾离开的地方，守着家里的空屋，一个人面对日益复杂和令人忧虑的农村现状和日常生活，让我放心不下。我爱家乡，但不能接受它那令人绝望的现实。我思念的家乡，其实就是你的言语和形象在我们身上唤醒的记忆，是一段不复在现实中存在的岁月。我要把你接来北京，就是要让你和你身上贮藏着的记忆常伴我们的左右。当然，最重要的是我们可以照顾你。今天依然贫瘠和毫无起色的下六乡，我们仍会经常回去，因为那里有我们的祖坟，我们以后的灵魂也会回到那里。我庆幸仍然有一个可以回去的家乡，一个地理上的点，一个灵魂停泊的所在。不管如何，我绝不会嫌弃它。

还记得数月前我为劝说你来北京，与你通过一次长达两个多小时的电话。你一直不肯，因为你觉得这会给我们添麻烦。放下电话后我不能自控，以泪洗面，为你的固执，我的失败。多年来你的心总在我们身上，碰上什么事情总是优先考虑子女，从不为自己着想。你习惯了贫困，生活节俭，也习惯了一个人在农村独处，对城市心存恐惧。你的固执让我的一切言语都显得如此无力。我恨自己不能说服你。我恨自己半生离乡背井，换了一个又一个地方，在这个世界上离你越来越远，看你的次数越来越少，和你说话越来越疏离。你心中一定很困惑，不知你的儿子变成了一个什么样的人，不知他在干什么，不知他在想什么。尽管你后来终于来了，我们也有数次深夜长谈，但我发现岁月已在我们之间留下了一条鸿沟，我为这种阻隔感到懊恼万分。

我是什么时候开始离开你的呢？屈指算来，已有二十八年了。那一年，我考上了县城的初中，开始寄读。县城离家六十多公里，每年寒暑两季，我都要奔走在那条红土泥泞、两旁尽是油加利树和蔗林的乡间公路上。第一次长时间离家，我并没有不习惯，但当第一个冬天来临，我盖着家里给我的那条又薄又短的被褛，身体正在发育长高，我因寒冷而失眠时，还是流泪了。那三年初中，家里给我的生活费平均每月只有五元，贫寒的体验几乎可以说是深入骨髓。我长得又瘦又黑，是一个脆弱不堪的少年。每年暑假，我要回家帮工，有一次因为长时间在田里插秧，被毒日烧灼，到黄昏收工时双眼竟不能看路，是你让我扯着你的衫尾，把我牵领回家。又有一次，我用自行车从田里把两袋刚打下来的沉甸甸的稻谷驮回家，路上竟遭邻乡野蛮大男孩的作弄。我不喜欢这样的生活，暗下决心通过上学读书来求变。

初中三年我的成绩一直优异，获得了免试直升市一级中学高中的机会。那是 1985 年，我的人生开始脱轨。刚开始时，我还是像多数农村来的苦孩子一样，经常独自攀上宿舍楼的顶层，俯瞰城市灯火，暗暗立志要出人头地，改变家境。我曾经在初中时熟读并摘抄路遥的小说《人生》，也看过多次根据它改编的电影，我不想重复像高加林那样的农村青年的窘迫生活。但一本署名为老木编选、内部交流的《新诗潮诗集》彻底改变了我的志向。我在数学课上写下了我的第一首模仿北岛的诗《梦》——妈，我在精神上离家出走，滑向你所不理解的人生，正是起自此时。我的高中政治老师把这本书借给了我，他还介绍我看《人民文学》上刘索拉、徐星、马建和孙甘露的小说，让我听瞿小松、谭盾、叶小钢和郭文景刚出版的录音磁带，让我看《美术》杂志介绍的“新潮美术”，关注《读书》杂志上关于“传统文化与现代化”的讨论。我在学校里成立了“探索社”，用蜡纸刻印小报和自己的诗集，开始用这些出版物来消化和演绎我看到的各种崭新事物。

我第一次离省远行是去上海，那是1987年。这年暑假我没有回家，我借了同学的钱，先到深圳见了我的诗人朋友孟浪（孟俊良，你以前看过他的照片，留着大胡子的上海人），然后从广州乘火车北上。在火车上，我满脑子都是我曾读过的穆时英、刘呐鸥和施蛰存的文字，想象着上海这个我朝思暮想的大城市。我去拜访了诗人默默（朱维国），他的弟弟伤风（朱维峰）是和我通过无数次信的同龄诗友，他带我去外滩。当我看着黄浦江开阔的江面，听着海关大楼传来的钟声，这个城市的历史感像一颗致命的子弹命中了我，我站定在那里，眼眶湿润，灵魂一瞬间接驳上了许许多多我崇拜的、曾经在此生活工作战斗的作家和知识分子。就是在这一刻，我决意以后要成为像他们一样的人，纵使命途坎坷，也要一往而深。

就是在这次出行，我认识了一个刚刚参加完高考的上海女生，高我一届，也写诗。我耗尽了青春期的热量来暗恋她，把她和我喜欢的上海混为一体。我热爱八十年代的上海，这个中国最大的产业工人聚居地，仍然流转着早期左翼文艺的气息，那时写诗的朋友都住在郊区（现在已经变成市区了），我日落时去谒邹容墓，深夜到宝钢谈诗，头一次被黄酒灌醉。我和这个上海女生的感情在此后的十多年中有过两次反复，直到无望而终。而在这十多年，我读完深圳大学，出来工作，结婚又离婚；妹妹初中毕业离家打工，结婚生子；大弟高中毕业，也加入打工行列；二弟考入我的大学，毕业后最先到了北京；三弟好不容易战胜他青春期的苦闷，顺利考入同一所大学。当我们一个个长大成人，你也开始变老。你日渐枯瘦的面容，我慢慢发福的身体，好像也在暗示着我和你越拉越开的距离。虽然亲情仍在，但我已变得令你越来越难以理解。

大学四年，我几乎没有上过什么课。没有我喜欢的老师，有一位我曾读过他许多著作的刘小枫，在我入学那年去了瑞士巴塞尔读神学博士。我天天和全国各地的诗人通信，或和本地的艺术家一起空谈。我喜欢上崔健的音乐，从他那里开始又去听更多的音乐。我写诗比高中时更多了，但多数都不能在公开刊物发表，只能在各地朋友们编的油印刊物上刊登。我是保送入大学的，在体检时被验出患了肺结核，推迟一年入学。在家养病的那年，我再一次体验到小时那种挥之不去的对农村的绝望。家里买不起电视机，也没有收音机，连报纸都读不到，所以后来在北京发生的事我知之甚少，只是在我休养完毕，提早前往大学报到参加保送生集训时，才赶上它的尾声。那时校园里几乎看不到学生，图书馆门前设了一个很大的祭坛，晚上在宿舍里可以听见远处传来的游行口号声。历史醒来，打了个呵欠，在我看见它时已经走远了。也许你要说，幸好我没遇上它，否则今天不知身在何处。

随后的三年，在极度压抑的气氛中，我只有写诗解困。直到 1992 年邓小平发表南行讲话，深圳才缓过气来，开始大兴土木，掀起房地产的高潮。但整个社会向商业化的大幅度转移，对写诗而言却是一个极大的打击。许多诗人纷纷落马，苦闷彷徨，连 1986 年在《深圳青年报》主持“现代主义诗群大展”的徐敬亚也天天窝在家中，日渐消沉。诗歌在我们的精神生活中大面积撤退。我在 1991 年和香港诗人黄灿然创办过一本叫《声音》的诗刊，又在 1992 年和徐敬亚等接办过北京诗人芒克等创办的《现代汉诗》，但整个中国的氛围让这类独立文学活动难以为继。我自己也在寻找精神的出路……

这时台湾的滚石唱片公司推出“魔岩三杰”窦唯、张楚和何勇的唱片，它们在街头随手可以买到，那里面放出来的音乐令我吃惊。特别是张楚，他的歌词比许多诗人的诗更有力量！我发现音乐经由唱片公司的发行通道，可以接触到更广阔的人群，于是我决定投身其中。那时深圳开了也许是中国的第一间酒吧，从蛇口码头的外轮上走私的墨西哥小瓶装啤酒Sol和Corona大行其道，人们舍弃了港式的夜总会而在酒吧饮酒交际，一种新的娱乐方式和社会空间出现了。它对音乐的需求量激增，这启发我成立了一个叫“新群众”的独立音乐团体——它其实是以前诗歌结社的延伸，要在这新的空间中继续以前在文学领域的表达欲和对“群众”进行启蒙的冲动。我开始策划演出，但不屑与那些流行音乐的“穴头”争锋，我们做的几乎全是北京摇滚乐和外国另类音乐，每次演出都出版小册子免费派发给观众——它可以说是对民间诗刊传统的再发展。我们分析罐头音乐的弊端，推举独立和另类音乐，主张音乐生态的多元化，倡导人们听音乐要使用大脑，要有自己的独立判断，要成为“新群众”。

在我大学将要毕业的那年，一些与我相熟并有共同爱好的同学开我的玩笑，说像我这样的人一定找不到工作，最后说不定要回乡务农。是的，那时我对职场一无所知，同学的玩笑的确让我深感焦虑，我轻松写完了一篇关于波德莱尔的论文，比班上的同学更早出去找工作。那时在中国仍属新生事物的平面设计刚刚在深圳开始发端，我偶然间看到一本在深圳举办的首届“平面设计在中国”展览的画册，从中再去了解新兴的广告行业，决定以自己的写作能力投身其中，成为文案写手。虽然我在校园内外的诗歌和文学圈子里已经过了数年不问世俗的生活，但一想到你和家里对我毕业后的期望，就不敢对找工作的事情有一丝松懈。事实上，所谓的社会并没我想象得那么残酷无情，我很快就在一家广告公司找到了工作。而投身音乐活动的组织，完全是正式工作外的兴趣。

在拿到第一份工资时，我不禁感慨万千。大学四年，家里一直借钱给我缴学费，而平时的吃饭和日常开销则主要靠妹妹打工的微薄报酬和女友（后来成为你的儿媳妇，又与我分开）的帮助。我欠下的债要一一偿还，但一直以来我却对赚钱缺乏热情，只喜欢去发展自己的兴趣，我要承认这是我自私的一面。幸好中国这十多年来有了很大的进步，从事我喜欢的文化工作不再像以前那样注定贫困潦倒，因为经济发展到一定程度后，人们开始意识到文化行销的重要性，而文化本身也开始创造经济价值。所以我今天还可以一边从事我感兴趣的工作，同时有不错的收入。把你接来北京，其实是更进一步的偿还，不仅是想你吃好一点，穿好一点，还包括安排出更多的时间，填补我多年在外没法与你朝夕相处的大片情感空白。而你过惯了困顿节约的日子，把一张机票的钱都视为天文数字，更不能接受北京的生活成本与下六乡的对比。你的固执曾让我痛苦万分。

我知道最让你心里过不去的是我一直在北京租房居住，并且在离婚后一直独身。因为在你的脑海中，人没有房产，没有家庭，便没法在这个世界立足，这样的人生便够不上美满。你一直认为我照顾弟妹和家里，甚少顾及自己，所以买不了房，结不了婚，你不愿再来北京加重我的负担。我独身是因为对婚姻的审慎，我自己的经历，你与父亲终日争吵勉强维持的关系，都让我对婚姻不太乐观，与有没有房产没关系。而我不买房则另有原因。现在北京的房价一直高企不下，而造成这种高房价的原因，是我所深恶痛绝的。在全国城市化和房地产发展的热潮中，卖地收入成了各地政府最主要的财政来源，土地在进入市场买卖后都要进行拆迁，从“生地”变成“熟地”，拆迁工作被委托给商业的拆迁公司，它们把拆迁成本计入地价，让发展商承担，发展商的成本增加，自然要转嫁到购房者头上。而拆迁公司因为是商业运作，它会拼命压低补偿成本，导致被拆迁者没法获得自己原有物业的合理补偿。因此，这种房地产，如果我们仍去购买，等于是支持它的行情水涨船高。

在我写诗、做音乐之后，我也做过设计，组织过许多电影活动，还拍过纪录片，参加许多艺术展览。2005 年我曾拍过一部叫《煤市街》的片子，记录了北京大栅栏地区一条叫煤市街的街道上三个家庭的拆迁故事，所以对这类事件的过程、前因和后果有过深切的体验和了解——妈，如果你理解了我上面说的道理，我想你一定不会再催促我买房了。你曾告诉我，你今天认得几个字，完全靠你还是少女仍未出嫁的时候，被乡里安排参加毛泽东思想学习小组，你在那里不仅学会了识字，也被灌输了一种穷人的立场。因为你的出身，你对阶级观念有强烈的体认，你一直同情弱者，对他们的处境感同身受。而那些被拆迁的人，就是今天的弱者。我今天的思想和行为，其实并未违背小时你对我的言传身教。

在深圳读大学时，有一天我到工厂里找妹妹，她因为不堪忍受流水线上漫长繁重的工作，再加上思念家乡，对我哭诉。我为此写过一首诗，献给她和像她一样成千上万终止学业、离乡到城市谋生的打工妹。妹妹牺牲了她的青春，让我这样的哥哥可以读完大学，成为所谓的知识分子。每当想起对她的亏欠，我便泪流不止。我还拍过另一部片子《三元里》，记录了广州城中村中众多在底层生存的外来打工者，他们多数来自内陆的贫困省份。我也曾在深圳的城中村生活过，我把自己看成是他们的一员。每当我在镜头里看见他们干着各种最粗重的工作，住着最迫狭的出租屋，吃着廉价难咽的食物，而脸上仍然露出满足的微笑，我就想起了下六乡，那个我出生长大的穷地方，人生的原点。

和我一样，他们在城市里疲于奔命，打拼讨生活，支撑他们精神世界的正是他们每个人远在他处的家乡。他们是这个国家最低微的人群，是被人遗忘的角色，对这个国家贡献良多，却无法分享它的成就。我用镜头呈现他们，是因为我从他们身上看见自己的来路，看见他们的悲哀。

我像你一样，同情弱者，并揭示我目睹的不公。今天的社会现象，并非只是你一个人感到困惑，还有很多人都感到困惑。我现在从事一些艺术和设计展览的策划工作，还将主编一本新的文学杂志，也发展一些自己的创作项目，不管是展览、杂志还是自我创作，都是我迎向一些令人困惑的社会问题的媒介。我动员、邀请不同的智慧力量来探索求解，形成观点然后对外表达，只想让我们眼前的世界脱离混沌，更加清晰。

你到北京和我们在一起也快四个多月了，每天足不出户，任凭我们怎么劝说动员也不愿向外挪出一步。你说我请保姆太奢侈，希望辞退她而让你接替她的工作；你不喜欢冰箱里的食物，说它们不如乡下的新鲜；你不喜欢和我们一起上餐馆，因为太铺张浪费；你不喜欢坐车，太多的红绿灯让车时走时停令你头晕；你不爱看电视，因没有广东话节目……你又动了要回去的念头，我真不知道如何挽留你。因为连我自己都对在大城市生活产生了动摇。北京的空气污染指数越来越高，它的城市尺度过大，交通状况也令人生畏，如果抛开工作机会和文化资源来说，它真不是一个适合生活的地方。这几年我一直在动移居农村的念头，一方面是因为我最近的思想兴趣转向了农业、农村和农民，另一方面也是为了寻找一种与城市不一样的生活方式。这种移居不是避世退隐，而是进一步面向现实。

这次在泰国，我就是去看那里的艺术家如何在农村地区工作。在这之前，我已去过安徽、云南、江苏、河北和河南的农村，我也去过台湾，走访了许多在农村生活和工作的朋友。中国的农村大多数都像下六乡一样，人去地空，面临破产的边缘，它们有的向城市奉献土地，有的则输送劳动力，但都无法延续自己的生命与活力。在此时走向农村，完全是逆潮流而动，去选择大多数人急于抛弃的生活，但我的念头已越来越强烈。我现在仍在为选择哪里的农村而举棋不定，而手头的工作也一时难以交割。也许说不定哪一天我就回下六乡去了——如果是这样的话，我又走回了自己的起点——我和你也许有可能回归童年时的关系，彼此再无阻隔，再无争执。这样最好，妈，我将陪伴你在家乡终老……

“所有，我所理解的一切，皆因爱而明。”

——托尔斯泰

英国家庭史一瞥

惩罚与反叛

撰文　王梆

每当在地铁或巴士上，看到怀抱婴儿的父母，为了让婴儿能酣然入睡，以手为枕，温暖阔大的掌心像芭蕉叶一样贴着婴儿那蓓蕾似的小脑袋——这一幕总让我分外伤感。这“无条件的爱”，是怎样在一个充满各种教条和框架的世界，一步步地，变得苛刻起来的呢？这双温暖的手枕，有朝一日，会变成扼杀我们心灵自由的手铐吗？类似的疑问和恐惧，自青春期就开始困扰着我。

大门乐队的主唱吉姆·莫里森（Jim Morrison）在他的一首诗里说：“自由就是第一次走出家门的滋味”。我离家的冲动比他的诗迫切。先是经历了中学时代的离家出走，大学毕业后便迫不及待地奔赴北上广，而立之后又逃到了异国他乡……每逃离一步，就离父母，以及他们终身拥抱的体制和价值观远一步。我曾以为这就是“胜利”，但当我看到西方主流社会的子女并不需要“逃离”，似乎一出生就享有那种“成为你自己”的自由时，我的胜利感被渐渐击溃了，取而代之的是某种挫败。

我和父母的交流障碍，以及和“父要子亡，子不得不亡”这种父权制度的交流障碍，不是简单地，通过人为地制造地理距离就能解决的。在像打捞沉船一样，打捞我那可怜的挫败感的过程中，我意识到，逃离不是出路，我需要的是思考——一种基于理性的，感性的思考。我需要对那些关于爱和权力的“常识”提出质疑：爱是与生俱来的吗？还是和文明的进程一样，是不断学习和认知的结果？在父权制家庭里，权力为什么总是大于舐犊之爱？如果反叛指向的一定是决裂，为什么经历过剔骨还父，甚至“弑父”的西方社会，会出现今天这个以民主权威型（Authoritative）为主流的、亲子融融的家庭模式？……

为了寻找启示，我把目光率先抛向了我身处的英国社会，以及构成这个社会的最小单位——家庭。

★ ★ ★

因受孕而变得无力猎食的熊和狮子，随着分娩期的逼近，它们的饥饿也随着它们的体积而增大，大到足以盖过母爱本能的程度时，它们就会在分娩后吃掉体质孱弱的幼婴。先用舔舐的方式，一如用舌头舔着自己的伤口，然后再撕咬——这新鲜淌血的食物来得如此不易，浪费是

Gratian

可耻的。并非只有犬科、灵长类和啮齿类等动物会杀子（Filicide），极端父权社会里的人类也会杀子。根据《中世纪的孩子：从五到十五世纪》（*Children in the Middle Ages: Fifth–Fifteenth Centuries*）这本书的资料记载，在大饥荒时期，父母将孩子作为食物先杀后吃的恐怖画面，曾不止一次闪现过。

被极度贫困和恶劣的生存环境困扰，把残疾或患黑死病的孩子杀掉，或许是一种慈悲。让我真正感到困惑的是，在那些不为“果腹”主宰的杀子行为里，是什么力量在操纵着父母手中的权杖？这种力量到底有多大——大到足以将“虎毒不食子”这种伦理学的美好愿望，变成一个陷阱重重的黑童话？

杀子：没有童年的中世纪

据记载，在希腊罗马（Greco-Roman）时期，父亲可以任意杀死自己的子女而不需承担任何法律责任，在十六世纪以前的欧洲，“杀子”都谈不上罪行，在整个公元前332年到十六世纪这段相当漫长的时间里，“严厉的，至高无上的家法”是当时欧洲社会的“美德”。从各种留存的史料上看来，虐子现象在中世纪时期极其普遍，当时的家庭史，在某种程度上亦可以说是一部家暴史。而教会是这种“美德”的捍卫者，在意识形态上为各种家暴修筑着防护墙。

根据《中世纪宗教》（*Medieval Religion*）的记载，在中世纪的英格兰，几乎每个人都对天堂和地狱的存在深信不疑。天堂之路只有一条，那就是获得罗马天主教会的通行证。那不是一张免费的通行证，人们把剩余时间无偿地奉献给教会，像衔枝筑巢那样徒手为教堂的地基垒上燧石，在教会管辖的土地上挥汗如雨，每年交10%的什一税（Tithes），此外还要支付可观的洗礼、婚礼和葬礼费。即使目不识丁，人们也毫不犹豫地接受宗教裁判所书写的教条：“婴儿是天生的负罪体，继承着亚当偷食禁果的原罪（Original sin）。”一旦接受了这种罪，它便烙印在出生纸上，它是“契约式”的（Contracted sin），出生便是履约。比浮士德和魔鬼签署的契约还要可怕。

为了让“天生的负罪体”获得天堂的通行证，对它的“净化”成了父母的首要责任。十二世纪的意大利法学家格拉提安（Gratian）编写了一部名为《格拉提安教法》（*Gratian's Decretum*）的早期天主教法典，法典用中世纪的拉丁语写道：“父亲对子女的严惩是一种虔诚”；十四世纪，意大利法学家巴尔杜斯·德·乌巴尔迪斯（Baldus de Ubaldis）又提出：“将不驯服的孩子用铁链锁起来以达到教化和净化的目的，是合法的。”

英国中世纪的社会精英，也没有超越其时代性。生于1160年的英国神学家托马斯·乔巴姆（Thomas Chobham），不但自己热衷于苦修，对他人的皮肉之苦也抱有浓厚兴趣。他在自己的《忏悔总结》（*Summa Confessorum*）中说道：“惩罚的暴力程度要达到足以摧毁一个正常人意志的程度，比方说死刑和酷刑。”这些理论对父母施加给子女的暴行来说，是一种强大的安慰剂：“孩子别哭，所有的暴行都是为了那张天堂的通行证。”

在英国约克郡1279年到1281年间的一起杀子案中，父亲埃利亚斯·萨顿（Elias of Sutton），为了阻止儿子再犯偷盗恶习，把儿子吊在房梁下，活活吊死，随后便逃跑了，法院也不了了之；另一起杀子案爆发于1329年到1330年间，英格兰中部北安普敦郡的父亲亚历山大·赫威德·巴克比（Alexander Heved of Buckby）用棍棒把儿子打死了，州长抓了他，又让他“逃走”了；1330年到1331年间，同一地区的信徒西蒙·赫里沃德（Simon Hereward），为了加强管教，把病中的儿子打死了，却辩解说他不知道孩子患有严重的身体疾病，于是法官判他无罪，并给孩子发了“疾病死亡证明书”。艺术史家芭芭拉·凯勒姆（Barbara Kellum）在她1974年发表的《中世纪晚期英格兰的杀子现象》（*Infanticide in England in the Later Middle Ages*）中指出：“当时的英国皇家法院，要不就是把凶手看作精神病人，要不就是感怀凶手的丧子之痛，大部分杀子行为都获得了宽恕。”可见，在中世纪的意识形态里，父母疏于惩罚和净化自己的孩子，是可耻的；而惩罚过度，“失手”杀了自己的孩子，则是值得同情的——法官出于同情，往往会用“不得已的过失”来审视一桩杀子案。

在忒修斯（Theseus，传说中的古雅典国王）时代的希腊神话中，宙斯派遣一头白牛去和克里特岛（Grete）的皇后帕西法（Pasiphae）交媾，这场神谕的、不可违抗的兽交结果是皇后怀孕了，生下了牛头人身的半畜人弥诺陶洛斯（Minotaur）。她的丈夫、克里特岛的国王米诺斯（Minos）很尴尬，但并不想杀死皇后的私生子，于是把弥诺陶洛斯藏在建筑师代达罗斯（Daedalus）建造的“没有人可以活着走出去的迷宫”里。这座迷宫同时也是监狱，关押着冒犯王权的敌人和异端，半畜人弥诺陶洛斯派上了用场，它可以把囚犯们慢慢吃掉。

国王米诺斯唯一的儿子安德洛革俄斯（Androgeus）到雅典去参加雅典娜运动节，却在马拉松比赛时被那头让他母亲受孕的公牛捅死了。国王米诺斯认为这都是雅典国王的错。狂怒之下，米诺斯把整座雅典城池变成了仇恨的血塘。他还规定雅典国王必须每年献上七位童子和七位童女，给牛头人身的半畜人弥诺陶洛斯做美食。

弥诺陶洛斯的象征物是什么？带着这个疑问，我翻阅了匈牙利学者、古典哲学和希腊神话研究者卡洛里·克任伊（Karoly Kerenyi）献给荣格的著作《迷宫研究》（*Labyrinth-Studien*），“弥诺陶洛斯的核心是地狱，是魔鬼，它深藏在人性的迷宫之中。”

在荣格看来，希腊神话是通过无意识的水光投射到人性幕墙上的大海，包含了存在的各种真相：“神话是最早也是最重要的精神现象，揭示着心灵的本质。”和荣格一样，我对亚里士多德的“净化论”（Catharsis）没有兴趣，因为我看不到这个神话的精神净化作用，以及它作为“警世恒言”而存在的意义。如果说我真的看到了什么——那里面似乎藏着一张若隐若现的、极端父权社会的权力模式图示。

它似乎是由若干条血红色的平行线组成的。第一条，男性可以任意剥夺女性的权力（盗用神谕，让牛去强奸女性并迫使其怀孕），这种剥夺是通过暴力实现的；第二条，君主掌握着平民的性命，可以任意地让地狱（弥诺陶洛斯）吞噬不服帖的人，包括战俘、异端和囚犯，这种无上的权力也是通过暴力取得的（表面上弥诺陶洛斯是“神”派来的屠夫，而真正的暴力实行者却是君主和维护其统治地位的宗教裁判所）；第三条，父母掌握着子女的生杀大权，父母只有把孩子（童男和童女）当作牺牲（献给弥诺陶洛斯），才能逃过地狱之劫。

维持三条平行线向前伸展的动力，是代代相传的“地狱恐惧”和“暴力崇拜”，表现为对权力的哀告宾服。

据说忒修斯时代（约公元前九世纪—公元前八世纪），正好是男权逐渐占主导地位，并深深渗入文化和宗教的时代。这种男权社会的形态，在人类历史上延续了很多年，在不同的国家，以不同的面目，像一个深谙换脸术的幽灵。

到了中世纪，这三条血红的平行线，化成由马拉着的庆典花车（Pageant Wagon）的三条车轴，吃力地驮着各种道德罪和苛刻的教条，在荒蛮的尸骨地里前行。被困扰在其中的人们，一次次地，在睡梦中赤脚回到古雅典时代，把自己的骨肉像礼物那样包扎起来，献给那牛头人身的半畜人。

中世纪听起来十分遥远，却并非无迹可寻。离我住的地方不远，就是英国著名的中世纪小镇伊利（Ely）。在这座673年由修道院演化而来的小镇上，教堂的铜钟仍是感知时间的工具；人们仍不时地把脸涂黑，把自己装扮成活的图腾，在肉铺对面的墟市上，踏着石板，跳着半喜庆半诡秘的莫里斯舞（Morisk，一种从中世纪流传下来的民间舞蹈）。而我也经常站在一棵阴影重叠的梧桐树下，凝视着古诺曼底人垒起的石墙和墙上狭小漆黑的窗户。在那密不透风的漆黑的小方块里，是否也站着一个曾在十四世纪住过的小孩，用忧伤而好奇的目光凝视着我？他的背后是否会突然现出一张阴森的成年人的脸……我的这类想象，通常会像早期的硝酸银显影术般，在空气中形成短暂而不确定的成像，然后随着一阵风的到来而消失。历史却不会这样消失。

历史是再生性的，像青苔一样，总是比它所攀附的石墙更难摧毁。

在剑桥大学图书馆，我找到了一份相当哥特、也比较具有代表性的英格兰中世纪女性杀子记录。它揭示了在极端父权社会里包含在暴力崇拜之内的另一种崇拜——“贞操崇拜”。

1517年的一天，英格兰伊顿镇林肯主教区居民约翰·瑞丁（John Ridyng）的女儿爱丽斯（Alice）突然意识到自己未婚怀孕，孩子的父亲是当地的一位牧师，而牧师是不能结婚的。虽然中世纪的英格兰对非法堕胎持一种心照不宣的宽容态度，但爱丽斯打消了这个念头，父母也好，药剂

Childbirth: Woodcut from Der Swangern Frawen und he bammen roszgarten, by Eucharius Rösslin, 1513. (Arons, 1994)

师也好，她不敢让任何人知道这个秘密。她决定自己处理掉腹中的肉体。

她的隐瞒并非天衣无缝，当她偶尔出现在公众场合时，当地的几个有经验的女人，用锐利的眼光扫视着她的肚子，令她不得不用“肠胃有问题”来掩盖“罪行”。当分娩终于来临时，她躲在自己的房间里，在没有任何助产士和医疗器械的情况下，像一头母豹般完成了危险而原始的生产，历时四小时。婴儿出生后，她用铁制的剪刀剪断脐带，使出所有余力把新生儿掐死了，然后将尸体扔进自家果园的粪堆里。两天以后，那几位怀疑她的女人们把她揪了出来，当着众人的面，集体检查了她的肚子和乳房。胶状的肚皮和渗奶的乳房暴露了她，而她始终无法面对的耻辱的中心，不是杀子，而是失贞。

婚前性行为（Fornication）是中世纪女性的禁忌，不仅仅是因为它在未经教会许可的情况下“强行做爱”，严重触犯了教会的权威，它还导致非婚生子女的蔓延，从而引起抚养权和财产分配权的混乱。因此“只有和处女生育的孩子，才能合法地获得财产继承权”，处女的价值因而大大提高。

“在女人作为商品闺中待价的年代，贞操不是商品的附加值，而是全部价值”，《中世纪的阴道》（*The Medieval Vagina*）一书中写道。传说亨利八世的第一任皇后阿拉贡的凯瑟琳（Catherine of Aragon）在亨利移情别恋、执意要废除她时，就曾把她和亨利的“初夜见红床单”拿到法庭上。如果这个传说是真的，有这样一位必须靠初夜床单来证明其存在价值的母亲，不难想象，她的女儿——以屠杀新教徒得名的“血腥玛丽”皇后，有着一个怎样抑郁深重的童年。

贞操崇拜是和“血统焦虑”捆绑在一起的。一个新生儿倘若拥有上流社会的“纯正”血液，便意味着一生的靡衣偷食。在中世纪的法国，人们在《英雄香颂》（*chansons de geste*）那样的唱诵诗里，挖祖坟似的挖掘自己的先祖，不是为了追忆，也不是为了害死猫的好奇心，而是为了给某项财产的继承权或某段姻缘的般配度寻找文献依据——

Marie de France

因为只有血统纯正的后代，才会被写进家谱和香颂里，才有机会成为法定继承人。

“血统说”被用来辅助权力和财富的扩张，为世袭制谱写合理性。写于 1136 年的《不列颠诸王史》(*Historia Regum Britanniae*)，为了让“血统”在权力继承中发挥最大的合法性，一代一代追踪皇室蓝血，一直追到特洛伊时代，还得出了这样的结论：“罗马帝国也是特洛伊遗产的一部分”。

欧洲中世纪的史诗作品充满了“血统焦虑”。在旅居英国的法国中世纪女诗人玛丽·德·弗朗斯（Marie de France）根据布列尼塔和凯尔特的传说私底下创作的抒情短诗里，就记载着“诸侯之王多尔（Dol）取缔了一段提亲，因那女孩没有贵族血统，若娶了她，无疑等于斩断王室血脉”这类故事。可见在中世纪社会，子女通常不是爱情的产物，而是一段权力合作关系（conjugal union）的产物；子女继承的，不仅是先祖的血液，还有家族的成败；当子女对家族兴旺有利时，才有可能品尝到被爱的滋味。而像爱丽斯那样偷食禁果，生下私生子的未婚少女，即是家族的耻辱。

“在中世纪的社会形态里，童年是不存在的。”法国中世纪历史学家、家庭史家菲利普·阿里耶斯（Philippe Aries）曾这么写。

反叛：启蒙主义的曙光

安德烈娅·钱伯斯（Andrea Chambers）是我们村里的一位玻璃艺术家。她有两个一见到她就会像兔子一样扑上去的孩子，谢菲尔德大学考古专业毕业的女儿梅格（Meg）和正准备上中学的儿子雷夫（Rafe）。

安德烈娅身体丰盈，肩背宽厚，脸庞圆润，微笑起来有一种自足的丰收的美，让人想起高更笔下的罗琳夫人（Madame Roulin）。她家花园里繁殖力茂盛的高草花和麝香石竹，她的多肉仙人掌……几乎所有围绕她的事物，都散发着同一气息的美。她的孩子们其实已经大到不再需要她在摇篮面前蹲下来贴上整副心肺的程度了，她也终于可以更专注地沉浸在自己的艺术创作里，但她身上这种独特的美却持久不散。当她回忆初为人母的喜悦，仿佛二十几年的光阴从未流逝，她就一直活在那个瞬间。

除了“母性”（Mother nature），我找不到其他的词语囊括这种美。这个词中的“Nature”（自然）源自拉丁语“natura”，包含着“出生，起源”的意思。大多数人都认为母性是自然界的一种天性，人类身上也具备着“母性”。即使在“没有童年的中世纪”，“母性”这个相当人格化的词，也曾是一个流行用语,只不过被用在“女神”和“圣母”身上，作为神性和人性的分水岭之一。

“身为母亲，我相信母性是一种天性。即使是中世纪那些杀子的父母们，也是具有母性的，只是他们的母性被什么给压抑住了，就像很多其他的天性一样，比方说向往性愉悦的天性，向往自由的天性等等……因为受制于当时的社会条件，只能处于隐蔽的状态。”

说到这里，安德烈娅沉思了一会，然后继续说道：“我的母亲是二战前出生的，她小时候经历过二战。也许是严峻的生活塑造了她性格中的强硬部分，她对我非常严厉，脾气暴躁，一触即发……但比起你提到的那些中世纪时代的父母，比起之后维多利亚时代的父母，甚至比起她那一战前出生的父母，她已经算是很开明了。我怀梅格的时候，二十出头，还没有结婚，她并没有用扫把将我打出门，而是欣然接受了即将成为外婆的事实——我觉得这就是母性在彰显它的力量。”

安德烈娅也许是对的，母性是一种天性（也许就像佛教中的“佛性”一样），然而在极端父权的社会里，再怎样如夏荷般的母性，也逃不过父权制的辣手。假如梅格出生的时代，不是对未婚母亲施与层层保护、性观念开明的 1990 年代，而是十八世纪，梅格的命运就会成为悲惨（Misery）的缩写，出生以后多半会被扔进教会开设的少年囚犯工厂（Workhouses，一个以慈善的名义收留并奴役私生子、弃婴、失足少女和少年犯的地方），安德烈娅则会被鞭刑示众（参考自《囚犯工厂》[*The Workhouses*]）。

中世纪结束之后，欧洲并没有立刻摆脱弥诺陶洛斯的阴影。虽然英格兰在十七世纪已经颁布了禁止杀婴杀子的法律，但在十八世纪之前，大多数人仍活在宗教裁判所打造的诸神的镜像里，极少有人会思考“如何将母性从神像里夺出来，交回给人性”这样的哲学命题，也没有多少父母会反省其独裁的教育方式。围绕着“基督救赎论”的清教主义儿童读本仍是十七到十八世纪上半叶英国社会的主流。在这种肃杀的宗教氛围里，父母们本着虔诚的态度，对体罚鲜有质疑。十六世纪以后，体罚甚至还变成了一种具有集体观赏价值的表演行为，男童们在私立学校或教会学校的操场上被老师当众鞭打，其他孩子不管愿意与否，必须站在一旁围观。奥地利导演哈内克的电影《白丝带》（*The White Ribbon*）所揭露的就是这种惩罚的传统：犯了

Mettray in 1844.

过错的孩子被鞭打之后，会被系上一根象征耻辱的白丝带，当街示众。

“我估计父亲小时候应该是或多或少挨过打的，要知道手杖直到二战时期都是英国社会里相当流行的育儿工具。即使他的父母不亲自打他，学校的老师也会打他。在专门接收中产阶级子女的语法学校里，体罚也不见得比专门接收穷人孩子的教会学校仁慈多少。”我的公公在回忆他的父亲时说。

坐落于法国图尔斯北部的梅特赖（Mettray）少管所，是法国刑法改革家弗里德里克·奥古斯特·德梅茨（Frederic-Auguste Demetz）在1840年为六岁到二十一岁“不服管教”的男孩们开设的。其目的是让孩子们通过劳动改造和念经祈祷，获得“主的宽恕”。男孩们不论大小全都被关押在一起，头被剃光。年长的男孩每天只有一个小时学习，剩余时间都在田里劳作。食物是粗鄙而有限的，稍有不从就会遭到严厉的体罚。福柯在对这家少管所的研究中得到启示，把这种法律默许的、家长制的惩罚手段，视为一种“权力的练习”。从幼年时代开始，通过惩罚机制，练习和豢养规训意识，这种规训意识一旦形成，就好比在脑中枢神经里安插了一个狱警，每一个“犯罪动机”都逃不过他的惩罚——这个狱警因此也被自身授予了“至上的权力”。当这个狱警遇到更大的权力机构(比如父权制国家)时，就会主动助纣为虐，因为只有类似的机构才会鼓励和保护他的存在价值。

在英国和爱尔兰，功能和运作形式上等同于梅特赖少管所的，是像少年囚犯工厂或者天主教会开设的“不良少女收容所”(Magdalene Asylum)那样的地方。1830年代，即工业革命晚期，由于对童工需求量的增加，以“拯救邪恶灵魂”为名的少年囚犯工厂一下子就新冒出来六百多家。1850年，在爱尔兰少年囚犯工厂里，十五岁以下孩子的人数达到115639人。在学校和这些少年儿童劳改机构内，体罚之所以猖獗，很大程度上是因为父母对体罚是赞许的，不但赞许，他们很多还积极地实施。

这个围绕着“规训和惩罚”的问题，在一百年前，尼采也看到过，但尼采认为“惩罚的欲望”是天生的，根植于人性深处。在这一点上，我更倾向于卢梭的观念，卢梭否定了这种欲望的“天生性”（innate instinct），他还否认了“婴儿戴罪而生，故天生邪恶”的“原罪说”，他认为孩童本性即善，需要的不是惩罚，而是引导。他在 1762 年出版的《爱弥儿》一书中，把自己想象为初生儿爱弥儿的老师，引导爱弥儿走向自由。他说道：“自然之神创造了所有至善的灵物，人类却画蛇添足，要把它们变邪恶。”在卢梭的哲学观里，清教徒的道德是成人世界强加给童年的枷锁。如果一个小孩子做了错事，比如打碎了一只花瓶（不管是有意还是无意），是不该受道德责难的，该受谴责的是父母，父母不应该将易碎品放在小孩子够得着的地方。

卢梭和启蒙主义的到来，是英国家庭史的一线曙光。卢梭完成《爱弥儿》的时候，英国浪漫主义诗人和雕刻艺术家威廉·布莱克（William Blake）刚好十五岁，虽然他并不接受牛顿眼中的宇宙，也不认同卢梭的自然宗教观，但卢梭那“人生来自由”（Man is born free）的思想还是深深地影响了他。布莱克的挚友，激进的理想主义者威廉·古德温（William Godwin）则是卢梭和启蒙主义思想的坚定追崇者，他的很多主张（虽然在当时都是圣愚说梦），比如反对君主制和贵族皇权，提倡人人平等，强调理性和公正等，都对布莱克的思想和创作产生了深远影响。

1789 年，威廉·布莱克出版了他的代表作《天真与经验之歌》（*Song of Innocence and Experience*），里面写道："……我做成一支乡土味的笔 / 我把它往清清的水里一蘸 / 我写下我快乐的歌 / 孩子们个个都听得欢喜。"

记得第一次读它，我并不觉得震撼，我当时并不了解它的时代背景，渐渐地我才明白，这组用十八世纪童谣形式创作的诗歌，是布莱克对中世纪那扇黑暗的窗户投掷的一枚手榴弹。它赞美童真，反对童工、体罚以及家庭内部一切针对子女的精神和肉体虐待；它肯定人的个体价值和自由意志，主张把子女当作"个体的人"来对待……这一切，在工业革命初期的英国，是相当癫狂的。毁誉参半的

William Blake's "Sata Amor Adao Eva"

女慈善家、基督教福音派的传播者、英国礼拜日教会学校（Sunday School）的创始人汉娜·摩尔（Hannah More）就曾这样攻击布莱克的理念："认为孩子具有童真，这个想法在原则上就是错误的！那些脆弱的小东西也许正盼望着我们的指点，因为他们不想成为那种把腐烂和邪恶带到这个世上的怪物——这才是教化事业的终极精粹。"

在大英图书馆，我看到了1923年利物浦出版社再版的《天真与经验之歌》。布莱克用当年的酸蚀技术和棕色颜料将诗句和插画刻在铜板上，再在印刷成品上手工上色。它的封面画着一位母亲，坐在被蛇环绕的树旁，握着孩子的手，似乎在娓娓述说，远方是辽阔的田野和被风吹得婀娜多姿的云彩。他的画风随性，笔触质朴，用色大胆艳丽，虽然受基督教仁爱思想的影响，他从来都不是一个正统的清教徒。他画作里那些让人联想起《圣经》的场面，几乎全都是他个人对《圣经》的阐释，以及他自己作为天马行空的先知诗人所创造的神话。

布莱克生前在伦敦的铜版画展，观众寥寥无几，至死都没有得到过上流社会和大众的承认。1827 年，他死在家中，留下一叠未完成的但丁作品插画，只有几个好朋友来送葬。但请不要因此就质疑“小众的力量”，正如美国人类学家玛格丽特·米德（Margaret Mead）所说：“永远不要怀疑一小撮有思想和责任心的公民改变世界的能力，因为这就是一直以来正在发生的奇迹。”一个多世纪之后，威廉·布莱克被追认为与莎士比亚同等重要的作家，他的思想和作品影响了浪漫主义、新古典主义、废奴主义、女性主义、现代主义、超现实主义、反战和六十年代的性解放运动以及后现代主义。

比布莱克稍晚的英国浪漫主义诗人威廉·华兹华斯（William Wordsworth）受他的感染，也创作了一些赞美童真的作品，其中最著名的是《颂诗：忆童年而悟不朽》（*Ode: Intimations of Immortality from Recollections of Early Childhood*）。在诗中，华兹华斯用含蓄的手法批判了宗教桎梏对童年的迫害：“幼时遇见天国的明辉／慢慢成长／却被牢笼的阴影追随”；同时他亦表达了对“母性回归”的渴望：“大地母亲的双膝下，欢喜漫溢／渴望她自身的天性／纵使只是慈母之仁／也不见得就是不正之念”。

与此同时，随着早期女权意识的觉醒，一些女性作家和思想家们也开始在英国社会的公共话语领域崭露头角。创新派儿童读物作家、启蒙主义思想的推动者、废奴制的先驱、英国浪漫主义诗歌奠基人之一安娜·利蒂希娅·巴鲍德（Anna Laetitia Barbauld）就是其中一位。她的《给孩子的功课》（*Lessons for Children*）和《给孩子的赞美诗》（*Hymns in Prose for Children*）在当时都是相当具有革命性的作品，也是她送给养子查尔斯（Charles）的礼物。为了方便孩子们阅读，她一反常规，使用了大号字体，还发展了一种非正式的对话风格，用来表现父母和孩子之间的亲密感。它们不但富于感情色彩和想象力，还有丰富的知识，从历法、地理、气象、农业、地质、数学到政治和经济学，无一不有，甚至还提到了占星。

在英国浪漫主义诗歌的顶峰年代，狄更斯的《雾都孤儿》出版了，这是英国第一部以儿童为主角的小说，无数人为它感动落泪，人们仿佛第一次看到孩子们那脆弱、敏感、像洋葱一样多汁的心灵世界。

“人生来自由”——这股启蒙主义发起的进步思潮，潜移默化地改变着维多利亚时代的社会。

1860 年，英格兰伊斯特本寄宿学校十四岁的男孩雷金纳德·坎瑟勒（Reginald Cancellor）被他的校长打死了。该校长是维多利亚时代的楷模：外科医生的儿子，艺术家爱德华·霍普利（Edward Hopley）的弟弟，住在舒适的中产阶级住宅区，拥有若干仆人，推崇维多利亚时代的教育理念，曾发表《帮助社会上所有阶级到达身心智和道德制高点》（*Help towards the physical, intellectual and moral elevation of all classes of society*）那样的文章。

1859 年，雷金纳德的父母以一百八十英镑的高薪聘请了这位校长（比当时英国教师普通年薪高出一倍），让他单独管教“脑子进水，朽木难雕”的儿子。不见男孩长进，次年，这位校长向其父提议采取“严格的体罚手段”。两天后，男孩的父亲点头同意了。

这位校长于是把传统的体罚工具“手杖”扔掉，改用跳绳和拐杖，对男孩进行了毒打。男孩被打死后，他的哥哥强烈要求验尸，于是得到了一份这样的验尸报告：“大腿内侧呈果冻状，全身青紫，皮开肉绽；右腿有数个两英寸深的肉洞，伸入洞口，可以直接触摸到骨头”。这份验尸报告因其惨不忍睹，得到英国媒体的极大关注，继而引发了一场全英上下的大讨论。人们开始质疑飘浮在空气中的“帝国文明”，以及工业革命捎来的“近在咫尺的现代性”，更多的是对历史的反思和对兽性的谴责。最后法院不得不以

“过失杀人罪”逮捕了那位校长。体罚导致孩童死亡的案件几千年来层出不穷，终于第一次得到了公众的关注（感谢现代媒体的兴起）。担心法庭被挤爆，法院还不得不向听众出售门票。

在随后的立法中，危及生命的体罚被制止了，焦点被放在“不构成重伤的身体部位上”。比如1902年，一份英格兰和威尔士针对LEA（地方教育权威机构）的提议中，全英国上下就针对“该打手掌，还是臀部”展开了激烈的讨论——这便是进步，即使这进步充满了荒诞的色彩。

启蒙主义运动之后，英国又经历了女性选举权运动、性文化解放运动、性别平权运动等等，这些变革一步步地改变着以父权为核心的传统英国家庭结构。1904年，英国议会终于颁布了《针对儿童暴力的预防措施法案》（Prevention of Cruelty to Children Act）；1959年，联合国大会通过了里程碑式的《儿童保护法》；1987年，英国彻底废除在公立和私立学校中使用体罚；2002年，英国立法禁止家庭内部一切有害子女身心健康的暴力行为。半个世纪以来，英国主流的教育方式也从历史上的独裁型（Authoritarian），逐渐演变为今天的权威型（Authoritative）。

时间跨过十九世纪冰冷的脊梁，步入二十一世纪。我也从一堆厚厚的史料里，回到了玻璃艺术家安德烈娅光洁如镜的餐桌上。我们吃着水果蛋糕。窗外，夕阳在麦地里缓缓地推送着金色的波光。

“你知道吗？梅格长到三四岁，淘气得不得了。我有一次忍不住，轻轻打了她一记耳光。那记耳光却好像反打在自己脸上似的，我感到血液倒流，脸热辣辣的。接下来好长一段时间我都感到很难过，更确切地说，是感到害怕。我害怕梅格和我会重蹈我和母亲的覆辙，她将感受那些我曾经感受过的不快乐。从此以后，我发誓再也不打她，好在那也不是什么特别难以坚守的誓言，我是那么爱她。”安德烈娅一边抚摸着她的小狗 Lucky，一边用雪花般温和的语调，讲述着她和孩子们之间的事。

托尔斯泰说：“All，everything that I understand，I only understand because I love.”

“所有，我所理解的一切，皆因爱而明。”

主要参考文献：

《一个冷漠的个案？中世纪晚期英格兰的少儿谋杀》（*A Case of Indifference?:Child Murder in Later Medieval England*），作者：莎拉 . M. 巴特勒（Sara M.Butler），*Journal of Women's History:* vol. 19:4, 2007 年出版。

《中世纪叙事中的杀子现象》（*Filicide in Medieval Narrative*），作者：玛格丽特 E. 麦肯齐（Margaret E. Mckenzie），2012 年出版。

《儿童文学的起源》（*The Origins of Children's Literature*），作者：M. O. 格兰比（M.O.Grenby），2014 年发表于《发现文学：浪漫主义者与维多利亚时代中人》（*Discovering Literature: Romantics and Victorians*）。

I'M USED TO LIVING ON HARD LABOUR. I NEVER BELIEVED THAT WRITING COULD CHANGE MY LIFE.

我 不 相 信 文 字 能 改 变 生 活
我 习 惯 了 靠 苦 力 谋 生 。

范雨素 | Fan Yusu

舍伍德·安德森曾对文学青年福克纳说："必须要有一个开始写作的起点。一个地方。"

文学开始的地方

撰文　盛可以

到巴黎来谈文学，谈我故乡那条在地图上找不到的美丽河流，对文学，抑或对故乡那种小地方来说，都是非常奢侈的。谁乐意听万里之外的一条卑微的河流如何流淌？谁关心它流向哪里？倘若人是河流，一条小河能给现代巴黎带来什么，贡献什么呢？此刻，我似乎听到街头的脚步声，饥肠辘辘的海明威为了避免闻到咖啡馆面包奶油的香味，选择了一条僻静的道路，匆匆穿过卢森堡公园，去博物馆看塞尚的画，他的小说创作从中获得莫大的启示；咖啡馆里仍然坐着加缪、萨特、波伏娃以及毕加索等诸多超现实主义艺术家，他们争论的声音似乎从来不曾停止。

巴黎让我想起刚刚离开的纽约，我在曼哈顿、布鲁克林住了一个多月，感觉它的复杂、多元与蓬勃，感觉生命里注入了新鲜血液，虽然亨利·米勒和卡尔维诺笔下混乱肮脏的纽约仍有部分保留——那也是真实的纽约。我在心中对比这两座城市，也想到这两个城市中离开故乡、相互客居的作家、艺术家，想到人是河流，流淌才有生命。循着他们的足迹探访，这是令人兴奋的。但当我看见塞纳河，波光粼粼的塞纳河，我脑子里第一时间想起的并不是诗人保罗·策兰从这里纵身跳下，而是想起了我故乡的河流，带着乡村的美丽、恬静与贫瘠的兰溪河。

不是非要拿一条乡村河流跟塞纳河相比。虽说有福克纳那样伟大的作家，即便是不存在的约克纳帕塔法县，也能使之成为举世瞩目的文学中的经典地名。而是要谈故乡，童年对作家的影响、与作家的关系。恰恰是故乡河流的美丽与卑微，沉默与骚动，赋予了它文学的价值与意义。

我记得意大利作家卡尔维诺曾经提到过，作家受写作环境、周遭事物影响。他在巴黎居住多年，唯有他视为第二故乡的都灵，这座“严肃而忧伤”的城市，塑了他的灵魂，在写作中重新赋予他生之滋味。他在巴黎一间小屋里写作，自称巴黎隐士，写的内容却是关于意大利。我特别能理解“忧伤”这个词对于写作的激发。我去伊斯坦布尔时，深深体味到帕慕克所描述的“呼愁”，“呼愁”是根据土耳其语（huzun）音译的，然而译成汉语同样十分有神韵，呼之欲出的忧愁，越美越伤感。

当我回忆，或者回到故乡，面对那条无名的河流，正是这种巨大的呼愁令胸腔发热。尤其是记忆中大雪过后的河流，柳条结了冰，草变成珊瑚，河水凛凛发光，鸭子在河面浮游，屋檐结着一排剑一样的冰锥，炊烟在屋顶升起，热烟囱边的雪融化，露出金黄的茅草。那时的人，多数住在草房里，进出都要猫腰，每隔一两年就要更换稻草屋顶。对故乡诗意的记忆最终总是落在人们现实的生活与处境。

如果贫穷无助也是一种肥料的话，我倒是得此滋养，当了作家后，注定要在困苦落后、民不聊生的灰色底子上写字，提起笔，故乡的人物自然就跳到了纸上。也就是说，在写作之前，就形成的一种感情态度，可能是今后永远无法超越和挣脱的。

故乡是地理坐标的原点，是生命意义的开始，是文化、历史、文学的精神指向。故乡作为作家精神之河的神秘发祥地，它的重要性不言而喻。这也就是为什么故乡成为一部分作家的永恒母题。它几乎提供了文学所需要的一切。正如流亡的诗人心里总是有一座母语的城邦，无论你走到哪里，故乡始终扎根在你心底，也许终其一生都在创作中舔尝童年的痛苦与故乡的消亡。

童年记忆中的人物，比如喜欢唱歌的长得好看的女精神病人，村里性格怪异的瘸子，突然中邪的乡村新媳妇等等，事隔多年之后都在我的小说里生活。小时候对事物的印象与认知令人惊讶，比如会觉得那条小河无比辽阔，对岸屋影遥远，去小卖铺的那段几百米的路程似乎很难走到头。只要遁入童年，几乎能自动获得一种陌生化的文学效果。故乡于我是一座文学的金矿，我写作十几年，故乡仍然如永不干枯的井，供我汲取文学的养分。我很乐意在这儿举几个例子。

我最近的长篇小说《野蛮生长》，写故乡的一个家族，人物像一株植物，向四面八方蔓延伸展，但最终成了一堆枯枝败叶。这部小说英文版明年将由企鹅出版社推出，还有意大利语版。它完全是一颗在故乡生根发芽的种子。一个中国式的农村家族，时间跨度长达百年。他们几代人在河边生活，在社会制度变化中像稻草一样浮沉，他们的命运与时代扭成一体。故事重点放在当代。比如 1983 年严厉打击刑事犯罪活动非常残酷激烈，各县都有犯罪指标、枪毙指标，死刑权彻底下放，造成大量的冤假错案……书中主公人之一李顺秋因为在河里网鱼被判刑，毁了大好前程，出狱后与社会格格不入，永远像一只地洞里的鼹鼠，小心谨慎地生活；还有计划生育制度对人的身体、精神以及家庭带来的严重影响，主人公李春天几乎是女性性别的某种悲剧。还有其他人为了生活，进城寻找新生活，理想破灭，丢失性命等等，暴露了许多不公平的问题。总之，这个家族的人，像蒲公英一样，被风带到不同的地方，或许是因为他们过于轻盈渺小，没有一个粒籽能在异乡落地生根。在这部小说中，我用的是小时候见过的民间说书人的腔调。

我记得他坐在地坪上，闭着眼睛边弹边唱，语言平白易懂，我五六岁的年纪就能听得入迷。我没想到有一天我也会成为说书人，在离家乡很远很远的地方，说那些当年坐在地坪上听戏的听众的故事。他们有的已经死了，但都会继续以不同的身份在我的小说里活着。

再举一部新出版的中篇小说《福地》的例子。这是一个比较大胆的题材，以漫画式的写法、荒诞剧的口吻写了一个代孕基地，从白痴少女的视角出发，描写了代孕基地集中营式的管理以及代孕妈妈各自的故事，交错以白痴少女时空交错的回忆，用复调的手法交代少女的记忆与命运。在白痴少女脑海里反复出现的河流、荷塘、村庄、柳树林，就是我的故乡。

目前为止，我还没有法语版的单行本出版。但我很高兴曾经有几部法语短篇小说在法国的杂志上发表。我也是才意识到，这几个短篇小说，恰好都是写的故乡人物，都涉及孤独、爱与死亡。比如《香烛先生》，主人公是我在爷爷的葬礼上见到的一个乐于助人的傻子，面目扭曲，他的弟弟生得十分漂亮，他成天像个野人似的闲逛，村里人都防着他。我假想了一个傻子因为内心的孤独与对母爱的渴望，激发了他内心朦胧的恶。再比如《捕鱼者说》，以童年视角描述成年人的世界，父亲是湖区捕鱼的，最终因水草缠脚溺毙，母亲改嫁。我为什么写这些，很大程度上这是我内心存在的隐秘角落，他们身上折射的是我的童年的孤独。

有记者问海明威对一个作家最好的历练是什么，海明威回答是不快乐的童年。而加西亚·马尔克斯的写作，他说是为他童年时代所经受的全部体验寻找一个完美的文学归宿。还有马克·吐温与密西西比河，大江健三郎在小说里反复回忆森林与自己的关系，还有奈保尔的《米格尔大街》与他的印度故乡；弗兰纳里·奥康纳和舍伍德·安德森，永远写发生在偏僻小镇上的故事。舍伍德·安德森本人离开故乡那个贫穷小镇后，写了一本以故乡为背景的短篇小说集《小城畸人》，这本小说集奠定了他在美国的文学地位。很多年以前，舍伍德·安德森对文学青年福克纳说："必须要有一个开始写作的起点。一个地方。"福克纳听从舍伍德·安德森的忠告，若干年后，他建立了他自己的、更为恢宏的"约克纳帕塔法县"。对于同为文学青年的海明威，舍伍德的忠告是，假如你要献身文学，不要去意大利，而是去巴黎，那里才是你该去的地方。

一个地方，一个文学的起点，对有的作家来说，那就是故乡。故乡有其独特的声音与颜色，而这声音与颜色并未因时空的打磨而有所改变。它是一颗恒星，总在那儿熠熠闪光。故乡就是一道魔法，只要一动笔，文学的精灵就满天飞舞。

我在巴黎度过了一个安静的中国春节，同时在写一部与故乡人物有关的小说。我同意曾经客居巴黎的作家们说的，在他乡写故乡，一定可以写得更好。

当然，由于社会和环境不断变化，故乡可能病逝，河流可能消亡，水源可能污染，但故乡已经完整地保留在记忆里。而现实与记忆差距越来越大。故乡是中国社会的现场，也是变化发展的参照物，对故乡的瞭望与观察使我获得新认知与思考，文学的主题得以拓宽与加深。我可能就是那种终其一生都在创作中舔尝童年痛苦及故乡消亡的人。

（本文系作家拟在巴黎发表的演讲原稿）

□ 剧本

沉默将是未来的语言。当它风行的时候，我们将会拥有一个寂静的天下，寂静的宇宙，就像回到了太初之时，世界又被重新创造了一遍。这时的造物主不是什么老天爷，而是寡人。在这个宇宙里，唯有寡人喃喃低语，而低语也会如同惊雷。在凡人看来，这是多么可怕的孤独，多么悲剧的宿命。可我喜欢悲剧。它有一种崇高的美感。我无法容忍另外的声音跟我共享一个宇宙，是的，无法容忍……

秦国喜剧（节选）

撰文　李静

此剧中，“菜人”形象的灵感来源于自由作家王小波的长篇小说《红拂夜奔》。感谢他毕生的写作予我的启示。

——题记

时间：

公元前 233 年，及以后

人物：

墨离，史官的后代，剧作家，戏班班主。戏开场时三十九岁。

韩非（约前 280—前 233），秦国客卿，韩国宗室，法家思想家。心理学家。中年人。反智主义者。

李斯（约前 284 年—前 208 年），秦国廷尉，出身楚国底层，韩非的老同学。

嬴政（前 259—前 210），秦王，后来的秦始皇。出场时二十六岁。

杜蘅，女演员。十九岁。

吴宝，杜蘅师兄，胖子，二十多岁。

赵高，给嬴政写起居注的内侍，李斯学生。二十四岁。

老狱卒

二士兵

太监

第四幕

［舞台上两个表演区。左区为云阳监狱，右区为嬴政的寝宫。两区的人都在场。一个区表演时，另一区在做日常动作，不出声。灯光方法同第二幕。

［夜，云阳监狱里的墨离韩非囚室。七天过去了，次日就要行刑，二人都没睡。韩非坐着织毛衣，墨离在做形体训练。三更天的梆子和锣声敲响。咳嗽声，老狱卒上，一手端一碗面，一手拿着一个签筒。

狱卒　二位先生，抽个签吧。（见韩非墨离不解）七天过去了，明早就是，呃，二位上路的时辰了。这个签呢，就是定一下明早谁先，（咳了下）谁先见老天爷去。您们不知道，近来刽子手人手不够，只剩一个盯班了，您二位也就只好轮着来啦。

韩非　怎么可以这样？

狱卒　哟，瞧您还挺着急，要不甭抽签了，明儿您先上？

韩非　（停了织毛衣）不，我……我是说……偌大一个国、国家，怎么可以缺刽、刽、刽子手，如此岂不会天、天、天下大乱。

狱卒　啧啧啧，您觉悟真高，自个儿的脑袋都要搬家了，还操心别人的脑袋没人儿搬怎么行。（对墨离，放下签筒）要说缺刽子手这事儿，都得怪您，墨老板。这不，老刽子手一个个退休了，好多刚招进来的新手，实习没几天，刀把子还没摸过呢，就都辞职了。为啥呢？还不因为前几个月，大家伙儿看您那出《好人和他的刽子手》看的，心肠起了变化。年轻人明白了：要想做个清白人，就不能当刽子手啊，这手上一朝沾了血，一辈子洗不净……要说您那出戏导致了刽子手行业的用工荒，一点儿都不过分。墨老板，我看将来呀，没人干这行了，秦国没准儿就得废除死刑了。

韩非　哼，你们就做、做、做梦吧。

狱卒　您瞧您又不乐意了。凡给人活路的事儿您都特不乐意哈。好在您顶多也就六个时辰的活头了，您先凑合忍会儿吧。（把面条放到墨离手里，强作欢颜地）墨老板，您先把这碗面吃了。

墨离 这是干吗？

狱卒 您趁热先吃了，回去我还得跟老婆交差哩。

墨离 怎么还扯出个你老婆。

狱卒 她是您戏迷。

墨离 哦？

韩非 哼。

狱卒 她闹着要进来最后看您一眼，我说这不是探班，擅入死囚牢，被人发现了那可是杀头的罪啊，不能胡来！她就给您做了碗油泼辣子面，边做边背您的戏词儿边咯咯笑！我说墨老板给判了死罪，你不是难过得要上吊吗，笑什么笑？她说啥？她说："我的心明明在哭，可这戏词儿却叫我忍不住笑哇！"您说她是不是疯婆娘？

墨离 知音啊。代我谢谢嫂子。

狱卒 她还要您给签个名。（从怀里掏出竹简和铁笔，递给墨离，墨离签名，还他）谢谢您嘞。

韩非 留着，将来肯、肯定值钱。

狱卒 韩先生，贱内做面没给您带份儿，您别心理失衡哈。

韩非 （轻邈地看了狱卒一眼）愚民垃圾，以为我稀罕吗。

狱卒 （抓住韩非胸脯）你叫我什么？

韩非 （毫不示弱）愚……

墨离 （赶紧把碗递给狱卒）多谢老哥和嫂子的美味，可惜受之有愧啊，墨离不能再给你们演一出啦……

狱卒 （松开韩非，接碗）说实话，墨老板，我们看您的戏，真没看够哪……您是个好人……（沉重地把签筒拿起来）您二位，抽个签吧。

韩非 （颤抖）这个时候真的来了……

墨离 （把两个签都拿起来，看了下，选了一支）对不住了，韩师兄，成全我一回吧。

韩非 亡耳你想干吗？

狱卒 （拿起签看了下，无力地垂下来）第一个。您这是何苦呢。

墨离 我胆小，先看到别人被砍头，恐怕自己就不敢死了。

韩非 王上随时可能改、改主意的。

墨离 但愿轮到你时，他改主意。（停顿）我呢，够啦。

狱卒 （浑身无力地收拾了签筒和碗）好吧，墨老板，您在签的背面签个字。（墨离拿铁笔签字）二位，歇一晚吧……歇一晚，明早见。

[狱卒迈着沉重的脚步，缓缓下。光暗。

[右区光亮。嬴政寝宫中。笼子里关着昊宝。嬴政手里

拿着一块饼，一块一块撕着扔进笼子里，吴宝上蹿下蹦捡饼吃。赵高坐在角落里速记。

嬴政　这是第一千次问你了吧？究竟是谁派你谋刺寡人的？

［吴宝吃饼，发出呜呜咽咽的欢声。

嬴政　你说是韩非韩大人，但直觉告诉我，不是这样。

［吴宝笑嘻嘻地吃饼。还模仿猴子翻筋斗。

嬴政　你这一身赘肉，笨拙的身手，即使寡人身边没有侍卫，你也无从得手。哼哼，与其说你是在谋刺，不如说你是在表演，表演一场注定失败的谋杀。

［吴宝似已失去耳朵的功能，完全进入吃的专注境界。

嬴政　这场戏的导演，不是韩非，也不是你师父，而是李斯，对不对？

［吴宝不易觉察地哆嗦了一下，吃得更欢了。发出猪的哼哼声。

嬴政　（看着吴宝，发出一阵骇人的笑声）哈哈！哈哈哈哈哈！恐惧是一种多么伟大的力量！它能把人变成畜生，就像眼前这个胖子；也能把畜生变成人，就像任何马戏团里的猫啊狗啊猴。（对吴宝）现在，你为了活命，自觉地扮演一头猪，完全放弃了自己的语言功能。对一个戏子来说，这不可惜么？（吴宝吃着饼，哼哼，摇头）沉默是一种高超的智慧。有了这种智慧，你就等于有了粮食。（继续扔饼给吴宝，并对赵高）小赵，记下来：未来建国方略——必须用一种语言统一天下。这种语言，不是秦语，不是楚语，不是任何一国方言，而是一种简单易行、无须学习的语言，它叫作——沉默。沉默将是未来的语言。当它风行的时候，我们将会拥有一个寂静的天下，寂静的宇宙，就像回到了太初之时，世界又被重新创造了一遍。这时的造物主不是什么老天爷,而是寡人。在这个宇宙里,唯有寡人喃喃低语，而低语也会如同惊雷。在凡人看来，这是多么可怕的孤独，多么悲剧的宿命。可我喜欢悲剧。它有一种崇高的美感。我无法容忍另外的声音跟我共享一个宇宙，是的，无法容忍……

[一个太监上。

太监　王上。

嬴政　怎么，还是不肯吃饭？已经第七天了。

太监　这次她有了松动。

嬴政　哦？

太监　她说，她可以吃饭，但有一个条件。

嬴政　讲。

太监　明天对她师父行刑的时候，让他们见上一面。

嬴政　（沉思片刻）告诉她，寡人同意，请她吃得饱饱的，好让她心爱的师父放心。

太监　她……她还有一个条件。

嬴政　讲。

太监　见她师父的时候，他们之间的言行不得受任何干涉。

嬴政　（想了下）没问题。

太监　她……她……她还有一个条件。

嬴政　都痛快讲出来！

太监　她见了师父以后，一个月不见王上。

嬴政　（沉吟了下）然后呢？

太监　然后……就没有了。

嬴政　（对观众）真是难得的珍宝。自我登上王位以来，就没见过对我说不的女人了。即便一个喜欢独白的人，也要偶尔换换空气，不是吗？（对太监）都依她，请她用膳。记住，用流食。

太监　是。（下）

［李斯急上。

李斯　王上深夜急召微臣，不知何事？

嬴政　没什么事。只想听你一句实话。

李斯　（惊）王上明鉴，微臣从来只讲实话！

嬴政　明天就是对韩非和那个戏子行刑的日子了吧？

李斯　正是，王上。

嬴政　你果真觉得他俩需要死刑吗？

李斯　这……

嬴政　说实话。

李斯　说实话，韩非当死，戏子么，倒是个可以改造好的戏子。

嬴政　何以见得呢？就因为那头猪（向吴宝方向示意）诬陷韩非谋刺寡人了么？

李斯　诬陷？

嬴政　是啊，这个诬陷到底是谁构思的，还说不定呢。（意味深长地看着李斯）

李斯　（掩饰慌乱）王上，那都是事实，不是诬陷。（呈上一卷竹简）微臣还搞到了这个。

嬴政　（接过来）什么东西？

李斯　他们二人狱中谈话的窃听记录。

嬴政　怎么？他俩关在一间牢房里？

李斯　是的，王上。微臣想看看他俩在一起，会发生怎样的化学反应。

嬴政　哈哈，你可真会玩儿。（翻看）外文？一点儿看不懂。

李斯　这是速记符号，呃，那还是等微臣派人译成小篆，再请王上过目吧。

嬴政　记了什么？

李斯　记下了韩非的狂妄。

嬴政　怎么个狂妄？

李斯　他坚信王上会放他出来。

嬴政　哦？这也说不定。

李斯　他说王上离不开他。

嬴政　这也有道理。

李斯　他说，不管王上承认与否，王上都是……往好听点说，是他的学生，他的哲学的忠实执行者，往难听点说，王上就是……

嬴政　说。

李斯　微臣不敢。

嬴政　实话实说，赦你无罪。

李斯　他说王上是他的玩偶，他的坐骑。

嬴政　果真？

李斯　（抖了抖竹筒）这上面写得清清楚楚。他跟墨离争论的时候说的。

嬴政　（压抑愤怒）那个戏子怎么说？

李斯　那个戏子说，他是个病得不轻的妄想狂。王上，这个墨离，臣以为他的确是个可以改造好的戏子。

嬴政　何以见得？

李斯　臣跟他同窗三载，深知此人生性胆小，心慈面软，吓一吓，就可以为我们所用了。（对观众）冷酷的李斯有一颗感恩的心。记得二十年前，一贫如洗的我，尽遭同窗的冷眼嘲笑，对我白眼最多的，就是那个王室出身的结巴韩非了。他认为贫民就不该出来求学，只做一头无知而称职的待宰羔羊就好。跟他截然相反的，是师弟亡耳。我交不起给束脩，他出钱买了上好的熏肉，羞答答像犯了错一样放到我手里，要我献给恩师荀子。我谢他，他却说他该谢我给了他减轻罪孽的机会。你有什么罪孽呢？我问。他不说话，只是站在街边，直愣愣地看。顺着他的目光，我看见一长队衣不蔽体的流民，被官兵鞭打着，从我们身边踉跄走过……我李斯大半生争权夺利从无恻隐，可每想到和亡耳师弟站在街边的情景，心中都会掠过一丝柔情……我要尽我所能拉他一把，当然，是在不损失我利益的前提下。

嬴政　你有把握他最后能为我们所用？

李斯　不管怎样，鉴于他在百姓中的巨大影响，值得一试。而韩非，则必须杀之。

嬴政　哼哼，寡人知道，他一直是你最强劲的竞争对手。

李斯　王上，臣虽愚笨，却也知道凡事不能从一己私利出发，而应为王上着想。王上难道没有注意到：您一提发兵韩国，韩非就找出万般借口加以阻挠，然后就胡说一通“统一舌头，清除五蠹”的大道理么？

嬴政　这道理有什么不对么？

李斯　短期看来，对王上不利。

嬴政　哦？

李斯　对内易招各阶层的怨恨，对外不利我秦国的形象。各诸侯会对本国百姓说：你们看，假如秦国强大了，攻打我国了，你们这些儒生啊纵横家啊侠客啊不想当兵的啊做买卖的啊都没有好日子过……这会起到什么效果？所有国家最聪明善战有主意的人，都会拿起武器，保卫本国，反对秦国。如此内外招怨，王上还怎么统一天下？可见韩非的思想，是故意给王上、给秦国添乱的思想。

嬴政　但寡人觉得他的道理是好的。

李斯　的确，韩非的思想在将来会有大用。

嬴政　何时？

李斯　王上统一天下时。

嬴政　统一天下时。

李斯　正是。目前，这是一笔只有王上才拥有的哲学财富。但假如您赦免了韩非，他某日偷偷离开秦国，这笔财富可不只为王上所有了。从您这儿开了眼界、受到启发的他，会像盗版软件一样四处扩散自己的思想，而且是升级版的思想。

嬴政　哦？

李斯　任何一个有野心的君王都会受到他的蛊惑，并在他的蛊惑和辅佐下励精图治，成为王上最强大的对手。从王上这儿起步的韩非，身价和他当年在韩国时，已不可同日而语了。

嬴政　哦……

李斯　而假如韩非……（做一个杀头的动作）他的思想就成了绝版。究竟是由王上拥有绝版，还是任由列国遍布盗版？请王上三思。

嬴政　哦。

[收光。

[云阳监狱。死一般的寂静。四更天的梆子和锣声敲响。韩非万念俱灰地躺在铺位上。墨离静静坐着。

墨离　韩师兄。

韩非　嗯？

墨离　聊聊天吧。只剩五个时辰了，聊聊天比较好。

韩非　（缓缓坐起来，织毛衣）还有什么可聊的呢？你说服不了我，我也说服不了你。

墨离　你我都要赤条条去见老天爷了，还争什么呢。我只想在最后的时辰跟人说说话。说说话而已。

[静默片刻。

韩非　哼哼，老天爷。你有老天爷，我没有。而且我可以证明，你也没有。

墨离　怎么证明？

韩非　明早你会跟我一起死，就足以证明了。假如你的老天爷果真存在，他能不救你么？

墨离　祂啊，祂不管这个事。祂没这么便宜。

韩非　什么意思？

墨离　我和祂之间，是单方面的协议。我对祂有义务，祂对我没责任。（韩非露出大惑不解的神情）呃，我有遵从和表现祂的义务，祂没有回报和保护我的责任。当然这么说并不公平。其实祂一直在用幸福回报我，用自由保护我。但是别人看不见。假如我的心突然瞎了，我也看不见。那时我会成为一个暴虐的人。好在我没机会接受这个考验了。明天我就要去见祂了。

韩非　说得跟个乖孩子似的。可你从来就没乖过。

墨离　先师荀子最受不了我这屌样儿。他说东，我偏往西；他让我打狗，我偏撵鸡。他说君王是好的，我偏说君王是坏的；他说人民的本性是恶的，我偏说人民的恶是君王逼出来的。他说学者应在“君王是好的，人民是恶的”前提下展开逻辑推论，思考治国良策，我说“只有假设君王是坏的，才能建立一个好的国家”……

韩非　为了你那个大逆不道的观念，你我辩论了三天三夜，我站在恩师的一边。

墨离　先师和弟子们在旁听着，没人插话。

韩非　最后，恩师制止了我们的辩论，谁也没输，谁也没赢。

墨离　但师兄弟们有不少为我所动的，陷入了沉默。

这大大动摇了先师荀子的思想基础。

韩非　为了思想的稳固，恩师把你逐出了师门。（停顿）他不该赶你走的。不赶你，也就不会有今天这个惑乱人心的墨离……

墨离　呵呵，他不赶我，我也会走的。整天坐而论道，论的还是治人之道，我的本性受不了。后来我在列国乱窜，接触各家思想，想为自己找一个安放内心的地方，直到有一天，我皈依了墨家。

韩非　为什么是墨家？你一个史官的儿子，却加入这种底层人的帮派。

墨离　（忍无可忍地看了一眼韩非，停顿）因为他们的血是烫的，跟我的血一样。他们是一群敢死队，哪个国家弱，就去给哪个国家打仗御敌；谁被欺辱和杀害，就去给谁报仇雪耻。我跟他们并肩作战，受了多年折磨的良心，终于安宁下来。（冷笑一下）不过墨家终归是要完蛋的。不出几十年，他们就要销声匿迹。

韩非　何出此言？

墨离　因为地上的君主们，血太冷。他们会强迫所有百姓熄灭自己血里的火，跟他们一起变冷。（停顿）冰只要足够多，火就会被压灭的。

韩非　这是必要的。任凭火烧起来，地上就会什么也不剩。

墨离　哼，权且这样说吧，否则，你们这些冷血的思想怎么找借口呢？

韩非　你脾气没变，说话还是这么臭。

墨离　真话。（停顿，陷入回忆，自言自语）但我后来管不住自己散漫的脾气，只好离开了墨家兄弟。墨家要求弟子丢掉喜、怒、乐、悲、爱，全身心地行仁义，这等于要人成为圣人——石头一样不动感情的圣人。火山喷发后，岩浆就会凝固——就是我那些兄弟。可我做不到。我心里存着太多悲喜，丢不掉，也凝固不了。我记起师祖墨子的话："能谈辩者谈辩，能说书者说书，能从事者从事，然后义成也。"我想，总有一种行当，合乎我的性情，也能行义吧。于是我告别了那个既爱又怕的群体，给自己起个新名字：墨离。用"墨"字记住"义"，用"离"字保存"我"。我来到秦国，加入了一个戏班。班主是个高人，也是义士。他的戏全城最好，戏票却最便宜，穷人都看得起。即便如此，他也赚钱。扣除必要的花销剩下来的，他用来办学校，供贫家子弟免费读书。他有个好看的女儿，年龄比我小，入行比我早，我叫她小师姐。师父和小师姐教我演戏、写戏和排戏，教我怎么把心里的想法，化作人物和故事。二十多岁的欢乐时光呀，学什么都快……后来我和小师姐成了亲。我成了天底下顶幸福的人。白天演戏，晚上写戏，时刻跟小师姐切磋琢磨，她是我最严厉的观众。慢慢地，我写的戏大受欢迎。我成了那个城里最红的艺人。（停顿）但幸福是不能长久的。成婚不到两年，小师姐病了。头痛。痛了半年。一个下午，她突然拉住我的手，说："哥哥，我要走了，答应我，你一定好好活下去，好好做戏。你看，人们看到好戏多快活呀，而他们又是多苦呀！你一定用好戏多多安慰他们！你安慰了他们，就等于我安慰了他们，我会高兴的……哥哥，答应我，一定一定，好好的呀……"她迫切的眼神使我点了点头。她的手便松开了。她微笑着走了。只留我一人在世上。每当夜深，我难受得活不下去，想去找她的时候，就会想起她的话。（韩非发出轻微的鼾声）好吧，我得替她活下去，替她安慰别的人，否则我就失信啦。也许老天爷就是用这个办法，让她在我心里活得更长久、更好看吧？祂也是用这个办法，让我完成以前在墨家兄弟那儿没完成的事吧？（停顿）想通了这一点，我的戏似乎比以前还好了些。后来，我到了咸阳。戏班度过了意想不到的艰难时日，最后只剩下两个捡来的徒儿……不想又意外地火爆起来。男徒儿，心肠简单，只要能活就行。女徒儿，唉……（停顿）不知为什么，最近她老在我眼前晃，定睛一瞧，却是我的小师姐……

[墨离停住，陷入沉默。韩非的鼾声更响了。

墨离　韩师兄？

韩非　（惊醒）嗯、嗯？

墨离　你睡着了？

韩非　我没，没，怎么会……

墨离　睡吧，人世间最后一觉了，权当师弟给你唱一支催眠曲吧。

韩非　不好意思，你的话，起、起初没听懂，慢慢就困、困了，现在好了。

墨离　没听懂？

韩非　（拿起毛衣，织起来，沉默片刻）蝙蝠不懂得鸽子的世界，鸽子也不懂得蝙蝠的天地。这奇怪吗？

墨离　这样啊……

韩非　同一个故事，有人听了会笑，有人听了会哭，有人听了犯困，有人听了想杀人……端看听众是什么人，他站在什么位置上。

墨离　接受美学。这门课你当年可没我成绩好。

韩非　不，是接受政治学。在我的倡导下，秦国已不存在美学而只有政治学了，这你都不知道？

墨离　不知道。久不在学术圈，我可真是落伍了。

韩非　娱乐圈也该加强政治学习，这是我早该建议王上的。可惜啊，还没来得及说呢，就被李斯这败类陷害，关进了死囚牢。（停顿，切齿地）李斯啊李斯，你个卑鄙小人、底层垃圾，你不但坏了我的大计，还坏了王上的功业！我绝不会放过你！我化成灰，也要报复你！

李斯 （场外的声音）是吗？你倒是报复一个给我看？

[狱卒引领李斯和赵高上。

韩非 你？你来做什么？

李斯 接受你的报复啊。（对赵高）小赵，宣旨。

赵高 （从怀中掏出竹简）罪民墨离听旨。（韩非墨离站起身听着）“罪民墨离，多年来乘演剧之机，散布目无君上、毒害百姓之思想。明晨本是你断头之日，但寡人念你演技尚佳，百姓乐见，给你最后机会进宫演出，将前次未能完善之剧目，连夜尽速修改，以彰显你忠君爱国、痛改前非之意。明晨将有咸阳城九百九十九名百姓在座，演出完毕，众人投票，定你生死，此乃体现民意之举措，非寡人个人之意志也。试看明日你能否洗心革面，重新做人。钦此。”

韩非 （织毛衣，妒恨交加地）嚯嚯，恭喜亡耳师弟，看来真有老天爷啊……

李斯 墨离，听明白了？还不叩谢王恩？

[墨离站着发愣。

狱卒 （雀跃地跪下，叩头）听明白了！谢主隆恩！王上圣明！

李斯 这老儿，关你什么事？

狱卒 启禀大人，老奴和贱内，都是墨老板的戏迷！听说他还有缓儿，忍不住高兴！

李斯 （对赵高）民意，记下来。

[赵高速记。

韩非　我呢？

李斯　你呀，呵呵，小赵，念。

赵高　（展开另一竹简）韩非听旨。

韩非　臣在。

赵高　“韩非老师，在秦多年，以秦国客卿之名，行韩国间谍之实。表面鼓吹尊君集权，实为搁置吾国作战计划，离间君臣、文武与官民。致使秦国背恶名，他国收渔利，辜负了寡人一片真情。念尔王室贵胄，结巴一枚，寡人免尔砍头之苦，特赐药酒一壶，敬祝饮用愉快。学生嬴政顿首。”

李斯　韩非接旨。

[韩非呆立不动。

李斯　韩非师弟，接旨啊，怎么？不高兴了？如果我没记错的话，王上也算是在原原本本地实践你的哲学吧？你不是说过嘛：“一切自以为有头脑且在运用头脑的人——都可以，且必须，等于零！”现在，王上不过是需要“运用头脑”的你“等于零”罢了，你可不能食言呀。

[韩非仍呆立不动。

李斯　怎么？你以为自己会是“运用头脑的人”里的例外？或者你有个幻觉：你不是“运用头脑”那堆儿的，你是王上那伙儿的，对不对？啧啧啧，天真哪，太天真啦，你不过是王上手里的一把扫帚，怎会误以为是王上的一条胳膊呢？嗯？来生再设计政治哲学时，还是长点儿心，给自己留条后路吧，啊？

韩非 （慢慢地，狂笑起来）哈哈，哈哈哈哈哈！说得好，说得妙！亲爱的秦王，伟大的嬴政啊，你不愧是我韩非的好学生！天地不仁，以万物为刍狗。帝王不仁，以臣子为刍狗。一不做，二不休，将错就错，知错不改！这才是天道的秘密，为王的气概！恭喜你，毕业了，出师了！我韩非就要借你秦王嬴政之手，精神不死，美名不朽了！哈哈哈哈！想不到韩非我一辈子克勤克俭，视金钱如粪土，最后却成就了这么一桩一本万利的大买卖！中彩了呀！中彩啦！哈哈哈，拿酒来！韩非我要用这一腔子毒血，给王上喷出一个红扑扑的大牛市！来，拿酒来呀！拿酒来！哈哈哈哈！

李斯 （回身从狱卒手中拿过毒酒和酒杯，突然意识到了什么，愣住）咦，韩师弟，你这一激动，居然连结巴都好了？都不用织毛衣了？（众皆愕然，停顿）看来结巴是个心理问题。大秦国包治结巴的独门秘方诞生啦——御旨，药酒！谢谢韩师弟，临了临了，还为人类的医疗事业做出这么大贡献。（从酒壶里倒一杯酒，递给韩非）来，为你的高尚情操干一杯吧。

韩非 （接过酒杯，对着李斯的脸吐了一口）呸！你个底层垃圾，下流坯！不要笑得太早。总有一天，李斯，还有你的子孙，会死无全尸，葬身无地。（赵高突然怪异地笑了一声，韩非对赵高）还有你，不学好的跟屁虫，你的下场跟他一样！好好活着，等着应验吧。（一饮而尽）

李斯 （鼓掌）好样的！这气派，不愧是王室贵胄。可除了过过嘴瘾，你又能怎样呢？还是底层垃圾成功了，不是吗？“成功”。我喜欢“成功”这个词——辉煌，大气，洋洋得意，笑到最后。怎么？你不喜欢笑到最后吗？嗯，你不喜欢。因为你不喜欢笑。你也不喜欢别人笑。我呢，我不在乎别人笑不笑，我只在乎别人笑不笑我，我笑不笑别人。想当年，我是个不折不扣的“底层垃圾”时，是经常被人笑话的，尤其被你韩师弟。但没关系。我自强不息，四处拜师。（看了看韩非，对方身子有点摇晃）你没事吧？这酒浓度低，药效慢，咱还可以推心置腹地聊会儿。韩师弟，有个压箱底的故事我从没跟人讲。一般人我不跟他讲。我之所以走到今天，全靠两只老鼠。（停顿）十三岁的一个早晨，我走进茅房，见一只瘦得皮包骨的老鼠正从屎尿堆里钻出来，看见我，它惊呆了，听天由命的惶恐眼神就像我的母亲。换了往常，我会想出一千种办法折磨它的，但那一刻，我没动。见我没动，它就屁滚尿流地逃进墙缝里。啊，那六神无主、屎尿一身的可怜相，让我看见了我自己……接着，我去买米。在粮仓里，却见另一番景象：一只吃得圆滚滚的大耗子，正在米堆里散步，见了我，竟不躲，反倒摆出一副受到打扰的不耐烦神气……这一天，是我的成人礼。两只老鼠给我上了此生最重要的一课。它们告诉我：老鼠和老鼠，才干是差不多的，只是位置决定了命运。一只老鼠要是不走运降生在茅厕里，那么没关系，它毕生的使命，就是逃离茅厕，进军粮仓，养肥自己，然后，摆出一副不耐烦的神气，在粮仓里慢慢散步——至于它是往左走，还是往右走，都不打紧，只要待在粮仓里就行，只要粮食随便吃就行。（停顿）韩师弟，这样深刻的人生教训，你们饱食终日的王室贵胄是学不到的。这就是你们无用和退化的原因。这就是你虽然骂了我一辈子“底层垃圾”，却不得不听凭我把毒酒放进你手里的原因。（又倒了一杯酒，递给韩非）现在，我稳稳地坐在粮仓里，对你摆出了不耐烦的神气——怎么，你的酒还不喝完？

韩非 （手里转着酒杯，像是在赏玩一个古董，玩了片刻，转向李斯）既然是这样，李斯，我临走之前就送你一件礼物吧——给你留下两条遗嘱，若照此行事，包你得享王宠，富贵终生。

李斯 憋什么坏招呢？

韩非 你这么想，只能再次证明你是个底——层——垃——圾——。但是没关系。这不妨碍你的功能。你越垃圾，你的功能实现得越彻底。真不幸。我伟大的王国，偏偏要依赖你们这些垃圾去建立。我的幽灵，偏偏只有通过你和你辅佐的王上，才能存活。这是我的宿命。宿命是不该抱怨的。（药物泛上来）抓紧时间……遗嘱第一条：掌握人类的条件反射，打开人与兽之间的栅栏。人兽本是一家。像驯服羊和狼一样地驯服人。

狱卒　（对墨离）他说啥呢？

墨离　他说，要把两条腿走路的，变成四条腿走路的。

狱卒　（试着双手着地，爬）这多不舒服。

韩非　第二条，昭告百姓：除了法令条文，什么文字都不许看。除了懂得法令的官吏，谁都不是他们的老师。滤去灵魂的水分，让它们枯萎。只有灵魂枯萎而肉体健壮，一个国家才能井然有序。记住并执行我的话吧，底层垃圾，包你能成功辅佐王上建立庞大的帝国，并传之久远。当然，属于他的帝国不一定传之久远，但是烙下我哲学印迹的帝国，却会屹立万年。所有人的名字都将淹没，只有我韩非会站在世界尽头，等待蝼蚁们带着憎恨，前来膜拜。

李斯　很好，我很愿意成为你的山寨版，只要你，不在。（又把一杯酒倒进韩非的酒杯里）

墨离　（摇头）真是一首拙劣透顶的抒情诗。

韩非　你不服气？亡耳？我虽然很快就死，但我终将胜利。你不一定会活，而你注定失败。

墨离　哦哦，可惜我不拿你当对手的，你只是我的素材而已。

韩非　哼哼，素材……你个执迷不悟的死文青，将来有你好受的。

墨离　好受，还是不好受，都是我自己选的，我不介意。可是你难道不介意吗？你死在自己的思想上？

韩非　介意？哼，一个真正的哲学家，是不介意为自己的思想殉道的。（一饮而尽）再见了，百无一用的老文青！再见，垃圾、蠢货们！咱们未来……见！

［韩非倒地，光渐暗，只余一道光线斜照墨离，以及韩非的尸体。

评 论

钱能跨越一切——宗教的樊篱，种族的天堑，意识形态的落差。

“不记账的人将死无对账”

——评《阿什肯纳兹兄弟》

撰文 云也退

从西里西亚和萨克森通往波兰，一条条道路上沙土弥天。虽然已过去了半个世纪以上，拿破仑战争留下的废弃物依然堆在沿途的小村庄里。波兰农民从田野里憔悴地抬起头，日光下，他们手扶着犁铧的影子一动不动，另一只手搭起凉棚，挡住阳光和尘土，定睛细看从大道上过来的长长的马车队，运货的，载人的，马蹄嘚嘚混杂着鸡鸣犬吠。亚麻色头发的波兰农家孩子，穿着亚麻粗布衫，从茅草屋里爬出来，跟在村里的土狗身后，高声嚷嚷着，去迎接那些陌生来客；镜头一转，村里的犹太小酒馆门前，犹太孩子眼睛直勾勾地望着马车一辆辆驶过。

他们和波兰孩子是邻居，但长得完全不同，他们黑色的鬓发打着卷挂在脸颊两侧，他们的裤子虽然破旧不堪，上边却仔细地挂着四根特制的流苏——哈西德派犹太人服饰上的标志。

哈西德派兴起于十八世纪，到十九世纪末，这个犹太教派别已在波兰繁衍壮大，在立陶宛等沙皇俄国的属地及俄国本土也有自己规模庞大的社区。以色列·约书亚·辛格（通称I. J. 辛格），跟他的弟弟艾萨克·巴什维斯·辛格（通称I. B. 辛格），就在波兰的一个哈西德派家庭里长大。他在《阿什肯纳兹兄弟》里描写了自己烂熟于胸的景观：犹太人的运货马车，铺着厚木板，周围晃晃悠悠地挂满了木桶和铁桶，完全不同于波兰贵族装饰得五光十色的马车，也不同于波兰的劳动人民推的又长又浅的二轮车。不过，如今驶来的这一列马车又是他们前所未见的，它的构成如此多样，有两匹马拉的，有一匹马拉的，有狗拉的，还有人力的——父母在前边拉，孩子在后边推。

这是德国人的马车。那时的波兰被沙俄所占领，犹太人见得多的是波兰人，其次是俄国人，德国人还比较稀罕。这马车车队里，最豪华的车厢内都舒舒服服地躺着个留着金胡子、叼着烟管、脖子上挂着金怀表的德国佬，他们的太太一刻不停地打理家务，看好孩子，管理辎重：他们的全部家当都在车上——寝具、衣物、挂毯、锅碗瓢盆、德国国王的画像、圣经、祈祷书，还有各色禽畜：鸭子和鹅一刻不停地嘎嘎叫唤，铺着茅草的笼子里关着兔子和猪，而在一列马车的末尾，通常还会单独挂着一节货车厢，里头装着几头喂得饱饱、乳房沉甸甸的母牛。

而那些德国穷人的车就远没有这么阔绰了，它们最多只有一匹气喘吁吁的马拉着，再差一点的则用狗拉，坐在车里的人几乎动不动就要下来走；最穷的人扛着自己微薄的行囊一路跟着走。穷人也有禽畜，无非是几只兔子和母鸡，偶尔的，你能在一个穷人的车子上看到一只山羊，饿得头晕眼花。

但是，不管这些德国人是穷是富，每一家人的辎重里都有一样用绳子拴得好好的东西：木纺车。

* * *

德国已经统一，正在起飞，但各个地区依然饥民成群，而就在他们东边，波兰人不缺食物，但急需衣物和纺织品。农奴制依然控制着波兰社会，农奴都缺少纺织技术，波兰的有钱人及政府、军队所需要的丝绸、羊绒、棉花，都得依靠进口，揽下这些进口生意的便是精明的犹太商贾。每年，波兰人要交一大笔钱到这些商人手上。后来，政府终于想到，西边的德国既然劳动力过剩，为何不把德国人弄过来给波兰人纺纱织布呢？

为此，波兰政府免费给他们提供土地供居住和劳作，又特批他们可以自由销售任何自产的丝织品，以此绕过犹太中间商。这就有了开头的这一幕，也是《阿什肯纳兹兄弟》一书开头的一幕：连绵不绝的德国马车，嘎嘎叫的鸭子和笨重的牛。眼见这么多过路客，小酒馆里的犹太酒保们纷纷出来邀请他们进店歇脚，起码喝上一口威士忌，但没有一个德国人听他们的。他们再穷也是德国人，看不起波兰人，也看不起犹太人，同时，他们是新教徒，也看不起波兰天主教徒和犹太教徒。他们比犹太人还悭吝，不愿意花出一个子儿；他们随车带着吃的，到了晚上，就在自己的车里睡觉。

当然，在波兰人和犹太人的眼里，德国人也是可恶的"异教徒"——三个民族既交汇又彼此侧目而视。在政治上，德国人尊德皇为君，波兰人的国王沦为沙皇的傀儡，因而不得不尊沙皇为君，至于一向流浪和寄居的犹太人，他们只能在律法经书中与自己念兹在兹的伟大祖先相遇。然而，祖先是抽象的，渺不可及的，所以，哈西德犹太人日复一日地执行着虔敬的圣事，但事实上所效忠的，却是钱。

最有钱也最有产业的哈西德犹太人，都聚居在一个名叫"沃居"的波兰小城。你若稍许了解一点纳粹反犹史，对这个地名就不会陌生，在纳粹登台前后，沃居是波兰以及东欧犹太人的重镇，从这里被驱逐、杀戮、灭绝的犹太人，是所有受迫害犹太人的代表。在耶路撒冷的大屠杀纪念馆，设了一个巨大的展厅专门陈列沃居犹太人的遗物，还有影像，专门还原被摧毁前的沃居犹太社区的日常。而在《阿什肯纳兹兄弟》所描述的时代，沃居才刚刚繁荣起来，靠着纺织业，沃居的犹太人得到一碗饭吃——他们在犹太工业家开办的纺织厂里没日没夜地干活。I. J. 辛格憎恶他们，他们自私，虚伪，迷信，愚昧至极，他们占据中心位置的那个犹太社会既落后又排外：为了排挤那些抢他们生意的德国新居民，他们花钱请俄国警察进来，查抄德国织工的剪子和熨斗。

钱打点一切。沃居的犹太人死后想要去邻近村落的犹太墓地落葬，家属都得花钱——就连犹太社区彼此之间都不见胞族情谊。犹太人每年最重要的节典之一——逾越节（为期八日），和基督徒的复活节（为期一周，所谓“圣周”）总是重合，两教的信徒都要准备新衣服过节，因而订单猛增，每届此时，那些穷得叮当响的犹太织工，还会在工厂主的组织和怂恿下集体请愿，让俄国人派兵到和自己一样贫穷的德国织工的作坊里打砸抢一番。

* * *

钱能跨越一切——宗教的樊篱，种族的天堑，意识形态的落差。德国人养警自卫，逐渐形成了犹太人不敢涉足的社区，在其中，跟犹太社区内的格局一样，少数有产者统治着多数无产者，工业家的家族彼此联姻以扩大势力，巩固阶级地位。几十年过去，沃居犹太人社区里的土豪，和德国人社区里的土豪之间也眉来眼去。《阿什肯纳兹兄弟》里，有一个来自萨克森、在波兰发迹的老土豪海因茨·洪策，就想把自己的女儿嫁给沃居的犹太工业家。有钱人之间习惯强强联手——此即所谓“眼界开阔”；相反，没钱人则为了可怜巴巴的一点点资源打得头破血流。

但洪策的女儿们抵死不从——她们都是些什么样的年轻人啊！她们喜欢钱，但她们更看重身份，绝不想在被她们鄙视的波兰一直待下去，还得侍奉被她们鄙视的哈西德犹太人，就连自己的姓氏“洪策”都被她们鄙视。她们是见过世面的人，知道“洪策”在波兰是个响当当的姓氏，可是去到公爵伯爵满地跑的普鲁士，它连个屁都不是。她们在家里造反，最后，老洪策拗不过，让两个女儿自己去寻找自己中意的夫婿，嫁入真正的“豪门”。

但洪策的儿子们就没办法了。他们一面拿着老爹的钱挥金如土，一面自惭形秽。他们多么希望自己生在一个真正的“显赫”之家，不止有钱，还能拥有无数礼仪讲究、衣着体面有品的贵族朋友，能出入富丽堂皇的贵族俱乐部、大酒店和乡间别墅。老洪策白手起家，视“洪策”为一块金灿灿的牌匾，深恨儿子们坐吃山空，游手好闲。每当他看到儿子们把新结交的贵族朋友请到家里，一脸谦恭地跟他们说话，他就恶向胆边生。他故意从屋里走出来，当着这些衬衫笔挺的年轻人的面，用一只瘤节斑斑的手抓起桌上的肉，塞进嘴巴里吧嗒吧嗒地嚼着，打嗝，放屁，把痰吐在他自己买的豪华艳丽的地毯上。

I. J. 辛格是有多么憎恶这个建立在金钱和剥削之上的阶级，它的愚昧粗俗就是它自身招来的报应，老一代和新一代之间的冲突——反叛与“反反叛”——之间没有胜者，只有笑柄。相对于洪策，在 I. J. 眼里，沃居的哈西德犹太人工业家的虚伪、冷血不遑多让，对于宗教的顽固则更甚于德国人。按说，经营同样的业务，德国土豪应该是犹太土豪的竞争对手，然而对财富的欲念、对身份的渴望却把两边联系了起来。老洪策没能把女儿嫁给犹太人，他的儿子们却跟犹太人达成了合作——犹太人不但有钱，而且对钱的态度非同一般。

* * *

《阿什肯纳兹兄弟》的中心人物——辛姆哈·梅耶，在学生时代是个为族人传颂的律法天才，但当他成年，有机会搞起实业，立刻显示出其计谋多端、令人畏惧的资本家天性。在 I. J. 辛格的笔下，辛姆哈·梅耶思路清晰而冷酷，在金钱和权力面前毫不顾念亲情。按照犹太传统，婚姻完全由父母包办，十三岁订婚，五年后正式办婚礼，是律法的严格规定，也是存心约束男孩迅速度过危险的青春期，一成年就被牢牢控制在婚姻关系之中，承担起丈夫和父亲的职责。辛姆哈·梅耶的太太蒂娜，更喜欢辛姆哈强壮、英俊的双胞胎弟弟雅各布·布宁，却被父亲强行安排给了智商一流的辛姆哈，在婚后，她成了野心勃勃的丈夫唯一无法攻克的堡垒，也是唯一能够刺伤他、引起他的耻辱感的人。

“辛姆哈”是一个意第绪语中常见的名字，意思是喜悦、快乐。现实中的辛姆哈·梅耶，将他的快乐寄托在控制他人之上。他人生的第一个机遇就是婚礼。从订婚到结婚，两场盛大无朋的典礼，无数繁冗琐碎的开销，尤其是所费不赀的陪嫁，将辛姆哈·梅耶的岳父，一个原本也颇有家产的织厂老板，生生给耗得债台高筑（所以重男轻女是这个人群里通行的、不可改变的风俗）。他素性享乐，挥金如土，被债务逼急了，不敢去要求他那位爱虚荣的漂亮太太节衣缩食，典卖一些首饰，就想到要去向亲家公求助。

两个人见面的那一场戏，发生在一个周六的夜晚，安息日祷告结束后，有求于人的哈伊姆大人造访亚伯拉罕大人的家（“大人”写作 Reb，名字前缀 Reb 的哈西德犹太人都是有地位的），用了整整一个小时的时间，讲他自己为了女儿能有一桩体面的婚事，也就是履行一个犹太父亲的责任而罄尽家财，最后，他说自己的生意还不错，只是暂时有亏空需要填补。对面，他的亲家公亚伯拉罕大人面前摊着一本早已读了无数遍的《塔木德》，打开的书页上放着一条红手巾，以示自己随时都将继续被打断的研读。他听得十分耐心，但听完之后只回了三个词："不行，哈伊姆大人。"

哈伊姆大人尖叫起来："您是要我去死吗？除了您，我还能向谁求助？"

他的亲家公答道："不记账的人将死无对账。"

《创世记》第九章里，神说"流你们血，害你们命的，无论是兽是人，我必讨他的罪，就是向各人的弟兄也是如此"，可以解释为，每个人在世的行为都会被上帝记录在案。"讨罪"这一翻译略微狭隘，更准确的理解就是对账，犹太人记账的悠久传统便可以追溯到这里。像哈伊姆大人这样的资本家，随意挥霍，不愿记账，就会被同行瞧不起，而亚伯拉罕大人是经商致富，记账，跟研读《塔木德》一样，可说是他生命里雷打不动的习惯，包含了遵守宗教戒律和聚敛财富的双重目的。

他也把这一习惯遗传给了儿子。于是辛姆哈·梅耶的机会来了。凭着大婚一场拿到手的钱，他趁机将岳父摇摇欲坠的厂子控制到手里，成了大股东和实际管理者。工厂转危为安后，哈伊姆大人乐得看到女婿承担下总经理的责任，自己去做甩手掌柜。他有什么用度都问辛姆哈·梅耶要，后者有求必应，一面记下账来。累积到了他认为可以的时候，他把这份长长的账单摆在岳丈面前，哈伊姆大人一时羞怒：“你想做什么？你知道我付不起这些账，你想杀了你的亲岳父吗？”

辛姆哈·梅耶用跟他父亲完全相同的口吻回答：“生意是一回事，家是另一回事。”

* * *

任何一个人，只要他需要钱，他就有弱点。瞄准了这一点，辛姆哈·梅耶控制了越来越多的人，插手他们的产业。他并不真想用对账来逼死岳父，只是进一步削弱岳父的实权。后来，当洪策家的儿子们渴望一个贵族头衔，但受阻于老父时，辛姆哈·梅耶又看到了乘虚而入的机会。

他对这些败家的富二代没有任何好感，他们也看不起他——德国人当然看不起犹太人，何况他还长着一张滑稽可笑的犹太脸；然而他有钱，并且还想有更多的钱，他以赚更多的钱、支配更多的人为人生唯一的兴致所在，只要有利可图，哪怕必须跟自己深深不齿的人来往也无所谓。他计算好了自己所能筹集的钱，翻着词典，用德语写信给洪策家的儿子们，在威压和谦恭之间反复调整语气。小洪策们上钩了：他们终于能够达到目的，通过层层行贿捐来一个爵位。从今往后，洪策家的人姓氏后面多了个地名后缀：

施瓦茨瓦尔德。

虽然对爵位并无兴趣，而且只关心儿子们花了多少钱，老洪策却也知道，如果不对这番恩遇表示感激，不顺便俯首帖耳地表达自己对国家和沙皇的赤胆忠心，是一件不礼貌的事。授爵仪式必须在洪策家举办，为了对得起屈尊前来出席的市长，以及到场的高朋贵宾，洪策不得不利用几个月的间隔期，把自己的大宅上上下下彻底修葺一番。这件事完全交给了他的儿女们。I. J. 辛格描写“宫殿”翻修时的景象，有一些值得一提的细节：

房屋的四角，不能光秃秃的了，必须造角楼，顶上得有锯齿状的雉堞。房子里面得布上形形色色的雕像：有古希腊罗马风的，也有德意志风的，有古典传说中的英雄，也有中世纪武士，有基督教圣徒，也有水泽女仙，有光着屁股、弯弓搭箭的丘比特，也有弹竖琴的英俊少年，有老鹰、蟒蛇，酒神巴克斯被一大群醉生梦死的祭司围在中间，有狮子，还有长着山羊蹄子的好色之徒萨梯。

他们在德国朋友家里看到什么新鲜东西，都要在自己家里复制一份。旧货全扔了。名贵的木材——桃花心木、紫檀木、胡桃木，各种瓷器和小古玩，源源不断地运进来。有一个房间里，昂贵的哥白林挂毯上印有赳赳骑士和雍容贵妇，一个个俯视着餐桌上来自日本和中国的瓷瓶瓷盘。另一个房间则摆满了来自威尼斯的玻璃器皿和来自捷克斯洛伐克的精美烛台，随意拿起一件，就能在上面认出个把古希腊的英雄人物。

到处都镀金了，屋檐镀金，门柱镀金，门把手镀金，画框镀金，各种家具能镀金的都镀金。方圆一百里之内再也没有这么阔气的豪宅了，一想到这一点，洪策家的儿女们胸中就充满了自豪。

授爵仪式那天，沃居及附近的上流人士倾巢而出，那些平日里彼此凿枘不投的人，如今却站在了同一片流光溢彩的屋顶之下：波兰人基本都是本土的豪绅和乡镇工业家，作为波兰的实际统治者，在场的俄国人都是政府官员和军官，而被请到场的犹太人则都是银行家——这是他们在十九世纪的东欧所能得到的最显赫的职业。洪策家的儿女们心里清楚，这些到场的宾客里起码有九成都是混蛋（当然，这九成来宾也会以同样的眼光回敬他们），不过没关系，只要这些人的眼里分明流露着艳羡，他们就满足了。

I. J. 辛格辛辣的笔不放过任何一个机会：

> 他们来了，破产的波兰贵族，胡子拉碴的俄国人，凸肚子、双下巴、堆着厚厚的颈肉的德国人，招摇过市的犹太银行家，站在这一群没有半点犹太味儿的人中间觉得很不痛快。

在到场的工业家里，有跟海因茨·洪策一样，当初赶着一辆小货车、带一两架手摇纺车就搬到沃居来的德国佬，他们操着家乡土德语交头接耳，讥笑着洪策家愚不可及的排场。波兰贵族，几个世纪前就已有头衔的那些，捻着胡髭，一边目瞪口呆地看着这些品位拙劣的装饰，一边津津有味地啜饮昂贵的红酒，他们鄙夷这里的所有人，不只是主人，还鄙夷到场的其他客人——穿军装的俄国征服者，总在拿胳膊肘把俄国人挤开的德国人，还有控制了银行的犹太人：第一类人是畜牲，第二类是野蛮人，第三类则是骗子手。但是，他们都诚挚地同老海因茨夫妇握手，嘴里说着“恭喜，公爵！”“恭喜，公爵夫人！”

在仪式的高潮时刻，让洪策家的儿女们最担心的事发生了：市长展开羊皮纸，宣读完沙皇的授衔令后，老洪策因为太过紧张，把仪式前儿子们一遍遍教他的纯正德语忘得一干二净，开始爆出一串串粗鲁的方言，“他的儿子、女儿和女婿们恨得牙痒，屏住呼吸咒骂他，而在场的宾客们一个个咬住嘴唇，好不至于笑出声来”。人人都知道这老头有多土，知道这个爵位又是怎么来的，都知道他手握万贯家资，却仍然保持着艰苦奋斗的创业本色，宁愿跑到酒馆里跟他那些织工坐同一张桌子，虽然这些瞧不起他的人自己也时尚不到哪儿去。

只有犹太人，特别是哈西德这种以领会圣经真谛自居的犹太教派，在此种情境之中还能占据坚实的优越地位。他们拥有所谓的“文化自信”：他们坚信自己的文化决不会培养出这种丢人现眼的暴发户。一个犹太银行家嘴里轻蔑地嘟哝着“榆木脑瓜的异教徒”，心里说，哪怕最蠢的犹太人，到了十三岁成人礼的时候也已学会落落大方地发表感言了，只有在无可救药的异教徒里，才会出这种年过半百的文盲。

* * *

就哈西德犹太人的个性和日常生态，《阿什肯纳兹兄弟》写得透辟。他们跟异教徒确实有很大的差异，最重要的一点就是教育。在沃居，最穷的犹太男孩（包括那些哈西德教派以外的犹太人）也可以上学；只要有学问，再穷的老师也能收到自己的学生。而且，犹太人的教育习惯有意打破出身带来的不平等，像富家子辛姆哈·梅耶，就曾被他的父亲送到一位穷困潦倒的老师手下学习《塔木德》和其他犹太律法经典。

这位名叫诺斯克大人的老师，学堂开在裁缝、织工、马车夫和乞丐聚居的地方。他做个老师，是因为实在不懂票据、账单、合同之类涉及商业往来的东西，因而不能像一位职业拉比那样，被有钱人所需要，靠仲裁他们的商务纠纷、出具法律文书、解答其商务上的疑问等等来赚钱。不过，诺斯克大人的知识分子"本色"倒也为他赢得了尊重，所以辛姆哈·梅耶会被送到这里，父亲希望他学得更纯正一些。他会和那些下等人的儿子在同一个学堂里学习；不仅如此，在举办了订婚仪式后，他的准岳父哈伊姆大人也把自己那三个不成器的儿子送进了诺斯克大人的学堂，让他们跟着辛姆哈·梅耶"学点好"。

但在 I. J. 辛格看来，哈西德犹太人的这种"文化"是伪的，因为他们只是以此来加强自我的封闭性。这种文化建立在深入研读《塔木德》的基础上，将律法书中的条文一条条解读，背诵，记忆，把宗教案例一宗宗熟记于心，这种教育的目的是培养精熟犹太律法的渊博之士。整日《塔木德》不离手的亚伯拉罕大人负有维护共同体的统一、稳定，确保其中不出现叛徒的责任；由于生活在异教徒的土地上（而"异教徒"们视犹太人亦如是），像他这样的领袖人物，就要领导其他犹太人去抵制外界的诱惑，一旦出现擅自削发、剃须、修改服饰、疏于守戒和祷告的不安定分子，要联合所有人群起而攻，将其打为罪孽深重之人，虽不至于像中世纪的宗教裁判所那样施加酷刑，却足以将"异端"逼得走投无路，或者求饶改过，或者卷铺盖走人，放弃共同体的庇护。

今天常被认为富有独特"智慧"的犹太传统文化，在那个阶级斗争的语境里，就是一种洗脑的工具。那些接受了领袖的号召，团结起来“护教”的人，其主力都是些在织厂辛苦工作的无产者。《阿什肯纳兹兄弟》里有一个造反的桥段：那是在辛姆哈·梅耶接管了岳父的工厂之后，厂里的一位既年轻又“刺头”的工人——台维，和诺斯克大人的儿子尼桑联手发起的。他们听到辛姆哈·梅耶宣布的降薪的消息，之前，工人们的薪水已经足够稀薄，老板还要从中扣除夜间工作所需的蜡烛费（由于安息日不得工作，织工们通常还得在周四和周六加班）。两个年轻人坐不住了，挨家挨户地敲开工友们的房门，鼓动他们起来罢工，但是，

“他们都很害怕，甚至那些赞同台维的青年人也很害怕。他们不仅得面对恼怒的雇主，还得应付父母的沮丧。漫长的一年年，让人精疲力竭的一个个春秋，已使老人们双膝跪地——他们都是虔诚的人，深信自己是无足轻重的生物……他们是自己的妻子的奴隶，没日没夜地操劳，只求一点点安宁，小小地睡上一觉。他们被台维的话吓得瞠目结舌，嘴里一迭声地喃喃：‘算了，算了，这是上帝的旨意。’”

不过，台维和尼桑到底改变了他们的心思。在一个安息日，他们走进破旧肮脏的教堂里，走进原本在此处等候聆听经师布道的贫穷的教徒中，当众念了一份即将交给资

方的劳动公约，然后要在场的所有人宣誓，不背叛阶级兄弟，不出卖战友。眼看着人们的愤怒、激动渐渐压倒了恐惧，怯懦者也开始壮起胆子，此时，只见一个老织工，奋力分开人堆，艰难地走到讲道台前——他的胡子是灰白色的，像还没纺过的羊毛那样成一大团，他的两眼被蜡烛的烟熏得通红，他举起一只哆哆嗦嗦的手，向众人叫道：

“犹太人，听我说！在安息日禁止发誓！即使是就一件真事发誓也不行！这是罪！是反上帝的罪！”

只要是素信律法教义的人，都是不会反抗既有秩序的。穷苦人虔诚，就将自己受剥削的处境看作上帝的安排，是上帝让他们生在这样一个位置，唯有接受，忍下来，才可以获得死后的安宁。而对有钱人，或者奋斗成功的“人生赢家”来讲，教义又让他们心安理得地享受自己的收获，视之为平素虔诚的回报。这与灭绝印第安人的清教徒将自己的功业看作执行上帝意旨的结果，从而愈发虔诚而“感恩”，是同一种逻辑。

男人是如此，而女人，被传统文化牢牢锁死在相夫教子持家位置上的女人，就更加谈不上选择了。当台维和尼桑造反时，他们最大的顾虑并不是老板和工头的弹压，而是家人的拖累——这些可怜的育雏机器死死拖住了男人的后腿，要他们赶紧干活，换回面包好喂养嗷嗷待哺的孩子。女人去恳求辛姆哈·梅耶施舍一点饭食给自己，许诺“我们会像驱逐癞狗一样把那两个家伙赶出本城，只要您能帮我们一把”。台维的太太当着众人之面，把更毒辣的比喻吐给了自己的丈夫：

“你以为你是谁？你是一根又脏又旧的笤帚，人人拿你扫地，然后扔了你！”

女人比男人更多地使用比喻，祈使句则更加形象，更喜欢指涉身体部位，读起来很像《旧约·诗篇》里的段落。尼桑是单身汉，没有家室拖累，台维之妻见到他时破口大骂：“你那聪明的小脑瓜，愿上帝把它从你的肩膀上一把拧下来！你试试再踏进我家门一步，你看我不拿一罐子开水兜头泼上来！”

* * *

自从犹太人在东欧壮大，犹太女性的典型形象就是辛苦而强悍——每个母亲膝下至少三个孩子，在孩子面前立威，在丈夫面前既顺服又施压。《阿什肯纳兹兄弟》证实了这一点。庞大的家庭，盘根错节的亲族关系，都配合着以律法、教义为中心的文化传统，促成了共同体的完整、稳定和封闭。一个又一个安息日，一场又一场宗教节日，斋戒，祷告，研经，安心于民族文化之内的人能够得到保护，但是，I. J. 辛格揭破了表象之下的本质：所谓的稳定，其实不过是少数有权有钱的人稳定地统治占人口绝大多数的愚民和顺民。

那么，顺民得到的又是怎样一种保护呢？比起“异教徒”，很早就开始读书识字、十三岁时能在成年礼上流利诵读的哈西德犹太人，他们深深嵌入了共同体之中，但他们的文化优越感究竟是否经得起推敲？

蒂娜，哈伊姆大人的女儿，在求学时期离开了沃居，接触到一个更大的欧洲，这才发现她所出身的那个充满了书卷气和虔敬气氛的世界是一个何其守旧的环境。她被父母强行安排了婚事，她根本看不上模样丑陋滑稽的辛姆哈·梅耶（可见在包办婚姻的背景下，女子懂得以貌取人就是一种反叛）。这场婚礼同洪策家的授爵仪典如出一辙地奢靡，也如出一辙地纠集一帮乌合之众。生性孟浪的哈伊姆大人，尤其是他那个性情放纵的太太，为了把婚礼办成波兰犹太界年年传颂的超级盛典，将三教九流有影响力的人物都请了来：除了哈西德派的拉比和教徒，脸蛋刮得光光溜溜的波兰地主也来了，穿西式服装的立陶宛犹太行商也来了，外套笔挺、领子竖到耳朵的金发德国人也来了，甚至还有一个俄国警察局长，一身制服，胸前挂着一个个闪亮的勋章，一个人都不认识，木头木脑地站在那里。

女人也都来了：不仅有穿着传统服饰的犹太家庭主妇，还有像蒂娜一样，在中欧和西欧走过一圈的年轻女人，还有德国女人，跟朴素保守的犹太女人不同，她们抹着厚厚的胭红、唇膏，留着长辫子。意第绪语、俄语、德语、波兰语在偌大的宴会厅里嗡嗡地响着，丝裙闪耀，夹带了嫉妒的眼神互相射来射去，在吐出口唇的亲密寒暄里，包藏了冷淡、鄙视、诅咒和敌对。

钱又跨越了一切。一个人有钱，哪怕只是曾经有钱，因而得到了一个有钱人的名声，他就会被势利所选中，不管他有着怎样的道德名声；势利，就如同被四处撒放的眼线，专门搜罗那些有望给势利之人增光添彩的元素——阔人，名人，身后有一批追随者的人，宝物珍器，稀肴美馔……都可以成为加分项目。只要社会上通行的法则是凭钱说话，哪怕严厉的犹太教戒律要求信徒们简朴、谦卑、自我克制，也不能阻挡势利的大行其道。

而在辛姆哈·梅耶的那一边，新郎的父亲亚伯拉罕大人，哈西德犹太人的领袖，痛恶哈伊姆大人的势利：他竟然不嫌鄙陋地招来这么多德国人，脏污了犹太婚礼的神圣！亚伯拉罕大人珍爱自己所属的文化，珍爱自己的信仰、教义和习俗，他请来的都是教派之内的人，袍裾森严，道貌岸然，而且只有男人，没有女人——哈西德派禁止女人参加婚礼。当他所尊从的拉比亚历山大到场时，身后跟进来一大群破衣烂衫的乞丐：盛大的婚礼要容许教派内的所有人到场，连乞丐也能分一杯羹。

在蒂娜眼里，这些以高贵、虔诚、修养良好、尊重知识自居的哈西德教徒，又能比定居波兰的德国人好到哪里去？这种不分贵贱的平等主义本身就是陋俗。她看到，哈西德教徒们浑然不顾在场的别人，吹熄了蜡烛，泼开了水，一群黑衣黑帽的大男人拉起手围成圆圈，在滑溜溜的地板上跳起自己的舞蹈来。她晕了过去，身边，婚宴的中心大厅，跳舞的男人嘴里吼着歌，把地板跺得咚咚响，撞开桌子和其他的宾客。

亚伯拉罕大人满意地看着这一切：男人们的胡子多么神圣，袍服多么庄严，热忱地将婚礼献给上帝……然后，当他知道哈伊姆大人请来的宾客们男女混杂地在另一个厅里跳起舞时，立刻火冒三丈地跑过去，扯开嗓子高叫：

“异教徒！罪人！你们以为这是异教徒的婚礼吗？滚出去！”

* * *

1917 年秋冬，许许多多的人在为俄国发生的事激动。I. J. 辛格也是其中之一。变天了，终于！那个被金钱统治的世界，那个明明充满了残酷的阶级压迫，却还凭着形形色色的信仰、教义、戒律、口号让受压迫者安心做稳奴隶的世界，裂开了一道宽阔的缺口。I. J. 所出身的那个东欧哈西德派犹太人社会，丝毫没有比常常被他们鄙视的西方社会平等多少，高尚多少，相反，那些满口满腹都是上帝说过什么、先知说过什么、犹太先贤说过什么的威严的男性领袖，那些目光如同哲学家一般深邃，出语像先知一般精辟、洗练、发人深省的族长，对自己统治者的身份甘之如饴。他们告诉被统治者，统治与被统治，有钱与没钱，都是上帝的安排；他们是一些有资格也有本钱记账的人，相信不记账的人将死无对账。

辛格来到基辅，想亲眼看一看苏联如何拯救哀号的无产者，并一同拯救经常被忽略的东欧犹太人。他在苏联待了四年，待到彻底幻灭才离去。那里一直在流血，野蛮行为一直在继续，最关键的问题是，在东欧，I. J. 叛离了宗教家庭以及哈西德犹太人的社会，满以为苏联正着手实现“四海之内皆兄弟”，现在却发现苏联竟是反犹反得最厉害的地方之一。种族至上主义，强民族拿它当兴奋剂来服，弱民族拿它当致幻剂来用，结果两者都疯了。

或许人天生就是邪恶的吧。位尊者恶，位卑者亦然，跟一个人的经济地位、有钱没钱，并没有直接的联系。邪恶总要寻找一个出口释放出来，如果不能冲着上位的、压迫自己的人，就要冲着跟自己同等处境的人，把他们踩下去，吸入的空气一时都新鲜了。就为了这一口新鲜的空气，织工们忍受着资本家的步步进逼：辛姆哈·梅耶明白机械织布已是大势所趋，为了打造自己的帝国，这些含辛茹苦的工人们早晚要被淘汰——只有守旧如海因茨·洪策，或者玩忽如哈伊姆大人，才会“仁慈”地一直留着他们。

1934 年 I. J. 到了美国，出版了《阿什肯纳兹兄弟》，美国十分活跃的意第绪语戏剧界很快又把书中的故事改成剧本上演。那时候，在美国说起“辛格”这个姓，都是指的 1893 年出生的 I. J. 辛格，一位“用意第绪语写作的托尔斯泰”，而不是他的弟弟、后来获得诺贝尔文学奖的 I. B. 辛格，只是 1944 年 I. J. 猝逝后，I. B. 才逐渐声名鹊起。对于自己的民族文化之根，两兄弟的态度差异很大。在《卢布林的魔术师》里，I. B. 给他的主角、浪荡子性格的魔术师雅夏安排了一个幡然悔悟的结局，让他回归犹太教堂，回到圣训、律法和祖先的怀抱，而在《阿什肯纳兹兄弟》里，拒绝宗教、敌视父权、仇恨资本家的尼桑，被那些拖家带口的阶级兄弟厌弃，却依然坚信自己是对的，反抗是对的。

和敏于乡愁的弟弟不同，I. J. 经历得更多，因而坚信他的故乡是一个不配存在的旧世界。十九世纪已经兴起了犹太复国主义，目的就是要让封闭的犹太人与外界文明来往，同时保有自己的犹太性，但 I. J. 依然要把旧世界的真相传知于更多的人。《阿什肯纳兹兄弟》发表后没过多久，希特勒就着手摧毁它，黑胡子、黑长袍、手不释卷的哈西德犹太人，在马克·夏加尔的画笔之下，随同村庄、书卷、经文匣、牛羊牲畜，当然还有他们小心翼翼保存着的账本，一同在翻卷的火焰中灰飞烟灭。

这些极端正统的犹太教徒，据说临末日的眼神大多是淡然而刚毅的，特别是那些相信不管自己何时死去，上帝都将同他们对账的人。而死者之中还包括辛格兄弟的父母。I. J. 思念他们，虽然他一定要离开他们，离开被父亲安排的当一个皓首穷经的哈西德学者的轨道，虽然他不免迸发出一个可怕的想法：也许希特勒正是上帝降下的又一场大洪水？它冲毁了那些朽烂已久的东西，那些含毒的土地，卷走了那些漂浮在被烟囱污染的天空之中、飞扬在肮脏的公路之上、散布在满地纸屑的教堂里、渗透在所有粗俗狂妄的仪典、所有愚昧的风俗里的邪恶。

“在公元三千年的时候，当他们一件件挖掘出苏尔坎普出版社的每一本书时，他们会发掘出这个世纪的精神，他们也会为这个时代——虽然在今天已经可怕地失去理智——留下的财富而震惊不已。”

安全网：

关于托马斯·伯恩哈德（Thomas Bernhard）和西格弗里德·温塞德（Siegfried Unseld）

撰文　霍莉·凯斯（Holly Case）

译者　索马里

一个作家写信给他的出版人："很多次，一个人突然悬空漂浮在一个致命深渊的上空，被数不清的人围观，那些人不停地鼓掌欢呼，他们（心怀二心的）的赞扬几乎能把人耳朵震聋，但他们中间没有一个人，会在这个人要坠落时——不夸张地说是最后的时刻——为他拉起一张网，而不至于让他无可挽回地变成人群中的一个喜剧的、同时也是一具可悲的、必定荒谬的尸体。"这个作家是托马斯·伯恩哈德——关于这位作家，另一位也来自奥地利的作家埃尔弗里德·耶利内克（Elfriede Jelinek）曾经评价道："没有人能从这位死去的巨人身上跨过去。"那个出版人是西格弗里德·温塞德，他在声名显赫的德国苏尔坎普出版社为伯恩哈德保留了栖身之地。这封信的主题是关于温塞德一个月前，即 1965 年 12 月，汇给伯恩哈德的一笔三千马克的贷款。"你用那三千马克为我支起了一张网。"

这并不是他第一次支起这张网，也不会是最后一次。

他们于 1965 年 1 月第一次会面时——那一次会面总共进行了二十分钟——当时伯恩哈德去了温塞德的家，但温塞德当时不幸感染流感，体温飙到四十摄氏度。自命不凡的作家要求得到四万马克，以便支付他新近置办的位于奥尔斯多夫的一间奥地利乡村农舍的费用，“每一千马克标志着那位出版人的每一度体温，或者也等于出版人给他的每半分钟。”温塞德伸出了援手。

之后的那些安全网既是经济上的，但同时也是道德上的。在伯恩哈德官司缠身时，他的出版人一直站在他身后，包括 1970 年针对他的一场诽谤诉讼——他（伯恩哈德）将文化政治杂志《犁沟》（*Die Furche*）形容为“变态的天主教–纳粹的乏味无聊的正交”。当另一位杰出的奥地利作家彼得·汉德克（同样也属于苏尔坎普出版社旗下），也曾撰文称他劲敌的作品“对艺术几乎是毁灭性的”时，温塞德捍卫了他（伯恩哈德）。而且在 1978 年，当伯恩哈德的一次朗读会被一群愤怒的慕尼黑大学学生围攻时，他的出版人就坐在他的右边。

“我们并不出版作品，而是出版作家。”温塞德曾经这样形容苏尔坎普出版社的精神纲领。和这家出版社同名的彼得·苏尔坎普（Peter Suhrkamp），相信尽可能地出版一个作家的全部作品是至为重要的。事实证明，他的这种哲学是合理的；在他于 1950 年创办苏尔坎普出版社后不久，它就变成了欧洲最好的出版社之一（至今仍是，尽管此刻它陷入几乎是毁灭性的内斗之中。以伯恩哈德为例，苏尔坎普出版社出版了他的几乎全部作品，包括九本小说、四十多部戏剧、几十篇短篇小说、一本诗集，还有一些篇幅较短的小说和非虚构作品。而伯恩哈德的核心作品中，只有他的五本自传小说是由别的出版社出版的。

到 2000 年，伯恩哈德的作品一共售出了一百五十万册，温塞德持之以恒地为苏尔坎普购入伯恩哈德作品的努力，才终于算是实现商业上的成功。那成功来之不易。1988 年，温塞德写过一篇《出版作为天职》（*Publisher as Vocation*）的文章，宣告了他自 1952 年加入苏尔坎普出版社以来即献身这份职业的信仰。他强调出版人和作家之间的特殊纽带时，用的第一个例子就是他自身和托马斯·伯恩哈德的交往，后者曾经将这段关系形容为“彼此又爱又恨”。“一个出版人如何能承受这种紧张关系？”温塞德写道，“是对神秘创造力的尊重，赋予他力量，让他能够去欣赏，去热爱。”

要爱伯恩哈德这个人并不是件容易的事。在 1961 年 10 月他写给温塞德的第一封信中，他显得严肃又职业，因为注意到与自己打交道的这个德国出版人也出版了赫尔曼·黑塞、萨缪尔·贝克特、西奥多·阿多诺、T.S. 艾略特、马塞尔·普鲁斯特、萧伯纳和瓦尔特·本雅明的作品。伯恩哈德在他给温塞德的一封信中——《托马斯·伯恩哈德和西格弗里德·温塞德通信集》(2009，这本通信集的节选英译本由海鸥出版社推出)，收录了他们之间上百封邮件往来——写道，“我手头有一些你出版的书，它们都是近来最棒的书。”他要求进行一次会面，并提到他们之间有很多共同的熟人，然后声明，“但我还是单打独斗吧。”这是伯恩哈德痴迷“独立”的第一次暗示。曾经有一次，1971 年 9 月的一天，伯恩哈德出现在温塞德的办公室，要求拿回他前一天签署的一份合同的底本，他一把从他出版人的手里扯下那份合同，将其中一条条款划掉。(“这无疑是一个糟糕的时刻，”伯恩哈德在他对这次会面的记录中写道。)而伯恩哈德的小说《纠正》(*Correction*，1975)中的主人公则体现了伯恩哈德的挫败感：“我们的野心就是摆脱这些合同和书面协定，一劳永逸”。虽然他经常需要、索求一些安全网，但伯恩哈德却害怕被它们缠住，一直在奋力摆脱这种羁绊。

温塞德和伯恩哈德的友谊跨越了四分之一个世纪，从 1961 年 10 月 22 日的那封信开始，一直持续到 1989 年 1 月 28 日，他们最后一次见面的那天。在他们给彼此的信件中他们一直用全名称呼对方(比如写信给温塞德时，伯恩哈德经常会在前面加上“博士”的称呼)。和苏尔坎普旗下的，包括马克斯·弗里施(Max Frisch)和尤根·哈贝马斯(Jürgen

Habermas）在内的其他作家们不同的是，伯恩哈德和温塞德从未在对方身上使用过非正式的称呼（Du:“你”）。经过了十多年对合约的重新谈判以及伯恩哈德周期性发表的长篇大论，温塞德才明白他们之间的关系紧张到什么程度就会变得无法承担，以及背后的原因。1973年，在结束了和作家的一次会面之后，温塞德总结道，“托马斯·伯恩哈德身上的感性、敏感还有他的神经质已经到达顶峰，从长远来看要面对这点实非易事……从我的角度来说，我（不无敬仰地）发现，伯恩哈德是如何通过写作和身体锻炼试图中和自己身上的神经症。其中的代价如此之大，实际上——我们自身也要承担一部分。”

伯恩哈德知道自己踩在理性和疯狂之间那道狭窄、暧昧的边界之上。在将他自己和他朋友、曾经几度在精神病院接受漫长治疗的保罗·维特根斯坦（Paul Wittgenstein）相比时，他写到维特根斯坦“可以说被他的疯狂打败了；而我却利用、控制住了我身上的疯狂”。伯恩哈德也敏锐地发觉了温塞德对他的“神经症”的洞察，并试图最大限度地利用这点。在和他的邻居、朋友，一个叫卡尔·伊格纳茨·海内特迈尔的猪肉批发商散步时，作家对他吐露道：“和温塞德打交道时，我拥有一个疯子（Narrenfreiheit）的自由，我可以随心所欲。”

他确实这么做了。而对温塞德而言，要面对伯恩哈德身上的那个“疯子”的代价，既是经济上的，也经常是心理上的。他可能会变得冷酷无情，比如当他写信给温塞德说，“最近一段时间我有时候会怀疑自己是否有一个出版人，因为在我看来似乎没有人给予过我任何关心。”伯恩哈德一直都会紧张地计算着出版人的好意的程度和边界。在和海内特迈尔散步的时候，他抱怨温塞德从来不为他得的这个那个奖项道贺，要么就详细地分析在他过生日的时候温塞德给过他什么礼物。他甚至还向海内特迈尔吹嘘，当他拜访苏尔坎普位于法兰克福的体面而有序的总部时，他永远都会用一种很土气的奥地利口音说话，他还会跟在那些从温塞德的办公室出来的不那么重要的作家们后面，然后在编辑们的座位中间走来走去滔滔不绝：“看介（这）儿，你蛮（们），介（这）个看起来像是，一个斯（诗）人”。1980年7月，他们在萨尔斯堡会面时，当时温塞德正接受禁食治疗，但伯恩哈德坚持要出去吃午饭，然后他在他的出版人面前慢吞吞地、津津有味地享用午餐，还一直在问：“我对你有多重要？我对你们出版社的意义有多大？”当温塞德一边“狂喝气泡水”，一边还要安抚他的作者时，伯恩哈德宣布说他刚刚将他自传小说的第四本交给了奥地利的皇宫出版社（Residenz），尽管他先前曾经允诺将这部书稿交由苏尔坎普出版。

在温塞德身上——他那宽宽的、似熊一样的脸庞，还有他标志性的宽阔、微微驼起的背部，从生理角度都极好地匹配了他生活和商业的准则（“我非常严肃地对待游戏，因为我想赢，但我试着用一种轻松的方式来解决严肃的事儿”）——伯恩哈德的背叛和责备留下了一道粗粗的、柔软的印记。“相比于您经常的苛责——似乎我招致了您很多批评，天知道为什么——我真的应该得到更多的认同”，1969年7月，温塞德写道。但这个出版人几乎从来不会对伯恩哈德失去耐心。直到1988年11月24日，在作家去世的前夕，当温塞德得知作家再一次违约，将他的另一份手稿又交给了皇宫出版社时，温塞德彻底失控了，给伯恩哈德发去了一封完全不是电报体的电报：“对我而言，不止是达到了疼痛临界点，而是已经超过了这个极限。在过去几十年我们经历了这么多之后，尤其是最近两年你对我的失信，而我曾经一直充满好意地站在您这一边，一直为您努力……我再也无法忍受了。”

除却他们交往中这近乎灾难的结局，这两个男人之间的关系确实也有某种真正的温柔。温塞德和伯恩哈德都很享受在奥尔斯多夫及附近结伴的那些远足和游泳。他们在意大利、希腊、伊朗、葡萄牙、西班牙和比利时碰面，一起悠闲地用餐，把酒言欢，在这些拜访中间，通常伯恩哈德的情绪都很好，和他的出版人相处也比较融洽。“一个人隔着越远的距离跑去看他，他会感觉和出版社、出版人的关系越发亲密。”1987 年 2 月，他们在里斯本会面之后，温塞德如是写道。三年前，温塞德六十岁生日时，伯恩哈德写了一封致辞，细数了他和他“守时、可信”的出版人所有碰面的地方（的里雅斯特、斯图加特、波斯波利斯的遗址、设拉子、萨卡拉的沙漠、德黑兰），然后他又描述了在开罗的一次外交晚宴后发生的一起事故。当时他和温塞德在一间电梯里，在电梯距离底层只有几英尺时，电梯电缆突然折断，在剩下的距离里，轿箱以自由落体的速度下坠：“我们拍拍身上的灰尘，整了整头发和衣服，放声大笑”。

只有当伯恩哈德在没有安全网的情况下高飞，当他偶尔俯视身下的深渊时，他的语气才变得温和一点。1976 年 10 月，他在维也纳预订了一张飞往伦敦的机票，准备参加他的一部戏剧在英国国家剧院举行的一次带妆彩排。起飞后不久，那架飞机的右引擎发生爆炸，飞行员必须紧急迫降。这之后伯恩哈德给温塞德的信可以说是感伤的：“我汇报这一情况，因为（我和你）长久地为了各自的最大利益和相互愉悦而属于彼此。”尽管如此，他的出版人对伯恩哈德却不抱幻想。1981 年，在一次极度愉快的会面之后，温塞德写道：“一个人当然不该被现在表现出的任何友谊所蒙骗。伯恩哈德写的每一句话对他自己的意义远超过对我们之间关系的意义。他就是一个要么全有要么全无的人。”

“为何我一方面有一种绝对的安全感，另一方面却又有这种可怕的无助感呢？”伯恩哈德在他的自传小说里自问道。他给出的答案是很个人化的，但他的完美主义、他对“独来独往”的偏好，还有他罕见的对自己作品的强烈认同，都和战后的某种时代精神呼应。那是一个“要么全有要么全无”的时代，一个尊崇杰出、奋力追求完美的偏执的孤独者——几乎永远是男人——的时代。1971年3月的一封信中，伯恩哈德将自己的境况和《长跑者的寂寞》（*The Loneliness of the Long Distance Runner*）——阿兰·西利托（Alan Sillitoe）完成于1959年的一部小说，并于1962年被拍成电影——相提并论。那本小说讲述了一个来自工业化的英格兰贫困地区、名叫科林·史密斯的男孩进了监狱，并开始长跑，试图从精神上逃避监狱生活的残酷。狱长发现了史密斯的才华，试图吸收他，许诺他如果他能获得一个关键的越野跑比赛冠军就可获得减刑。史密斯奋力超越了其他人，眼见就要获胜，这时他带着藐视的神态在快到终点的地方突然停下来。“我的境况，”伯恩哈德写信给温塞德说，“正是‘长跑者的寂寞’，我会用这个标题形容我目前的状态。”

西利托的小说、杰克·凯鲁亚克的《在路上》（*On the Road*，1957）和《达摩流浪者》（*The Dharma Bums*，1958）、理查德·巴赫（Richard Bach）的《海鸥乔纳

森》(*Jonathan Livingston Seagull*, 1970)以及赫尔佐格(Werner Herzog)的那些伪纪录片类型的电影中出现的完成极限跳跃的跳台滑雪运动员、实现不可能的攀登的登山者们:所有这些作品都带着二战后那种特定的恐惧、孤独,还有挑战社会/国家结构进而突破个人极限所带来的狂喜的迷恋。战争结束,西欧和美国的福利国家兴起,那一代人似乎不想要的或者说不需要的正是一张安全网。"你根本不用担心从山上掉下去。"凯鲁亚克在《达摩流浪者》里写道。1965年,在他获得不来梅文学奖的获奖致辞中,伯恩哈德阐述了凯鲁亚克的这句宣言的本质:"从没有任何时代具有我们拥有的抱负;我们自大地存在着;因为我们知道我们不可能掉下去、被冻死,我们敢做任何事。"

人类精神和人类机器的"冒险政策"(Brinkmanship)要求最禁欲、最心无旁骛的孤独。伯恩哈德的大部分小说和戏剧都是在他位于奥尔斯多夫的装修简朴的农舍里完成的。直到1980年代,农舍都还没有安装电话。"我在这里拥有一座理想的监狱,这可以让我工作的房子,有我能想象到的最好的环境。"1966年12月,他(写信)告诉温塞德。虽然他经常写到,相比于乡居生活他其实更向往城市生活,伯恩哈德还是一直回到奥尔斯多夫,他给温塞德的大部分信件都从那儿寄出。从智识上启发他的人中就有奥地利犹太哲学家路德维希·维特根斯坦(Ludwig Wittgenstein),

他也是伯恩哈德的朋友保罗的叔叔——保罗略显怪异的形象也出现在作家的几部小说、短篇小说和喜剧中。举世皆知，1919 年，维特根斯坦放弃了他那份可观的财产（他父亲是维也纳的钢铁大亨，曾是十九世纪欧洲最富有的人之一），永远地离开了奥地利，余生大部分时光都只靠身上的一只背包过活。1949 年拜访纽约州北部时，维特根斯坦告诉另一位哲学家：

“情况好比这样：在这个城市里，街道井然有序。如果你靠右边行驶，你会遇到红绿灯之类的。这是规则。当你离开这座城市时，那些规则仍然存在，只不过没有了交通指示灯。而当你走得足够远，没有道路、指示灯和规则，没有任何东西可以指引你。周围只有树木。当你回到城市时，你可能会感觉那些规则都是错误的，不应该有任何规则，等等……基本上会是这样的情况。如果你有一个交通灯，我会说：跟随它。这也许是正确的。当然，城市里的生活却不一定这样。”

伯恩哈德的小说《不安》（*Gargoyles*，1967）的一个早期评论者写道，“托马斯·伯恩哈德冲破了他身处其中的那种明显属于都市的文学，冲进了一片原始森林。”

按照伯恩哈德的说法，他的整个自觉的生命就是一场“背道而驰”，朝向密林的冲锋陷阵。在他的第五部，也是最后一部自传体小说《一个孩子》(*A Child*，1982)中，他解释了自己如何在人生的第一年里生活在一张网里。他的摇篮是停泊在鹿特丹港的一条渔船甲板下方的一张吊床，而他是“七八个”一起被吊在“散发着不可思议恶臭的”、“潮湿难耐的”船舱内部木质天花板上的孩子中的一个，他脸上“都是疖子，不成样子”。一周有一两次他会被从那张网里放下来——只要他未婚先孕的母亲能从她那份女仆工作中偷挤出足够的时间来看他。

从细节上看，伯恩哈德对他生命第一年的大部分描述都不真实。他在船舱里只生活了几周，而非一年，也不存在七八个同样待在那里的婴儿——他是唯一的孩子。众所周知，伯恩哈德是一个“夸张的艺术家”(Übertreibungskünstler)，他也很乐意接受这个名号：“如果没有夸张，一个人什么都无法表达”。他的另一个特点是激进地与大众观点背道而驰。新生的自己被关在渔船船舱里，在恶臭中无助地摇摆，除了吊床架子之外无法接触任何东西——在这样的幻象中，伯恩哈德看到的不是囚禁，而是自由：“我只有到了海边才能真正呼吸，更别提我恢复思考能力了”。虽然一生中大部分时间，他都住在他母亲出生的那个内陆、多山的奥地利，他经常称呼自己“属于大海的男人”：“我是大海的孩子”(“ich bin ein Kind des Meeres.”)。

《一个孩子》的开头是伯恩哈德童年的一个场景，但并不是他在网里生活的场景。相反的，开头——他人生的开篇——是他第一次失败的逃跑企图："当时我八岁，我骑上了我监护人的那辆施泰尔自行车，当时他驻扎在波兰，马上就要和德国军队一起进军侵入苏联"。由此开始了一个之前从未骑过自行车的孩子令人屏息的冒险，当他发现——"我能统治世界"——时，一切是那么令人头晕目眩，以至于他决定要骑上将近三十英里去萨尔斯堡拜访他的阿姨。从始至终，他都想象有一群"观察者—仰慕者"在看着他，他们"必须要看到，在面临最艰巨的挑战和反对时，我永远都能战胜这些，获得胜利"。

和德军入侵苏联一样，这个男孩那血脉贲张的奔向胜利荣耀的自行车冒险，最后以屈辱和失败告终。一场豪雨从天而降，那辆自行车坏了，哭鼻子的伯恩哈德必须在路边的一个小酒馆躲雨，最后两个年轻人载上他，把他放在他母亲位于特劳恩施泰因的家门口。二战期间，纳粹和年轻的伯恩哈德的不幸遭遇之间的这种比照并非随意：对于任何一个生活在二战后德国或奥地利的、想要拥有"长跑者"人生的人来说，纳粹遗产非常沉重。纳粹认为自己与众不同，他们从德国哲学家弗里德里希·尼采那里挪用了"超人"（Übermensch）概念，从恩斯特·荣格那里挪用了诞生于一战的枪烟炮雨中的狂热、极端而超然的英雄主义，又从法学研究者卡尔·施密特（Carl Schmitt）那里继承了“例外状态”的概念，好让他们弹指间就让民主制灰飞烟灭。他们对例外状态的信仰要求追随他们的大众集体凌驾于一切之上，包括死亡和法律。

经历了德国第二次惨败，且证明他们配不上希特勒的宏图大志后，大多数德国人都想摆脱和“例外状态”的干系，但并非所有人都如此。有些人试图将“例外论”从纳粹的遗产下解放出来，去感受那种奋争背后的狂喜冲动，又不泯然众人，或者用尼采的话说，经历超人的“屈服”。对他们——尤其是对伯恩哈德而言，整齐划一、千篇一律的正步走恰恰不是“背道而驰”的生活。从那张网里挣脱，必然要求摆脱这份多余的遗产。

当年轻的伯恩哈德在失败的自行车之旅后被人送回家门口时，正是清晨。但他没有进门去面对母亲暴风骤雨般的鞭笞，而是又走了几英里，去了他祖父母们生活的村庄，去向他祖父约翰内斯·弗洛姆比席勒（Johannes Freumbichler）寻求庇护，他指望祖父能够理解自己的行为，事实上他祖父也给予了他这份理解。正如伯恩哈德在《一个孩子》中写的，“我的祖父喜欢混乱……喜欢那些非凡的、超常的、背道而驰的、有革命冲动的人，他自己的一生也带着反差生活，他的存在完全是一个对立面。”在战争期间，弗洛姆比席勒曾因偷听敌台被纳粹逮捕，并被送去做苦工。

他那著名的“例外论”让他超群绝伦。“视野要宽广，这是他一直的告诫，看得最高！”伯恩哈德回忆说，“永远要目标高远！”除去和弗洛姆比席勒出门散步的时间外，伯恩哈德的童年大多一个人待着。毕竟他骨子里有着长跑者的寂寞：“我讨厌群体，我憎恶大众，憎恶众口同声。”

纳粹主义正是建立在精心编排的重复之上。纳粹希望通过回到过去、重复过去来改变历史。一战是他们最后的荣耀和羞耻；他们不停地重访那段历史。他们对历史随意的抵达，有点像一台CD机或者MP3播放器上的那种重复功能，倒带让过去复活，听民谣流泪，跋涉行军，如此循环往复。

共产主义——纳粹的死敌——相信连续的历史，就像一盘磁带从头播到尾。一个人可以让磁带快进，加速播放，但却不可能跳到先前的段落或者倒带。一旦磁带开始播放（在人类诞生之初），一切就无法停止：这盘宇宙的磁带必须一直不停地播放下去，直到人类的终结。

出生在这样的极端年代，伯恩哈德的思想接近纳粹，但他的行为却像一个共产主义者。评论家们给伯恩哈德的作品打上了形形色色的标签，“无政府主义的”、“反动的”，但无论如何，都是极端的——这是他的舒适地带：他在一个酷热难耐的夏天只穿着一件泳衣写出了第一部小说《弗罗斯特》(*Frost*，1963)。尽管他身上有这些极端主义，但让伯恩哈德成为一个纳粹分子或者一个共产党的对立面的，却是他对大众喧哗的蔑视和对孤独扭曲的狂热。在他的小说和戏剧中，男性创作者要到一个遥远、特殊的地方遁世，只为完善某个哲学项目或者解决长期未有眉目的思想难题。在那里他们会沿着自己的思想轨迹折回去，通过重复和修正无可避免地抵达一个高尚而完美的终点，可以说他们已经体验到了自己的死亡。在伯恩哈德最好的作品《纠正》、《散步》(*Walking*,1971)、《灭绝》(*Extinction*,1986)和《英雄广场》(*Heldenplatz*，1988)中，有创造力的自我毁灭是主人公必然要面对的结局。正如有一次他告诉出版人："我是一个脚下没有绳索的走钢丝者"，"脚下就是深渊"。而阅读伯恩哈德的过程也是一种没有安全网的飞翔，无法分别那狂喜的飞升和恐怖的坠落。

在那个高度的状况是极端的。伯恩哈德最喜欢的戏剧导演是德国人克劳斯·派曼(Claus Peymann)，后者主导了伯恩哈德大部分作品的首演。派曼的舞台设计得太高了，因此即使当演员在舞台上相互触碰，体现出来的并不是亲密，而是一种悲喜剧所带有的冷淡的讽刺意味——这也提醒我们，怯懦或多愁善感之人不适合生活在伯恩哈德的作品中。在他著名的"狂喝气泡水"的那次，温塞德回忆自己的感觉，"我们在做的事情只不过是伯恩哈德的喜剧中的一幕……我不知道自己是否还有勇气再进行一次这样的对话”。

在他的散文中，伯恩哈德抛弃了叙述和阐释，也抛弃了段落和章节，而沉迷于那种超过一页的长句，偏离一个主题又迂回地回到那个主题。但如此大费周章的呈现从来都不是描述，因为伯恩哈德坚持认为“事物从来都不是它们被描述的那个样子”。在1986年的一次电视采访中，他告诉奥地利记者克里斯塔·弗莱希曼，文学中对地点和事件的描述都是“乏味”、“不节制的”。

尽管蔑视描述，伯恩哈德还是带着极度的狂热来描写事物，尤其是那些描述服饰——衬衫、裤子和鞋子——以及它们各自的品质和保养的文章。在《散步》这本书中，有好几页都是关于一个人将裤子举到亮处，注意到布料上的补丁，并带着越来越重的口气不停地重复“捷克斯洛伐克拒绝”这个词组。

据伯恩哈德自己承认，他一直有“所谓的计数强迫症”的困扰，那是一种要将一切计数的强迫行为。他避免乘坐有轨电车出行，因为他克制不住地要去数街道两边的每一扇窗户。对自己的作品，他也一样注重细节，伯恩哈德会对自己的艺术进行彻底的修正。在修订《纠正》时，他写信给温塞德说这本小说“在数学上有问题，必须先解决这个问题，这本小说才能变成一部美妙的文学作品”。随着温塞德对他的每一次新的拖延越来越不耐烦，伯恩哈德会在他的信中写自己正在接近“最后的版本”或者“最后的润色”。最终，经历了四年、至少是九次拖稿之后，伯恩哈德将手稿交给了出版商。正如其标题所显示的，这本小说是关于修订的，又因为伯恩哈德是它的作者，它是一本关于彻底修订的作品——虽然作者本身并不需要像书中主人公那样，对一组设定好的事实标准屈服。正如伯恩哈德在 1987 年的一次采访中告诉德国作家阿斯塔·沙伊布（Asta Scheib）的，“和那些只能发生一次坠机，然后基本变得不中用或者死掉的特级飞行员不同，作家们同样也会快完蛋或者死过去，但他们永远能活过来”。

让他避免遭遇他笔下主人公命运的，是他对自己工作的那种狂热激情，他在给温塞德的信中将之形容为“我唯一的享受，唯一的快乐，可能拥有的最粗鲁的猥亵”。伯恩哈德几乎能让读者从他的散文，尤其是他那些被旋律和重复不断推动、经常听起来像音乐或诗歌的戏剧中，发现这种激情的实际存在。在《英雄广场》里面，一个仆人一边向观众展示她的最新雇主如何指导她叠衬衣，一边不停地重复如下的段落：

这样看见了吧这样

他把衬衫叠好

然后又一下子抓住衣肩举高抖搂开
再重新把它叠好
[瞧一下表
他把衬衫举起抖搂开七八次
每次又重新把它叠起来
然后他说齐特尔太太现在您来叠衬衫
要完全按着我刚才的叠法
这我做不到
我的双手颤抖
无法去叠衬衫
教授说这样看见了吗
边说边叠着衬衫袖子
这样齐特尔太太这样这样这样
然后他抓起衬衫劈头盖脸地扔了过来
让我把衬衫折叠起来
不容分说
他大叫大喊起来
不不齐特尔太太我没有发疯
我只不过讲究精确齐特尔太太我没有发疯
我只不过讲究精确齐特尔太太我没有发疯
我只不过热衷于讲究精确齐特尔太太
我没有病我没有病他高声喊叫

我只不过热衷于讲究精确

我是一个出了名的狂热地追求精确的人

舒斯特教授我做不到我做不到我说

他继续叫喊您让人无法容忍无法让人忍受

他说您这样叠衬衫这样

伯恩哈德将这种冷酷的、带着韵律的语言比作“当有些垂垂老矣的老祖母……三句话不离‘我的孪生姐妹’”。

他对乏味技术的强调很明显，并且让人想起汉娜·阿伦特在《艾希曼在耶路撒冷》（1963）中的一段，那本书讲述了对“最终方案”背后总策划的审判。阿伦特注意到艾希曼“不停地逐字重复相同的套话和他自己杜撰出来的陈词滥调（当他终于说了一句自己的话时，他开始不停地重复它，直到它最后也变成一句陈词滥调……），一个人听他讲话的时间越长，越能明显地感觉到他在表达上的无能是与他思想的无能紧密联系在一起的”。伯恩哈德也许和艾希曼一样都有这种风格化的抽搐，但这并非是因为某种智力缺陷：伯恩哈德那些令人昏昏欲睡的重复是一种对“无人亲见的”、人类精神“内在进程”的有意识的探索，而非是用来掩盖思想或反思的不足。而这种内在进程最吸引他的一点，是每个独立个体对其自身完美的那种惊人的、毁灭性的迷恋。我们相信这是可能的，我们知道这是不可能的，我们相信这是可能的，我们知道这是不可能的；那种追求完美的精神用一种完美的模糊轮廓引诱着我们，因为它知道根本不存在这样的东西（完美）。

我们能读到的伯恩哈德最早的作品之一，是他在二十三岁时为法国诗人阿瑟·兰波的一百岁诞辰写的一篇颂词。“他并不用高级的铜版纸写作，而是在发臭的芝士包装纸上写——但恰恰这样的东西才是诗歌”。在兰波身上，伯恩哈德看到后者借由污秽抵达了完美：“他的文学是唯一的、真正世界性的，超越了历史的、无拘无束的、未加矫饰的信仰，它从烂泥和破烂的鞋子里凯旋。”这也会成为伯恩哈德自己反直觉的方法：还有什么比强行让纳粹遗产获得与原先完全截然相反的意义更能摆脱纳粹遗产的办法吗？

1941年，在一位医生的建议下，伯恩哈德的母亲将他送进一间治疗儿童行为问题的纳粹机构，那间机构位于萨尔费尔德（Saalfeld）附近的一片广袤森林的正中央，离特劳恩施泰因有一天的车程。这段经历让年轻的伯恩哈德能近距离接触纳粹统治的福利国家，同样这段经历也会加剧他从祖父那里继承的对国家的整体怀疑，尤其加剧了他和奥地利战后令人窒息的福利国家之间的罅隙。在萨尔费尔德的第一晚，他因为尿床被“示众”，惩罚是他不能吃早饭，并且看着那条作为罪证的床单被挂在熙攘的餐厅的一根绳子上。“我进入了一个新的地狱！……一个德国男孩是不会哭的！但在图林根州的森林里，我除了哭鼻子之外几乎什么都不干。”四十年后，大约在1980年附近，伯恩哈德故地重游。当时那里属于共产主义的东德管辖，但机构的功能仍未改变。“什么都没变，”他在《一个孩子》中写道，“虽然现在外面悬挂的是德意志民主共和国的国旗。”

伯恩哈德在他的祖国奥地利同样看到了纳粹和后纳粹之间的连续性，以至于他从一个尿床的小男孩，变成了一个“巢穴破坏者”（Nestbeschmutzer）——战后奥地利掌权者送给他这个名号。在奥地利，他以对国家和社会活跃的、刻薄的谩骂而闻名，尤其当看到战时纳粹主义和战后文化和政治领域的天主教倾向，这在他看来“无非是种慢性病、精神病”。在《原因——一种预示》（1977）中，伯恩哈德回忆了自己在萨尔斯堡度过的成人岁月。“我的故乡实际上已经病入膏肓。”他描述了二战前后成长、接受教育的“天主教—民族主义—社会主义氛围”。“在我们被灌输国家社会主义的那间所谓的休息室外，有一处小礼拜堂……里面曾挂着希特勒像的地方，如今挂着一只巨大的十字架……现在每天……被吞下的基督身体，与以前每天向阿道夫·希特勒的致敬礼无异。”虽然1972年曾获诺贝尔文学奖的德国作家海因里希·伯尔（Heinrich Böll）在一所学校墙上的十字架影子中看到了对异见的坚持（虽然那个痕迹曾经被纳粹用油漆覆盖，但那标记并没有变淡），伯恩哈德却认为十字架和纳粹十字记号之间的竞争是一种虚假对立。他们的方法和理念从本质上一模一样。

总而言之，伯恩哈德认为战后奥地利政权权力的软化，并不必然导致权力衰减。他写到社会和国家是如何渴望将那些“受苦的、受伤的和生病的人……变成受害者……至少多少个世纪以来这分毫未变,相反地,其手段越来越精妙,也因此变得更加恐怖”。1975 年，就在伯恩哈德写下这些话的同一年，法国历史学家米歇尔·福柯出版了《规训与惩罚》，追溯了几个世纪里（而不是几十年里）身体惩罚和精神惩罚的变迁，但他得出的结论和伯恩哈德是一样的：通过抛弃酷刑和处决来实现社会控制，仅仅是转换，而非削弱了那种控制的权力。“其强度减弱了吗？也许。这其中必定存在某种目的的变化，”福柯写道，“原先被施加于身体之上的痛苦必须要被一种针对心灵、思想、意志和意向的深度惩罚所取代。”

伯恩哈德对社会和制度软性束缚的攻击从未间断且直截了当，而这经常让他温和的出版人感到不安。温塞德曾回忆在 1982 年 12 月和伯恩哈德在马莱塔夫人维也纳的公寓里进行的一次会面，马莱塔夫人是伯恩哈德的多年好友，也是奥地利共和国前总统阿尔弗雷德·马莱塔（Alfred Maleta）的妻子。马莱塔是奥地利人民党成员（ÖVP），那是一个也被人们称为“黑党”的基督教—保守党派。温塞德回忆道：“然后他在这些黑党们的房子里预判黑党们没有机会胜出。但同样的，社会主义者们也没机会胜出，绿党们也没有胜算的机会——没有人有胜出的机会，这就是我们都了解的伯恩哈德。”伯恩哈德将所有的政治（尤其是奥地利的国内政治）都归纳为一场完全的灾难，这种观点也同样体现在他的小说和剧本作品中，最致命的还是极具争议性的《英雄广场》。

伯恩哈德和温塞德之间的通信给我们提供了一个宝贵的机会，让我们得以窥见这个“巢穴破坏者”真正的政治倾向。1972 年，在一次联合政府的危机之后，社会民主党人维利·勃兰特连任联邦德国总理，伯恩哈德以“你的新祖国的生日”向温塞德道贺。当 1981 年，温和社会主义者弗朗索瓦·密特朗当选法国总统时，伯恩哈德的口气几乎是狂喜的：“每天每时人类都会想象一个我们期待的新世界诞生，而每个世纪往往只有几次，事情会按照如此特别的方式发生。”

但无可争议的，伯恩哈德更多是以他的愤怒而非赞扬而知名，而他最鄙视的就是大众市场以及国家对艺术领域的赞助。他对出版业所谓“流水线”做法的蔑视，也是他和温塞德交往中紧张的部分。在 1975 年 7 月的一封信中，伯恩哈德抱怨大多数被生产出来的所谓“文学”，“都只不过是毫无生命之物的垃圾（Geistlosigkeit）！都是愚蠢的、无耻的江湖骗子！……我才不会和这种明显整体堕落的趋势有任何关系。”1966 年 4 月，他写道，“我这样做让你很难办，正如一切对我也一样艰难、越来越难……我讨厌糟糕的书，因为我可以为一本好书毫不犹豫地将我祖国的一半国土推进悬崖。”

这并非某种夸大之词，因为伯恩哈德确实经常这样做。1957 年，在对一个抽象的奥地利“年轻作家”叙说时，他宣告“一个原先盛产诗人和思想者的国度，变成了一个被保险的国度，一个都是公务员和党徒的国度，一个弱者的国度，举目只有了无生气、背着公文的人”。伯恩哈德的这一立场并没随年龄推移而变化。正如他在 1984 年告诉克里斯塔·弗莱希曼的，“我反对任何形式的津贴、补助，不应该给一个艺术家一个子儿……因为那样的话他们一本好书也写不了……这里每一种和文化有关的东西都被摧毁了，因为任何一样东西都是被外界补助的。”说到国家对文化的补贴，伯恩哈德看到了一种会支持平庸的力量——成百上千种声音都是用一支笔写作——同时会边缘化，确切地说是摧毁，那些真正杰出的东西。

虽然伯恩哈德尊崇孤独、自由和独立，并努力避免人际的羁绊和与之伴随的负担(一个妻子，一个家，三个孩子，离婚，一个国家，一个公司，保险，一个老板)，即便如此，他对他人——尤其是特别的人——的需要，和他对孤独、独立的需求一样强烈，并且这两者同时在他身上并存。在他的小说《实在》(*Concrete*，1982)中，主人公鲁道夫宣布："我过去确信我不需要任何人，到今天我依然如此确信……从自然角度我们确实需要另外一个人。"

伯恩哈德会把两个人称为他的"生命友伴"(Lebensmenschen)。第一个是他的祖父弗洛姆比席勒，后来于1949年去世，在伯恩哈德十八岁生日的两天后。伯恩哈德是在医院里度过这个生日的，当时他和肺结核进行了殊死搏斗；在隔壁房间，他的祖父却死于同样的疾病。弗洛姆比席勒去世之后不久，伯恩哈德的第二个"生命友伴"出现了。她的名字是海德维格·斯塔维亚尼切克(Hedwig Stavianicek)，是一位已故的维也纳高级军官的遗孀，她比伯恩哈德大三十七岁。在其他人面前，他喊她"我的阿姨"。1962年他在给她的一封信中写道："你是我最亲爱的人——我还能怎么说呢？我的母亲？是的——难道不是这样吗？"

伯恩哈德的生母死于1950年，自从他生病开始之后的十五年，斯塔维亚尼切克用她的宠溺和每天十奥地利先令，为伯恩哈德提供了一张安全网。他经常住在她位于维也纳的寓所，两个人也经常结伴去欧洲各地进行长途旅行。在《维特根斯坦的侄子》（*Wittgenstein's Nephew*，1982）一书中，伯恩哈德罕有地直白地写到了她，将她形容成一个“在各方面堪称表率、富有智慧的女子，她在很多关键时刻从没有让我坠落，过去的三十年里我从她身上学到了一切，至少学到了如何去理解，我持续从她身上学习，并掌握了那些最重要的东西”。

伯恩哈德所有的作品中只有一篇（极短的）爱情故事。这并不奇怪，因为伯恩哈德公开坦白自己追求的是作品的高度而非亲密关系。“写书同样也是一种肉体关系”，1984 年他告诉克里斯塔·弗莱希曼，“写一本书带来的愉悦比和一个人上床的快乐要多得多。”温塞德和伯恩哈德之间的通信当中——很像伯恩哈德的作品——引人注意地没有任何身体亲密或性的指涉。我们注意到，伯恩哈德结了婚，后来又有了第二任妻子（作家乌拉·贝尔科维茨［Ulla Berkéwicz］，现在领导着苏尔坎普出版社），在 1972 年 5 月底和伯恩哈德的一次男人间的谈话中，温塞德问起了女人的话题，“他用套话回避了这些问题，并且直截了当地开始讲他祖母的经历。”

1984 年 5 月，斯塔维亚尼切克去世时，伯恩哈德陪在她身边。第二年，他出版了《历代大师》（*Old Masters*），其中包含了对她隐秘的追思。书中的一个主人公雷格尔的妻子去世了，“我的妻子拯救了我”，他在小说中的某处说道，然后叙述者继续说道，“他一直恐惧，事实上是厌恶拥有灵与肉的女性，但他的妻子拯救了他。”伯恩哈德自身对女性的态度总是能在另一位奥地利人奥托·魏宁格（Otto Weininger）那里找到回响，后者在《性与性格》（*Sex and Character*，1903）中争论道，女性和犹太人既没有精神（Geist）也没有灵魂。女人——伯恩哈德在一次录像采访中告诉克里斯塔·弗莱希曼——拥有感觉，但没有完备的精神，因此不能“实现”男人们的事业；她们太过“情绪化”因而不够“客观”。

但正如伯恩哈德在1970年12月给温塞德的信中显示的，也正如温塞德自己也从他和作家的亲身交往中所了解的，“一切的愤怒和残忍，随时可能在下一个小时转变成它的对立面。”在《历代大师》中，这种逆转得到了完整的呈现：“当你失去了最亲爱的人时，万事皆空……然后你意识到并不是那些最杰出的头脑、那些古代的大师们让你在这几十年里活下来，而是那个你以独一无二的方式爱着的人。”1987年2月，温塞德在里斯本拜访了伯恩哈德，他看到作家酒店房间里的一张小桌上摆放着斯塔维亚尼切克的照片。

甚至在他的第二个“生命友伴”去世之前，伯恩哈德就表现出了和他的朋友、熟人们疏离的倾向，他一头扎进工作。他在奥尔斯多夫的时间比以往任何时候都要长，也开始放弃一些旅行的机会。在1981年12月写给温塞德的一封信中，他解释了自己取消了一次法兰克福拜访计划的原因："我选择了孤独……为了我的作品……当我回忆过去，我的整个生命都是建立在我拒绝的那些东西之上的。"

在他生命的最后时光，伯恩哈德在苏尔坎普出版的信用远超过他小心翼翼兑现的（1988年4月，他要求温塞德从他当时在出版社账上的374000马克支付100000给他）。两人之间关于钱款和合同的沟通比以往都要少。在1986年的一次会面之后，温塞德写道："难以想象这个作家能够闭门不出完成充分的表达，以及他是如何做到更加自由、更加独立的。"两年后，伯恩哈德带温塞德和贝尔科维茨去了他在原始森林中购置的另一套房子，在温塞德的描述中，在那个地方"狐狸和兔子会互道晚安。有一种怪异的宁静，从这座房子里一个人只能看到森林、沼泽和原野"。伯恩哈德当时病得很重，他之前已经写信告诉他的出版人自己病得很重。

回放：1981年8月，在去见伯恩哈德的飞机上，温塞德开始阅读伯恩哈德最近的戏剧《终点》（*Am Ziel*）的手稿。这部戏剧描述了一个刚完成了一部题为《若有可能，拯救你自己》的作品的作家，"关于作家的创造力"。和伯恩哈德的这次会面非常顺利，这很少见。之后，温塞德在自己的日记里写道，他无法将伯恩哈德的话从自己的脑子里赶出去：“若有可能，拯救你自己。这句话从他嘴里说出来就没有那么虚伪。在他眼里，我们生存的时代是辉煌的，是一段旅程；确实，是美妙的（旅程）。”温塞德又一次地，正如他在将近二十年前就看到了伯恩哈德身上的“神经质”。这一次也是如此，伯恩哈德在他前面，早在两年前他就写信给温塞德：“在公元三千年的时候，当他们一件件挖掘出苏尔坎普出版社的每一本书时，他们会发掘出这个世纪的精神。他们也会为这个时代留下的宝贵遗产感到惊讶，而这些在当下因为太过惊世骇俗而让人觉得十分可怖、无法接受。”

快进：1989 年 1 月 28 日，伯恩哈德和温塞德正进行他们的最后一次会面，此时离温塞德发出他那封表示投降的电报已经过去两个多月了，而伯恩哈德也会在不到两周后去世。（温塞德比伯恩哈德多活了十三年。）伯恩哈德告诉他的出版人自己将把自己在奥尔斯多夫的农舍委托给他，他的一生是美好的，他完成了自己想做的事，他还有继续写作的欲望，但却无法做到了。“生命是美好的，世界是伟大的，我们生活在一个伟大的时代。”

FANTASIES OF FOREIGN LANDS WOULD BE ABANDONED BY MEMORIES.

异域的幻想
都会被记忆遗弃。

周嘉宁 | Zhou Jia-ning

在没有神祇的年代，哪些彷徨与狂热替代了我们的信仰？

全球书情

撰文　冯塬雅

盲点

Blind Spot

——

泰茹·科尔（Teju Cole）著

——

Random House 出版

泰茹·科尔四处漫游，信步在奥克兰、纽约和巴黎，穿行过圣保罗、苏黎世和塞尔马，摄影是他延伸的视觉记忆。这些地点的影像以隐秘的联系串联起来，并被配以同样隐秘的文字。作者不仅抒怀私人记忆，于细微处征引艺术、文学史，还把历史社会评论编织进主观情思。这本旅行日志看似杂乱无章、晦涩难懂，却以精巧的文学构思获得各大媒体的赞誉，还被视作科尔写作、摄影双修的职业生涯的结晶。

书名《盲点》实为作者自嘲。2011 年，素以视觉艺术为乐为生的作者患上盲点综合征，突然失明，治疗后视线依旧模糊。他以《盲点》一文结束了文集《已知的奇怪事物》（*Known and Strange Things*），又于 2016 年在米兰举办了同名摄影展。摄影散文集《盲点》对参展摄影作品进行了回顾和再创作，既是对旅程的追忆，又暗含着对视觉将逝的隐忧。但“盲点”二字也指觉知的局限，是对生活之点滴细碎、人之真实体验的视而不见。作者的摄影作品里不是纽约、巴黎、苏黎世，而是其中蜿蜒的无名街道、开合的门窗、闪烁的镜片、广告牌……地点在具体的细节中失去辨识度和身份，人的存在反在最平凡之物中浮现。真正贯穿这些图像和文字的是作者对平凡之物的敏感和疑问。不同于超现实主义在物种间寻找潜藏的情欲，也不似沃克·埃文斯（Walker Evans）、爱德华·鲁沙（Ed Ruscha）等对都市景象的痴迷，科尔的图像有时让人想起尤金·阿杰（Eugene Atget）镜头中的巴黎，透着本能的好奇和对某种真理的追寻。科尔努力呈现了万物之间的异同和相互交织的韵律。正如作者本人在采访中提到，他欲以此“人文主义”的情怀抵抗一种对世界过于简单化、样板化的认知。

这种人文主义暗中继续了作者的政治表达。虽然《盲点》并未直接讨论时事，但作者明确提出本书的目的在于抵御民粹主义和政治煽动。书中有一张圣莫里茨的照片，所现不是瑞士漫山遍野的静好，而是简陋房屋外飘扬的廉价床单。瑞士人特克斯勒发现了“特克斯勒消逝效应”，即人眼会逐渐适应余光中的视觉刺激源直到刺激源彻底从视野中消失。作者写道，政治同理。边缘的政治活动会被慢慢适应并无视。为了被持续正视，变化的因素应该从一开始就被引入体系。由此可见，“盲点”在此书中具有丰富的内涵，其政治意味不可被忽视。

无独有偶，研究极权主义的耶鲁大学教授蒂莫西·斯奈德（Timothy Snyder）为回应美国第45任总统的当选，出版了一本仅128页的小册子《论暴政：20世纪的20条教训》。他将日益猖獗的美国民粹主义和纳粹做类比，呼吁大众在一言一行中扭转专制的趋势。他的建议包括保持独立思辨能力、警惕绝对理论、包容事实的不确定性和多样性等。科尔似乎在身体力行，以图文之美拒绝被粗暴的理论定义和左右。

泰茹·科尔（Teju Cole）出生于1975年，为尼日利亚裔美国作家、摄影家。他生于美国，长于尼日利亚的一个中产阶级家庭，生活膏腴，受到了良好的人文教育。大学之际返美，由医学转艺术史，之后游学伦敦，又获得哥伦比亚大学艺术史博士学位，从此定居纽约布鲁克林。科尔长期为《纽约客》、《纽约时报》、《格兰塔》等刊物撰稿，涉及文学、摄影、社论，多有杂糅。他擅长运用社交媒体，艺术创作与针砭时事双线并行，引起了广泛关注。目前已出版小说《开放的城市》（*Open City*）、文集《已知的奇怪事物》和刚刚出版即广获好评的摄影散文集《盲点》。

论暴政：20 世纪的 20 条教训

On Tyranny : Twenty Lessons from the Twentieth Century

——

蒂莫西·斯奈德

(Timothy Snyder) 著

——

Tim Duggan Books 出版

川普的当选为蠢蠢欲动的全球右翼吹响了卷土重来的有力号角，也在全美引发了大规模的游行抗议。向来以民主开放自傲的美利坚分裂成势同水火的左右两派。大批左倾学术精英嗅到了川普政府的极权意味，欲追溯此番右翼复兴的原因，止暴政于未发。耶鲁大学历史系教授蒂莫西·斯奈德为其先行者。第 45 届总统当选之际，他便在 Facebook 上发表了二十条以民众之力避免极权政治的建议。九个月后，基于社交媒体上的初稿，斯奈德反思了二十世纪欧洲的历史教训，完善了这二十条建议并整理成册。这本 128 页的小书一经出版便高居《纽约时报》热销榜，而读者反应臧否不一，学术界对此表示保守肯定。

作者在本书开篇定义了美国政治语境下的“暴政”，即任何为个人谋利而僭越律法、打破制衡的权力滥用。看似合理的欧美政治比较已然挑战了美国读者。自信美国政治独一无二的群众满于民主制度的运行，认为极权因素已在合理的体制中消失殆尽，川普当选几乎相当于偶感风寒，远非当头棒喝。浏览网上读者回复，大有斥责作者不顾美国独特国情、不过发表左派无耻谰言者。除去政见不同导致的偏激评论，严肃的文学评论也在赞誉中透出疑虑。迈克尔·戈夫（Michael Gove）在《泰晤士报》发表了文章，指出“(本书的）败笔在于，为提醒我们关注当前危险，一次又一次地拿纳粹作比较”。这种略显轻率的类比符合“戈德温法则”，即在任何辩论中，迟早会有人引用纳粹的例子来阐述观点和魔鬼化反对者。戈夫认为美国民主似式微实未衰，斯奈德粗暴的夸张反而会令人反感，并因此减弱对川普的批评力度，掩盖其观点的深刻。此外，滥用纳粹政权的例子阐述时政，也易淡化纳粹之罪和受害者之难。那么，纳粹极权统治和川普政权之间是否存在可比之处？若历史果然几临重复，教训是否能被吸取？个体微小的行为改变又能否产生改变政治局势的力量？

作者的回答是肯定的。斯奈德教授受到汉娜·阿伦特（Hannah Arendt）和维克多·克莱普勒（Victor Klemperer）的影响。他对如何保持政治文化健康的建议闪烁着和阿伦特文中相似的人文精神。阿伦特认为极权主义意味着公共与私人生活界限的崩塌，而不仅仅是国家对权力的掌握程度。正是因为群众在政治上的自主参与性被压榨干净，纳粹等极权政权才最有暴力却无权力。斯奈德正是试图恢复群众的自由意识和自我意识来抵抗现美国总统所宣扬的简单对立、扼杀个体存在的价值观。他在第十条建议提出要相信事实。正如阿伦特所述，极权统治下，判断是非的标准被全面取缔，人本能地依附于权力以获得安全感。川普社交媒体上铺天盖地的词语“假新闻”和他对媒体的攻击打击了群众对追求事实的热情，并削弱了大众对新闻媒体的信任。斯奈德写道，“无事实即无自由”。因此，他的第二条建议便是“维护机构”，尤其是新闻和非营利机构。个体在这些机构中汇集，形成可观的政治力量，在逆境中给予个体肯定和信心。

维克多·克莱普勒对作者的影响也多有体现。克莱普勒的著作《第三帝国的语言》(*The Language of the Third Reich*)将第三帝国语言喻作剂量微小的砷，在大量的重复中令人机械地接受下来，使集体狂热主义通过高度贫瘠的语言在人群中渗透。同样的，斯奈德对语言极其敏感，并指出了现代社会中的“砷”——网络语言。在第九条建议中，他呼吁使用语言要一丝不苟，三思而言。每一次不负责任的浏览和发言都会在网络平台中留下印迹，并通过数据运算成为掌控个人信息获得的依据。且不说网络的控制在选举中扮演了何种角色，这也许显得危言耸听，但选举期间川普对语言的利用，证明对语言的警惕并非杞人忧天。斯奈德将川普和希特勒的语言进行了大量比较，例如川普对“假消息”、“修墙”等语句咒语似的重复取代了理智论述，使得这些语句像病毒似的扩散，甚至讽刺地寄生在反对者口中。他的论调似乎也不再显得荒唐，仿佛只是娱人娱己，但人们在这种不知不觉的容忍中，有时会忘记了政权决定着自己的安危。这就像鲁迅的看客还活在“吃瓜群众”的云淡风轻里。培育自我意识、掌握主动权始于运用自己的语言。

斯奈德的小书并不是一本学术研究，也并未直接攻击当权者，而以使用手册的形式发表了一个颇有爱国情怀的政治宣言，作者对民主政治的热情洋溢其间。就像托马斯·潘恩（Thomas Paine）的《常识》（*Common Sense*）一样，这本不过128页的小册子，极大地鼓舞了依旧信仰美国民主精神的读者。有的评论者注意到，在纽约西村的书店里，不止一人买下二三十余本四处发散。《论暴政》和《常识》之间的类比，或许和斯奈德本人对欧美政治的比较一样显得粗暴夸张，但不可否认的是，在历史悲剧可能被重演的同时，看似已逝的精神和仿佛一去不返的反抗也在复苏。

蒂莫西·斯奈德（Timothy Snyder）以对中东欧历史的研究蜚声学界。在作为马歇尔学者获得牛津大学博士学位之后，斯奈德教授游历中东欧，为之后的学术研究打下语言基础。自 2001 起，斯奈德教授任教于耶鲁大学。他频繁参加关于纳粹大屠杀的学术研讨会、组织编辑学术刊物并跻身美国大屠杀纪念博物馆委员会。2017 年，斯奈德教授以杰出的学术贡献获得古根海姆基金会奖学金。其业已出版的六部著作或为严肃的学术研究，或为借古说今的政治评论，皆获奖项,并被翻译成多种语言。2010 年出版的代表作《血染之地》（*Bloodlands: Europe Between Hitler and Stalin*）着眼于二战期间苏、德蹂躏下的中东欧及此极权统治的战后余威，被译成三十余种语言，包揽了“汉娜·阿伦特政治思想奖”在内的十二座奖项。其后的作品日趋社论化，立足欧洲历史针砭美国政治。

现代神祇

Modern Gods

——

尼克·莱尔德（Nick Laird）著

——

Viking 出版

莱尔德的新书从私密的角度审视了暴力冲突和宗教狂热主义的后果。故事围绕着一对各自为生活挣扎的姐妹展开。现居纽约的学者丽兹正准备前往巴布亚新几内亚的热带雨林，以极具魅力的部落女领袖比勒芙为题制作一部 BBC 纪录片。比勒芙带领其部落成员将外来的先进科技物品拜为神祇。出发前，丽兹返回位于北爱尔兰的家乡巴利格拉斯参加姐姐艾莉森与其第二任丈夫史蒂夫的婚礼。蜜月还未开始，当地报纸就披露了史蒂夫的昔日劣迹——他作为“阿尔斯特自由斗士”组织忠诚的一员，被卷入了一起酒馆屠杀事件。艾莉森在痛苦而肤浅的自我审视后，选择对此保持沉默，却不得不与史蒂夫一同承担道德谴责。在另一个半球上，丽兹被比勒芙的仪式深深吸引，难以自拔，却为自己局外人的身份所困扰。她穷其一生研究各个部落信仰间的异同，却在巴布亚新几内亚的热带雨林里蓦然醒悟：这些信仰也许自始至终都大同小异，无非是关于巨大的痛苦与失去。不同于艾莉森的自我逃避，丽兹近乎偏执的自我拷问却终将她引向悲剧。《现代神祇》结构缜密，遣词清晰而富有诗意，精巧文章却承载着一个关于失控的故事。在上帝已死的时代，不灭的是有关信仰的彷徨与狂热。

北爱尔兰小说家及诗人尼克·莱尔德（Nick Laird）出生于1975年，从剑桥大学毕业后短暂从事法律工作，后以写作为生。莱尔德已创作包括《现代神祇》在内的三本小说，其诗集《致一个过错》（*To a Fault*）和《故意》（*On Purpose*）获一致好评，摘多项大奖，并启迪了其妻扎迪·史密斯（Zadie Smith）的获奖小说《论美》（*On Beauty*）的创作。短居伦敦、华沙及罗马后，二人移居纽约。莱尔德现任教于哥伦比亚大学英文系。

伊斯坦布尔：三城记

Istanbul: A Tale of Three Cities

——

贝塔尼·休斯（Bettany Hughes）著

——

Da Capo Press 出版

2016年末，伊斯坦布尔开通了世界最长的海底公路。公路穿行在博斯普鲁斯海峡下，连通欧亚——钢筋水泥实现的，正是两千五百年前波斯帝王大流士一世的妄想。随着土耳其的基础建设如火如荼地开展，大批遗迹重见光日，也带来了重新审视伊斯坦布尔历史的契机。贝塔尼·休斯搜集整理了最新的考古发现。其新书《伊斯坦布尔：三城记》在时间上跨越了从远古到土耳其国内共和国成立的岁月，讲述了一城三世——希腊移民的殖民城市拜占庭成为罗马帝国的首都君士坦丁堡，又作为伊斯坦布尔复兴于奥斯曼帝国治下，而君士坦丁堡仅存于拜占庭东正教遗民的口耳相传中。

博斯普鲁斯北连黑海，南通马尔马拉海，波光泛在欧亚之间；毗邻的伊斯坦布尔因此地处四方交汇处，被视为第一座真正的国际化大都市。每一次嬗变的阵痛中都生出又一层的诱惑。宗教热潮轮番卷来，基督的余光照着伊斯兰的铁骑。当圣索菲亚大教堂马赛克的金光不再指向基督的天堂，奥斯曼帝国与现代化进程中的西欧渐行渐远，苏丹寝宫中的寂寥与淫艳越发挑起东方主义的渴望。千头万绪的宏大历史叙述让人迷失；残墙旧墟、役夫走卒的真实又将人卷入帕慕克式的黯然神伤。而贝塔尼·休斯的文字依稀可见其纪录片作品的趣味横生，用各式人物的肖像点缀历史大脉络。无论旧时王谢还是寻常百姓，这些人物在活色生香的逸闻趣事中有如重生。《卫报》书评中写道，正是这生命力使读者在惯常肃穆的历史读物中难得地保有对生命和历史积极乐观的认知。

休斯个人最钟爱东罗马皇帝查世丁一世的王后西奥多拉，并将长篇巨幅献予了这个颇具女权意味的角色。西奥多拉的出身不过闹市一舞女，姿色出众又心思机敏，周游地中海东岸时皈依基督，返回君士坦丁堡后竟一举俘获了查世丁一世，在拜占庭帝国雄风之巅峰变成了枝头的凤凰。王后西奥多拉不仅助查世丁一世清陈律改旧法，还为彼时的色情服务者设立安全屋。但休斯并不偏爱众星拱月式的人物。她从历史积尘中唤醒了社会边缘群体，例如被阉割者——他们不仅侍奉在宫闱之内，还在社会各阶层，甚至是军中，扮演了重要的角色。而各系教徒、往来商旅也得到了各自的戏份。

贝塔尼·休斯的叙述停在了 1923 年，之后的天翻地覆自成一书。土耳其如今的政局变幻莫测，不知会走向何方。但正如法国作家皮埃尔·吉尔斯（Petrus Gyllius）所说，“世事更替，唯君士坦丁堡似乎永生”。伊斯坦布尔将以何种形式继续存在尚未可知，但重读此城三世，也许能拨开一些当下的迷雾。

历史学家、作家、主持人贝塔尼·休斯（Bettany Hughes）以其古典和中世纪历史的研究著称。她擅于结合传媒与学术，在执教剑桥、牛津等学府的同时，不仅写就《特洛伊的海伦：女神，公主，娼妓》（*Helen of Troy: Goddess, Princess, Whore*）等销量惊人的历史读物，还为 BBC、探索频道、历史频道及 PBS 等编写或录制了大量脍炙人口的纪录片。包括牛津大学和约克大学在内的众多高校予以休斯如“牛津杰出友人奖”等殊荣，感谢其普及史学研究的成果。休斯在作品中对女性的社会地位尤为关注，被 BBC 评为“全球百大女性”之一。休斯近期完成了一系列对比呈现苏格拉底、释迦牟尼和孔子的 BBC 纪录片，并将续以新系列解读古典学对弗洛伊德、尼采和马克思的影响。

我打赌
你是
一个一流诗人，
只不过
活在一个
二流时代。

I bet you are a first-rate poet,
Living in an second-rate era.

黄灿然 | Huang Chanran

文章摘要

OW Magazine Issue 16 — Article Abstracts

翻译　高林（Callum Smith)

Pi Village Literary Group — Beijing's Sweating

Pi Village is located on the outskirts of Beijing. For many years, it has been a popular place of residence for migrant workers. The Pi Village Literary Group is a small artistic group put together by migrant workers residing there. This article is comprised of a selection of their works. In their stories, we see their initial yearning in leaving their rural hometowns and the fear they experienced in their travels; the companionship of some with the mice at their work shed; the distress of finding a partner and getting married; the touching of first encounters with migrant workers with Pi Village… these words remind us, Beijing is not only a place of grand narrative, but also relates to the destinies of thousands at the lowest rung of society.

Xiao Yu — High and Dry

In Beijing, everything dries fast. This statement comes from Zhao, a woman who stirred up our social circle at university. Now the social circle returns from Scotland to Beijing, and as Zhao's personal story unravels, the memories of her emerge, where past and present become confused and ambiguous, and the lives of overseas returnees are sketched and exhibited.

Wu Qi — An American in the *Hutong*

Michael Meyer, an American author, once moved into the Yangmeizhu *siheyuanr* courtyard and lived there for three years, in order to write his book about Beijing's *hutongs*. Just like a Beijinger, he'd bathe in bathhouses, read the *Beijing Evening News*, chat with the elders, and "enjoy" his special foreigner privileges……He closely examines Beijing's modernization and internationalisation from the 90s up to today, witnessing the gradual demolition of its *hutongs*, one by one. He's nostalgic, but he understands that the trend of the times has its own reasonable *raison d'être*.

Kai Yin — The Beijing Dialect, Courtyard Culture, and the Origin of Chinese Film

The noted film critic Kai Yin reviews the transformation of the Beijing dialect as the "national language" in Chinese film. He believes that the Beijing dialect film culture reached a climax in the 80s-90s, the "cadre kids" Wang Shuo, Feng Xiaogang and Jiang Wen were the nucleus of 80s authorship and directorship. In pace with China's exponential economic and social development, and the influx of information in the Internet age, the "courtyard kids" gradually dispelled themselves of their superiority complex, and with it, the colour of Beijing's regional film works gradually declined.

Xi Chuan — Imagining My City

Since Beijing became the national capital in the Yuan dynasty, people from all walks of life, numerous chaotic political struggles, countless narratives and legends have permeated throughout the history of this city. Here, the poet Xi Chuan interweaves the narratives of people past and his own experiences——the dangers of the empty Forbidden City, Beijing's underground in the novel *René Leys*, the extraordinarily imposing manner of the Royal Avenue, and the recent rise of the skyscrapers……He travels between the nominal and real Beijing, in an effort to construct an illusion of the city he inhabits.

Hamid Ismailov — The Underground

For the first time, *OW Magazine* introduces the work of the Uzbekistanian author Hamid Ismailov. He created Cyril, a child born in Moscow, the mulatto bastard of a black and a Russian. This black-skinned child was different to the people in his surroundings from birth. His mother died when he was seven, and he continued to live with his stepfather, before dying young at age eleven. In his young life, his memory unfolded along the line of the Moscow subway······

Qiu Zhen — Me and my Bride

Qiu Zhen's life in Beijing is grey, solitary, busy, and thirsty for love. But his days are rigid and monotonous, to the point that his greatest burden is the flora that sprouts from an avocado seed discarded casually by him. The hardships of moving to Beijing from a small town, the factories, the multi-level marketing schemes, the pursuit of education, all of these are buried in memories. Not a trace of his "bride" has appeared——love is something to be discovered serendipitously, not sought purposefully. He selects photography as his form of expression, to preserve all of these.

Zhou Jianing — We've Stopped Smoking in the South

This is a set of travel notes, but in it, the author inadvertently introduces the human friendship and scenery of New Orleans. The author never really had a destination in mind from the beginning, as if her state of mind was always adrift, never truly absorbed in this southern-American tour. The scorching summer heat is constantly disturbing this tourist, and her unpredictably emotional companion creates endless annoyances, and her literary pursuit also diverts her attention. It's all just a great clamour, but in the end, she completes this "dull" trip through a constant renewal of literature and life.

Guo Shuang — Willing to Learn to Tremble

When Guo Shuang, a Chinese girl, moved to Berlin to report on the refugee crisis.She became friends with Hamid, the owner of a Turkish barbecue restaurant; met a white beggar hostile to the refugees; and became acquainted with Anja, who was committed to social innovation and helping the refugees. She faithfully recorded those moments of both mutual understanding and estrangement in their interactions, and in Hamid's own account, she understood both his affection for and fear of Germany. She narrated with precision the intricate yet complicated relationships between white society and minority ethnicities in Germany today.

Ou Ning — A Letter to Mother

Ou Ning wrote this letter to his mother in Chiangmai, Thailand. It represents the friction between mother and child, between the old time and the new, between the rural and the urban. He begins with his childhood and narrates through his adulthood, from mother to sister, from hardships in the past to today. He dabbles in the bluntest language, narrating for his mother his road to enlightenment, unsure of whether she would truly understand.

Sheng Keyi — Where Literature Comes From

This article is the original manuscript of a speech that the author Sheng Keyi intended to deliver in Paris. For her, her hometown and childhood are an unending stock of inspiration, like "that pretty psycho woman that likes to sing" , "that weird cripple from the village" , and "that bride who became possessed by evil spirits in the village" . She also listed other authors' examples. For an author, inspiration is the flashing of memories, and memories that take root in the heart is where everyone's literature comes from.

Li Jing — Qin Comedy

The stage play *Qin Comedy* sets an absurd tale of modern spirits in the distant Qin State. The excerpt takes place just before the execution of Han Fei and Mo Zi, and surrounding the primary reason of "assassination of the Qin king" , weaving others including Yang Zheng and Li Si, concluding with the death of Han Fei.

Wang Bang — A Glance at British Household History: Punishment and Revolt

This essay by Wang Bang outlines the vicissitude of British household history. In the Middle Ages, the influence of the Christian Original Sin doctrine led parents in Britain to use stringent discipline measures to "cleanse" their children, to the point that even death by torture was not even considered a criminal offence. This did not change until the Age of Enlightenment. Hence-forth, the liberalisation and equal rights movements further transformed the traditional patriarchal family construct, and gave impetus to the legislation of laws safeguarding children's rights, finally forming the most common "authoritative" (rather than the "authoritarian") family model of today.

Yun Yetui — "A man who doesn't keep accounts dies without verifying them" ——Reviewing *The Brothers Ashkenazi*

The story of *The Brothers Ashkenazi* is set in the 19th century, in the small Polish city of Łódź, where the Ashkenazi Jews resided, where Poles, Germans and Jews would look askance at one another. In is within this complicated environment that the author Singer described the circumstances of several families. Through his unique insights, Yun Yetui begins his review with an overview of the historical background, with the author's life as cornerstone, inquiring into the artistic intent of this work. It also affords us a deeper multi-faceted analysis of the ethnic, religious, economic and cultural characteristics of the Jewish people.

Holly Case — Safety Net: On Thomas Bernhard and Siegfried Unseld

As the most important German language author, Bernard's lifetime of works are abundant, his originality is astonishing. But, this Hungarian endured a lifetime of hardships. Fortunately, he met Siegfried Unseld, the publisher who set up a safety net for him. Whether in regard to economics, law or any other aspect, Unseld gave enormous support to Bernhard, and was a saviour in his most troubled moment, in a moving friendship that lasted over two decades.

Feng Yuanya — A World of Book Lovers

OW Magazine continues its series of introductions to current book publications worldwide. *Blind Spot*, *On Tyranny: Twenty Lessons from the Twentieth Century*, *Modern Gods*, *Istanbul: A Tale of Three Cities*, these books based on actual events once again lead us into the veins of the reading world.

撰稿人

皮村文学小组，2014 年 9 月 21 日，皮村社区工会文学小组第一次开课，到目前为止已成立三年。期间每周都会有志愿者老师来和工友们交流，讨论怎样用写作来记录和思考生活。工友逐渐用文字发出自己的声音。如今他们的作品已陆续发表在各非虚构写作和文学平台上。越来越多人开始关注他们以及他们所代表的群体。

苑伟（微尘），山东人，毕业之后一直做木工，皮村文学小组成员，想用文字的形式记录生活。

郭福来，自 1968 年来到人世间行走，一路坎坷。幸好有文学的小花给予抚慰。梦想是醉卧文学的花园。徜徉其中，名利皆忘。人生之大美也。

马大勇，1976 年生，广西南宁市宾阳县人，南宁市作协会员，曾就读于北京鲁迅文学院。出版有传统文化普及读物。发表多篇小说、散文等。

小海，来自河南商丘，2003 年南下深圳打工，十多年在珠三角、长三角的工厂车间里，发牢骚长短三百余篇，大多以歌词形式。由海子的诗歌，张楚、汪峰、郑钧的歌曲为引子，后受西方摇滚歌手，如鲍勃·迪伦、披头士、滚石乐队、大门乐队、平克·弗洛伊德等亦歌亦诗的歌词影响较深。

李若，打工十多年，从南到北。热爱文学，偶尔舞文弄墨。

范雨素，原名范菊人，一个怀揣文学梦的月嫂。

陈迪桥，湖北十堰上津镇人，十七岁外出打工。打工过程中，通过阅读自学进而接触到乡村建设，2014 年进入梁漱溟乡村建设中心学习，参加“农村可持续发展青年人才培养计划”第十期，2015 年又参加北京工友之家的“工人大学”十三期继续学习。2016 年留在家乡，在集镇上筹建了爱故乡公益图书馆。

万华山，河南人，高中因故辍学后，辗转于长三角、珠三角，做流水线、业务、五金批发、文字编辑……始终执念于阅读写作，如同热爱生命。

徐良园，笔名澴河源，建筑装修工人。九十年代初南下广东，在东莞的工地、工厂打工，开始诗歌创作。2003 年来北京打工，工余写作电影剧本《最后的房东》《隔代传烟》，并有曲艺小品创作多篇。2014 年加入北京工友之家工会。

晓宇，牛津大学政治学博士在读，共识学社创办人和撰稿人。想把深刻的观点写成好读的故事。

开寅，生于北京，毕业于上海外国语大学法语语言文学系。法国巴黎第一大学（前身为巴黎索邦神学院）电影理论博士。曾任电影专业媒体编辑、记者，电影编剧、电影项目策划。

西川，诗人、翻译家，北京师范大学特聘教授。出版有《深浅》《够一梦》等，译有庞德、博尔赫斯、米沃什、鲍勃·迪伦等人的作品。

哈米德·伊斯麦洛夫（Hamid Ismailov），1954 年 5 月出生于吉尔吉斯斯坦，曾在乌兹别克斯坦、俄罗斯、法国和德国定居过，现生活在伦敦。他用不同的语言写作小说、随笔、诗歌，也从事西方经典著作的翻译工作，同时把乌兹别克斯坦的小说与诗歌翻译成俄语和其他语言。他的小说获得了多个国际文学奖项，其中《莫斯科地铁》被认为是二十一世纪最好的俄文小说之一。

何啸卿，毕业于英国牛津大学西藏与喜马拉雅学系（研究生）。除俄语之外，她还精通英、法、意和藏语。

黄灿然，1963 年生，福建泉州人，1978 年移居香港。1990 年至 2014 年为香港《大公报》国际新闻翻译，现居深圳洞背村。著有诗选集《游泳池畔的冥想》《我的灵魂》《奇迹集》等；评论集《必要的角度》《在两大传统的阴影下》；译有《见证与愉悦：当代外国作家文选》《卡瓦菲斯诗集》《聂鲁达诗选》《里尔克诗选》《巴列霍诗选》、苏珊·桑塔格《论摄影》《关于他人的痛苦》《同时》、库切《内心活动：文学评论集》、布鲁姆《如何读，为什么读》、米沃什《诗的见证》、布罗茨基随笔集《小于一》《曼德而施塔姆诗选》等，最新和即将出版的译作有阿巴斯诗集《一只狼在放哨》、费林盖蒂诗集《心灵的科尼岛》、希尼诗集《开垦地》和《布莱希特诗选》。

邱震，1976 年生于中国陕西西安，中国当代摄影艺术家及电影摄影师。毕业于北京电影学院摄影学院，电影学艺术硕士。目前生活于北京。创作观念摄影作品《我和我的新娘》《撒旦的婚礼》《陵》，曾在中国、美国、法国、德国、韩国、澳大利亚等地展出，代表作品《我和我的新娘》系列被国内外多家机构及私人收藏。作为摄影指导，创作电影作品《青年》《别碰我的童年》《西关小姐》《笑里藏刀》等。

周嘉宁，作家、翻译家。1982 年出生于上海，毕业于复旦大学。现任“鲤 Newriting”书系文字总监。已出版长篇小说《密林中》《荒芜城》，短篇小说《杜撰记》《我是如何一步步毁掉我的生活的》等。翻译有《写在身体上》《没有人比你更属于这里》《好人难寻》等书。

郭爽，1984 年出生于贵州。毕业于厦门大学中文系。曾供职于《南方都市报》。获德国罗伯特·博世基金会“无界行者”创作奖学金（2015）。获第七届华文世界电影小说奖首奖（2017）。现居广州。

欧宁，艺术家、策展人、编辑。2003 年在广州拍摄的纪录片《三元里》参加第 50 届威尼斯双年展，2005 年受德国联邦文化基金会资助拍摄的纪录片《煤市街》在纽约现代美术馆（MoMA）首映。2005 年至 2010 年创办和策展三届大声展，2009 年出任深圳香港城市 / 建筑双城双年展总策展人，2011 年出任成都双年展国际设计展策展人。2011 年至 2013 年创办和主编共 16 期

《天南》文学双月刊，2009 年主编的《漫游：建筑体验与文学想象》和 2013 年主编的《刘小东在和田与新疆新观察》在莱比锡获两届“世界最美的书”奖。2010 年在安徽黟县发起乡村建设项目“碧山计划”，2016 年在山东烟台发起历史街区活化项目“广仁计划”。 2016 年至 2017 年在哥伦比亚大学建筑、规划与保护研究生学院任教。曾任第 53 届威尼斯双年展 Benesse 大奖评委（2009），日本横滨国际影像节评委（2009），古根海姆美术馆亚洲艺术委员会成员（2011），第 22 届米兰非洲拉丁美洲亚洲电影节评委（2012）和里斯本建筑三年展 Debut 大奖评委（2013）。

盛可以，20 世纪 70 年代出生于湖南益阳，1994 年移居深圳，现居北京。2002 年开始小说创作，著有长篇小说《北妹》《水乳》《道德颂》《死亡赋格》以及多部中短篇小说集。作品被译成英、德、韩、日、荷兰等多种文字出版发行。当下最受国际文坛关注的中国女性作家，华语文学传媒大奖、中国女性文学奖、未来文学大家 TOP20 获得者。

李静，作家、文艺批评家，现居北京。华语文学传媒大奖“2011 年度批评家奖”得主。著有话剧剧本《鲁迅》，批评集《捕风记》、《刺猬札记》（台湾）、《把药裹在糖里》、《受伤者》等，并主编《中国随笔年选》（2002—2011）、《中国问题》、《读木心》（与人合编）等书。

王梆，出版有电影文集《映城志》、数本短篇小说绘本集以及漫画故事《伢三》

等。电影剧作《梦笼》获 2011 年纽约独立电影节最佳剧情片奖，纪录片《刁民》亦在数个国际电影节参展。小说作品散见于《天南》、美国俄克拉荷马州大学《中国当代文学选集》、美国"文字无边界"文学网站、2016 年秋纽约古根海姆博物馆"故事新编"中国当代艺术展等。作为自由记者，为海内外媒体撰写欧洲时政评论。译有英国当代诗人 Richard Berengarten 诗选《改变》、英国当代诗人 Peter Hughes 诗选《贝多芬附魔曲》等。

云也退，生于上海，自由作家、书评人、译者，开文化专栏，写相声剧本，出过三个思想传记类译作（《加缪和萨特》《责任的重负：布鲁姆、加缪、阿隆和法国的 20 世纪》《开端》），刚刚首次出版原创作品《自由与爱之地》。

霍莉·凯斯（Holly Case），布朗大学历史学副教授，毕业于斯坦福大学，研究方向是十九、二十世纪以来欧洲国家的外交政治、社会政策、科学和文学之间的互动关系，同时为多家报刊杂志撰稿。第一部专著是《国家之间：二战以来的特兰西瓦尼亚问题和欧洲理念》（*Between States: The Transylvanian Question and the European Idea during WWII*）。

索马里，出版编辑、前媒体人，译有《一个自杀者的传说》。

冯塬雅，哥伦比亚东亚文化研究和美术史本科生。喜欢瞎晃荡翻翻书。

图书在版编目（CIP）数据

单读 . 16, 新北京人 / 吴琦主编 . —北京：台海出版社，2017.12

ISBN 978-7-5168-1647-9

Ⅰ . ①单… Ⅱ . ①吴… Ⅲ . ①社会科学—文集

Ⅳ . ① C53

中国版本图书馆 CIP 数据核字 (2017) 第 275975 号

单读 . 16, 新北京人

主　　编：吴　琦

责任编辑：刘　峰　　策划编辑：刘　婧　罗丹妮

美术总监：刘肖男　　设计制作：柳俊萱　张　倩

内文制作：陈基胜　　责任印制：蔡　旭

出版发行：台海出版社

地　　址：北京市东城区景山东街 20 号　邮政编码：100009

电　　话：010-64041652（发行，邮购）

传　　真：010-84045799（总编室）

网　　址：www.taimeng.org.cn/thcbs/default.htm

E-mail：thcbs@126.com

经　　销：全国各地新华书店

印　　刷：山东鸿君杰文化发展有限公司

本书如有破损、缺页、装订错误，请与本社联系调换

开　　本：787mm × 1092mm　1/32

字　　数：280 千字　　印　　张：14.5

版　　次：2018 年 1 月第 1 版　　印　　次：2018 年 1 月第 1 次印刷

书　　号：ISBN 978-7-5168-1647-9

定　　价：48.00 元